KB179931

지적 대화를 위한
넓고 얕은 지식 1

지적 대화를 위한 넓고 얕은 지식 : 현실

개정증보판 1쇄 발행 2020년 2월 5일
개정증보판 171쇄 발행 2024년 12월 1일

지은이 채사장
펴낸이 권미경
마케팅 심지훈, 강소연, 김재이
디자인 [★]규
펴낸곳 ㈜웨일북
등록 2015년 10월 12일 제2015-000316호
주소 서울시 마포구 토정로 47, 서일빌딩 701호
전화 02-322-7187 **팩스** 02-337-8187
메일 sea@whalebook.co.kr **인스타그램** instagram.com/whalebooks

ⓒ 채사장, 2020
ISBN 979-11-90313-18-6 03100

소중한 원고를 보내주세요.
좋은 저자에게서 좋은 책이 나온다는 믿음으로, 항상 진심을 다해 구하겠습니다.

이 도서의 국립중앙도서관 출판예정도서목록(CIP)은
서지정보유통지원시스템 홈페이지(http://seoji.nl.go.kr)와
국가자료공동목록시스템(http://www.nl.go.kr/kolisnet)에서 이용하실 수 있습니다.
(CIP제어번호: CIP2020001107)

지적 대화를 위한
넓고 얕은 지식 1

한 권으로 현실 세계를 통달하는 지식 여행서

채사장 지음

whale 🐋 books

많은 사랑을 받았다. 걱정이 앞섰다. 더 나은 결과물을 만들 수 있지 않았을까. 개정에 대한 욕심은 5년이 지나서야 이루어졌다. 안전모를 쓰고 망치를 들고 안과 밖을 둘러보았다. 골격과 구조는 단단하고 단순한 것이 나쁘지 않다 생각했다. 즐거운 마음으로 거친 문장을 뜯어내고 부족한 부분을 채워 넣었다.

몇 권의 책을 세상에 내놓고서야 내가 지금 무엇을 하고 있는지 알게 되었다. 글이 아니라 대화. 이것이 내가 글을 쓰는 유일한 목적임을 말이다. 일방적 독백이 아니라, 글 안에서 독자와 저자가 마주 앉아 서로의 생각을 키워가며 성장할 수 있기를.

벽지를 바르고 페인트를 칠하며 나는 앞으로 이 개선된 공간을 거쳐 갈 당신을 생각했다. 이 결과물이 당신의 마음에 들었으면 한다.

2020년 1월, 채사장

탄자니아의 세렝게티 평원에는 들소, 검은꼬리 누, 사바나 얼룩말, 코끼리 등의 대형 포유류들이 살고 있다. 한 과학자가 놀라운 발견을 했다. 말을 하는 사자를 만난 것이다. 물론 실제로 그렇다는 건 아니고 세렝게티 평원에서 대면한 사자가 한국어를 구사한다고 상상해보자. 단어만 내뱉는 정도가 아니라 문법 구조에 따라 말을 하고 있다. 도대체 사자는 무슨 말을 할 것인가?

"어이 친구, 반갑네. 여기 세렝게티는 약육강식의 질서를 따르고 있네만, 자신의 노력 여부에 따라 보상을 받는다는 측면에서는 개인의 자유가 보장되어 있는 합리적인 세계라고 할 수 있다네."

이런 말은 하지 않을 것이다. 상상하긴 어렵지만 추측해본다면 우리는 그가 내뱉는 소리들이 익숙한 단어와 문장의 배열이라는 것은 느끼더라도, 그가 하는 말은 전혀 이해할 수 없을 것이다.

현대 철학의 거물 비트겐슈타인은 그의 책 《철학적 탐구》에서 다음과 같이 말했다.

"사자가 말을 할 수 있다고 하더라도 우리는 그 말을 이해할 수 없다."

삶의 방식이 다르기 때문이다. 주어진 환경과 개인의 경험이 다르다면, 우리는 같은 말을 한다 해도 서로를 조금도 이해할 수가 없다.

21세기 한국의 건물숲 속에서도 우리는 사자들을 만난다. 업무를 던져주는 사자도 있고, 지하철에 앉아 핸드폰에 빠져 있는 사자도 있으며, 오랜만에 만나서 자기 자랑에 여념이 없는 사자도 있다. 수많은 사자에게 시달리다가 집으로 돌아와서 몸을 누일 때, 우리는 피로하고 지친 또 다른 사자를 대면하기도 한다.

대화하고 소통하기 위해 필요한 건 언어가 아니다. 바로 공통분모다. 그리고 인류의 공통분모는 내가 잘 모르고 있었을 뿐, 이미 마련되어 있다. 지금의 당신과 나뿐만이 아니라 과거와 미래의 사람들까지 아울러서 모두가 함께 공유하는 공통분모. 우리는 그것을 교양, 인문학이라고 부른다.

교양은 클래식을 들으며 우아하게 차를 마시는 그 무엇이 아니다. 교양과 인문학은 단적으로 말해서 넓고 얕은 지식을 의미한다. 개인이 가진 전문적인 지식은 먹고사는 데 필수지만, 타인과 대화할 때는 그다지 쓸모가 없다. 교양과 인문학으로서의 넓고 얕은 지식이 우리를 심오한 어른들의 대화놀이에 참여할 수 있게 한다.

《지적 대화를 위한 넓고 얕은 지식》은 우리를 심오한 대화놀이의 세계로 초대하는 티켓이다. 하지만 놀이라고 해서 무작정 시작할 수는 없다. 드라이브를 즐기기 위해서는 최소한 운전면허가 있어야 하고, 기타를 치며 노래하기 위해서는 최소한 서너 개의 코드는 잡을 줄 알아야 하는 것처럼, 대화놀이도 예외일 수는 없다. 성인들의 대화놀이에 참여하기 위해서는 기본적인 자격증이 필요하다. 그 자격증은 '최소한의 지식'이다. 세계에 대한 넓고 얕은 지식도 없이 재미있고 깊이 있는 대화를 하겠다는 건 욕심이다.

그렇다면 지적 대화를 위해서 필요한 최소한의 지식이란 무엇인가?

답부터 말하면, 그것은 내가 발 딛고 사는 '세계'에 대한 이해다. 세계에 대해 이해하게 되면 그때서야 세계에 발 딛고 있던 '나'를 이해하게 된다. 그리고 깊어진 '나'에 대한 이해는 한층 더 깊게 '세계'를 이해하는 토대가 된다. 나에게 보이지 않고 숨겨져 있던 세계에 대한 이해. 이것이 지적 대화의 본질이다.

정리해보면, 지적 대화를 위해서는 '나'와 '세계'를 알아야 한다. 그래서 우리는 먼저 '세계'부터 차근차근 여행하고자 한다.

시리즈《지적 대화를 위한 넓고 얕은 지식》은 세계에 대한 지식을 당신이 쉽게 소화할 수 있도록 세계를 세 가지 영역으로 잘라서 제시한다. 우선 1권에서는 '현실 세계'를 다룬다. 이를 역사, 경제, 정치, 사회, 윤리의 다섯 가지 영역으로 나누어서 알아볼 것이다. 다음 2권에서는 '현실 너머의 세계'를 다룬다. 인간 정신과 관련된 이 부분은 철학, 과학, 예술, 종교, 신비의 다섯 가지 세부 영역으로 다룰 것이다. 1권과 2권의 세계와 관련된 지식이 충분히 익숙해진 이들을 위해 0권 '초월'도 준비되어 있다. 우주, 인류, 베다, 도가, 불교, 철학, 기독교의 일곱 가지 세부 영역을 다루게 될 것이다.

1권에서는 '현실'에 대한 이야기를, 2권에서는 '현실 너머'에 대한 이야기를, 0권에서는 '초월'에 대한 이야기를 다루지만 각각의 영역은 독립적이지 않다. 현실을 설명하기 위해서는 현실을 넘어선 곳에서 현실을 살펴야 하고, 또한 현실 너머의 이야기는 언제나 그 자양분을 현실에서 얻어야만 한다. 이렇게 현실의 영역과 현실 너머의 영역을 통틀어 '세계'라 부를 수 있을 것이다. 그리고 더 나아가 우리가 세계라 부르는 것의 의미를 깊게 이해하기 위해서는 세계의 경계 너머로 나아가는 '초월'의 과정을 거쳐야만 한다.

이 중 첫 번째 계단인 1권의 줄거리는 다음과 같다. 지금 읽으면 무슨 소리인지 알 수가 없을 테니, 아랫부분은 건너뛰었다가 이 책을 모두 읽은 다음 다시 읽어도 괜찮겠다.

[역사] 파트에서는 역사를 원시, 고대, 중세, 근대, 현대의 다섯 단계로 나눈 다음, 원시부터 근대까지의 역사와 근대부터 현대까지의 역사로 구분해서 세계사의 줄거리를 파악한다. 이때 세계를 설명하는 핵심

개념은 '생산수단'과 '공급과잉'이다. 역사가 왜 이러한 경제 개념으로 해석되는지에 대한 설명은 다음 파트에서 연결된다.

[경제] 파트의 목표는 다섯 가지 경제체제를 구분하는 것이다. 구체적으로 초기 자본주의, 후기 자본주의, 신자유주의, 사회주의, 공산주의가 그것이다. 가장 기본적인 다섯 가지 경제체제가 '시장과 정부'의 관계에 의해 단순하게 정리되는 것을 확인하게 될 것이다. 경제에 대한 대략적인 이해는 이제 정치를 이해할 수 있는 기초 토대가 된다.

[정치] 파트에서는 두 가지를 알아본다. 하나는 보수와 진보의 구분이고, 다른 하나는 민주주의와 엘리트주의의 구분이다. 보수와 진보는 경제 개념과 연계된 이론적 구분 및 한국 사회와 연결된 현실적 구분으로 진행한다. 민주주의와 엘리트주의에서는 각각의 정치 결정 방식의 특징과 이것이 구체적인 현실에서 갖는 의미를 확인한다.

[사회] 파트에서는 개인과 집단의 갈등에 대해서 알아본다. 특히 개인주의와 전체주의가 근현대 역사에서 어떻게 대립했는지를 확인하게 될 것이다. 이어서 앞서 논의한 1권 전체의 영역들이 어떻게 연관되는지를 설명할 것이다.

[윤리] 파트에서는 윤리의 이론적 측면과 실천적 측면에 대해 알아본다. 이론적 측면에서는 도덕 판단의 기준으로서 의무론과 목적론의 대립을 확인하고, 이어 실천적 측면에서는 이러한 이론적 개념이 사회 정의 문제에 어떻게 적용될 수 있는지를 빈부격차 문제와 연결해서 생각해볼 것이다.

여기까지가 이 책에 해당하는 내용이다. 쉬운 이해를 위해 현실 세계를 역사, 경제, 정치, 사회, 윤리라는 조각으로 나누어 살펴보겠지만, 1권이 끝날 때에는 이 조각들이 실제로는 구분하기 힘들 만큼 긴밀하게 연결되어 있음을 알게 될 것이다.

이 책을 통해 '세계'에 대한 대략적인 줄거리를 당신이 이해할 수 있게 되길 바란다. 세계에 대한 이해는 그 세계에 발 딛고 있는 '나'에 대한 새로운 이해를 제시한다. 그리고 나에 대한 이해는 타인과 대화할 수 있는 최소한의 지식이 된다. 최소한의 지식은 역사부터 종교에 이르는 넓은 지식인 동시에 각 분야의 주요한 것만을 다루는 얕은 지식이다.

다음과 같은 이들에게 이 책을 권한다. 지적인 대화에 목말라 있거나, 사회가 돌아가는 모습이 복잡하다고 느끼거나, 다양한 분야에 관심은 많으나 현실적 제약으로 독서할 여유가 없거나, 대학에서 교양 수업을 듣기 전에 기초적인 지식을 얻고 싶거나, 미술관에 가면 무엇인가를 이해한 듯 행동해야 한다는 강박증에 시달리거나, 가난하면서도 보수 정당을 뽑고 있거나, 정치는 썩었다고 습관적으로 말하면서도 뉴스는 사건 사고와 연예·스포츠 부분만 보거나, 자신이 제대로 살고 있는지 불안하지만 어디서부터 생각을 시작해야 할지 모르는 이들.

마지막으로, 세렝게티에 갈 가능성이 있는 사람들도 사자와의 대면에 대비해서 이 책을 읽어두도록 하자.

1. 읽는 순서

일반적으로 인문학, 교양 서적은 파트마다 독립되어 있어서 어떤 부분을 먼저 읽든 상관이 없는 경우가 많다. 정치 파트를 먼저 읽든, 예술 파트를 먼저 읽든 전체 내용을 이해하기에 특별히 문제가 없는 것이다.

반면 이 책은 순서대로 읽는 것을 권한다. 이 책은 다양한 지식을 백화점의 상품 카탈로그처럼 소개하는 책이 아니라, 하나로 연결된 거대 골격을 제시하기 위해 쓰였다. 하나의 장은 앞서 논의된 개념을 바탕으로 내용이 전개된다. 예를 들어 1권의 첫 장인 역사에 대한 이해가 바탕이 되어야 비로소 다음 장인 경제가 쉽게 이해될 것이다. 다른 장도 마찬가지다. 특별한 이유가 없다면 마음 편하게 순서대로 읽을 것을 권한다.

2. 책의 난이도

책의 목표가 넓고 얕은 지식을 전달하는 데 있지만, 그렇다고 개별 분야의 피상적인 내용만을 전달하지는 않는다. 하나의 분야를 이해하기 위한 가장 중요한 열쇠가 되는 개념들을 선별해서 단순화하기 위해 노력했다. 쉽게 읽히겠지만, 실제로는 그렇게 단순하고 가벼운 내용은 아닐 것이다. 다만 세밀하고 복잡한 부분은 과감하게 배제하고 당신이 단순한 전체 윤곽을 머릿속에 그려낼 수 있도록 기획되었다. 이 책은 인문학이라는 거대한 방의 문을 여는 열쇠다. 더 깊고 전문적인 내용은 스스로 방 안을 둘러보며 찾아야 한다.

이 책은 《지적 대화를 위한 넓고 얕은 지식》 시리즈의 첫 번째 책이다. 시리즈 안에서 이 책이 갖는 의미를 살펴보는 것도 책을 읽는 데 도움이 될 것이다. 이 책 1권 〈현실〉 편과, 2권 〈현실 너머〉 편은 고대부터 현대에 이르는 시대를 다룬다. 이 시대는 잘 알려진 것처럼 이원론이 지배하는 시간이었다. 이를 고려해서 책의 구성도 이원론의 구조를 따랐다. 즉, 1권은 소수의 지배자와 다수의 피지배자로 세계를 양분해서 이들의 계급갈등이 현실을 어떻게 변화시켰는지를 역사, 경제, 정치, 사회, 윤리의 측면에서 살펴본다. 2권은 절대주의와 상대주의로 세계를 구분하고 이러한 진리에 대한 관점이 철학, 과학, 종교, 예술의 분야를 어떻게 이끌었는지 확인한다.

시리즈의 세 번째 책 〈제로〉 편에서는 1, 2권보다 앞선 시대를 다룬다. 고대 이전의 시대는 잘 알려지지 않은 일원론의 시대였다. 이를 고려해 책의 구성도 일원론의 구조를 따른다. 즉, 베다, 도가, 불교, 철학, 기독교의 개별 분야를 관통하는 일원론적 사유가 일관되게 서술되는 것이다. 〈제로〉 편이 세 번째로 출간된 시리즈임에도 불구하고 3권이 아니라 0권이라는 순서로 표기된 이유가 여기에 있다.

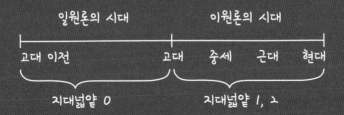

두 가지 거대 세계관인 일원론과 이원론은 시리즈 안에서 균형 있게 다루어진다. 차근차근 따라갈 때, 인류 지식의 큰 틀을 갖게 될 것이다.

경제

정치

🏛 사회

윤리

역사

직선적 시간관과
원형적 시간관

역사는 시간에서 출발한다

지적 대화를 위한 넓고 얕은 지식을 쌓기 위해 떠나는 여정, 그 첫 번째 목적지는 역사다. 우리는 인류의 역사라는 기나긴 시간을 매우 빠르게 따라갈 것이다. 그런데 여행을 떠나기에 앞서 알아야 할 사항이 있다. 그 것은 이번 여행의 스타일이다. 배낭여행 스타일인지, 휴양지로 떠나는 여행 스타일인지를 알고 가야 마음의 준비를 하고 제대로 여행을 즐길 수 있다. 마찬가지로 인류의 역사를 따라가는 이 여행의 스타일을 먼저 알아야 한다. 그리고 이번 여행의 스타일을 결정해주는 요소가 있다. 그 것은 '시간'이다.

시간. '시간이 무엇인가?'라고 묻는다면 뭐라고 대답해야 할까? 가장 많이 하는 대답은 '흘러가는 것'이다. 흘러가는 것? 흘러가는 것은 액체다. 흐른다는 것은 비유적인 표현일 뿐, 어디를 보아도 시간이 물결치며 흘러가고 있는 것 같지는 않다. 시간은 보이지도, 잡히지도 않는다.

그렇다면 혹시 시간은 실제로는 존재하지 않는 것이 아닐까? 실제로 존재하지는 않지만 우리 머릿속에만 있는 상상의 산물처럼 말이다. 하지만 시간을 단순히 상상의 산물로 치부하기에는 무리가 있다. 왜냐하면 분명히 새것은 점점 낡아가고, 확실히 우리는 늙어가기 때문이다. 왜인지는 알 수 없으나, 세상의 모든 것은 낡고 늙고 죽어가는 하나의 방향을 향해 변화해간다. 시간이 실재하지 않는 상상의 산물이라고 말하기에는, 세상은 시간의 영향을 너무도 크게 받는다.

시간의 본질을 밝히는 것은 지극히 복잡한 문제다. 이 복잡한 문제는 2권에서 자세히 다루기로 하자. 여기서는 다만 시간의 본질에 대한 궁금증을 간직한 채, 시간의 형태를 논하는 고전적인 두 가지 관점만 살펴보고자 한다.

시간에 대한 첫 번째 관점은, 시간이 무엇인지는 모르지만 어쨌거나 하나의 방향으로 전진해간다는 관점이다. 시간은 과거를 거쳐 현재를 지나 미래로 향한다. 그 방향은 변하지 않고 항상 일정하다. 이런 생각은 매우 상식적이다.

예를 들어보자. 탁자 위에 유리컵이 놓여 있다. 그런데 실수로 이 유리컵을 떨어뜨렸다. 유리컵은 딱딱한 바닥에 부딪혀 산산이 부서졌다. 유리컵이 탁자 위에 놓여 있는 상태를 A라고 하고 산산이 부서진 상태를 B라고 한다면, 왜인지는 알 수 없으나 컵의 상태는 항상 A에서 B로만 향하지, 절대 B에서 A로 향하지는 않는다. 깨진 유리컵을 치우려고 빗자루를 들고 돌아왔을 때, 유리컵 조각들이 다시 탁자 위에 올라가서 붙어 있는 일은 없다. 이렇듯 시간은 앞으로만 나아가고 절대 뒤로 돌아오지 않는다. 이러한 성질을 '시간의 불가역적 성질'이라고 한다. 시간의 불가역적 성질은 시간에 대한 첫 번째 관점의 토대가 된다. 시간에 대한 첫 번째 관점, 즉 시간이 하나의 방향으로만 전진한다는 관점을 '직선적 시간관'이라고 한다.

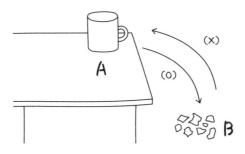

직선적 시간관에 대비되는 시간에 대한 두 번째 관점은, 시간이 순환한다는 관점이다. 이러한 관점은 우리의 일상에서 쉽게 찾을 수 있다.

예를 들어보자. 지옥 같은 아침 출근시간. 지하철역을 빠져나와 회사에 도착해서 한숨 돌리면 곧이어 즐거운 점심시간이 찾아온다. 점심을 먹고 지루한 오후 일과를 보내고 나면 해방 같은 저녁시간이 된다. 저녁을 먹고 다시 사무실로 돌아와서 상사 눈치 보며 일거리 좀 만지작거리다가 퇴근해서 밤이 되어 잠자리에 들면, 오지 않기만을 바랐던 아침 출근시간이 다시 찾아온다.

왜인지는 알 수 없으나, 하루는 아침, 점심, 저녁, 밤을 지나 다시 아침이 된다. 시간이 앞으로만 전진하는 것이 아니라 다시 돌아오는 것이다. 하루뿐만이 아니다. 일주일도 그렇고, 한 달도 그렇고, 계절도 그러하다. 겨울이 지나면 봄이 돌아온다. 직선적 시간관에 대한 확신으로 가득한 사람은 이렇게 말할 것이다. 시간이 되돌아오는 것처럼 보여도 사실은 앞으로 계속 전진하고 있는 것이라고 말이다. 겨울이 끝나면 봄이 오겠지만, 그 봄은 새로운 봄이지 예전의 봄이 아니다. 물론 그렇다. 하지만 그렇게 말하는 사람도 일요일 저녁이 되면 월요일 출근 생각에 불안해지기 시작할 것이고, 겨울이 끝날 무렵이면 봄옷을 준비할 것이다. 우리는 암묵적으로 같은 패턴으로 시간이 반복되고 있음을 알고 있다. 다가오는 내일은 경험하지 않은 내일이겠지만, 그렇다고 전혀 새로운 내일도 아닐 것이다. 이렇게 시간이 되돌아오길 반복한다는 관점을 '원형적 시간관'이라고 한다.

정리하자면, 시간에 대한 커다란 두 입장이 있다. 시간이 직선적이라는 입장과 시간이 원형적이라는 입장. 물론 제3의 입장도 가능하다. 시간은 순환하는 동시에 앞으로 전진한다는 절충적인 입장이 그것이다. 용수철 모양처럼 말이다.

시간에 대한 두 가지 입장은 실제로 서양과 동양의 시간관을 형성했다. 직선적 시간관은 서양의 문화와 종교의 밑바탕이 되었고, 원형적 시간관은 동양의 문화와 종교의 밑바탕이 되었다.

구체적으로 서양의 그리스도교는 직선적 시간관을 토대로 한다. 그리스도교의 세계에서 인간은 탄생하고 성장하여 죽음에 이른 후 영원한 세계로 나아간다. 그곳이 지옥이든 천국이든 마찬가지다. 어떤 사후 세계에서나 시간은 과거로의 후퇴 없이 영원히 계속된다. 반면 동양의 윤회 사상은 원형적 시간관을 토대로 한다. 불교의 가르침에서 인간은 탄생하고 성장하여 죽음에 이른 후 중간 상태인 바르도를 지나 다시 탄생을 맞이한다. 겨울이 지나고 봄이 오듯, 삶도 반복된다고 믿는다.

시간 ┌ 직선적 시간관(서양) - 그리스도교

└ 원형적 시간관(동양) - 불교

이러한 시간관의 차이는 역사에 대한 관점의 차이로 이어진다. 우선 직선적 시간관은 역사는 끝없이 발전해간다는 '진보적 역사관'을 낳는다. 진보적 역사관에서의 역사는 직선적 시간관처럼 과거로의 회귀를 인정하지 않는다. 역사는 과거를 지나 현재를 거쳐 미래로 나아가며, 그 나아감은 어제보다 변화된 오늘이고 오늘보다 변화된 내일이다. 어제는 삐삐였고, 오늘은 폴더폰이지만, 내일은 스마트폰이다. 기술과 문명은 절대 후퇴하지 않고 발전해나간다. 스마트폰 다음에 삐삐가 다시 시장을 지배할 가능성은 없다. 인류의 점진적 발전과 진보에 대한 낙관이 진보적 역사관의 특징이며, 이는 서구 사상의 근간을 형성한다.

다음으로 원형적 시간관은 역사가 큰 틀에서 반복된다는 '순환적 역사관'을 낳는다. 순환적 역사관에서의 역사는 발전과 진보를 지속하지 않는다. 대신 발전과 퇴보를 반복한다. 이것이 동양적 역사관의 특징이다. 동양에서의 혁명이 언제나 왕의 성씨가 바뀌는 역성혁명일 뿐, 백성의 삶의 방식이 근본적으로 변하거나 발전하는 것이 아니었음을 생각해볼 때 쉽게 이해할 수 있다.

그렇다고 순환적 역사관이 구시대의 산물인 것만은 아니다. 기술과 문명의 발전을 자랑하는 직선적 역사관을 가진 사람에게 순환적 역사관을 가진 사람은 이렇게 물을 수 있다.

"어제는 삐삐, 오늘은 핸드폰, 내일은 스마트폰인 건 인정한다. 그래서 오늘은 어제보다 더 행복해졌는가?"

과연 고려 시대의 사람들보다 오늘의 내가 더 행복하게 살고 있다고 확신할 수 있을까? 몸에 걸치고 손에 쥐고 다니는 것은 변했지만, 먹고 마시고 사랑하고 갈등하며 사는 삶이란 무수한 시간을 반복해왔을 뿐, 그다지 발전한 것 같지는 않다.

시간 ┌ 직선적 시간관 → 진보적 역사관
      └ 원형적 시간관 → 순환적 역사관

지금까지 시간에 대한 두 가지 관점인 직선적 시간관과 원형적 시간관을 살펴보았다. 그리고 각각의 시간관에서 파생된 역사에 대한 두 가지 관점인 진보적 역사관과 순환적 역사관에 대해 알아보았다.

인류의 역사에 대한 짧고 굵은 여정을 앞에 두고 시간에 대해 알아본 이유는 시간에서 파생된 역사관의 두 가지 얼굴을 확인하기 위해서다. 진보적 역사관과 순환적 역사관. 이 두 역사관 중 이제부터 우리가 사용할 틀은 진보적 역사관이다. 다시 말해서, 앞으로 우리가 알아볼 역사는 발생한 사건들의 단순 나열을 넘어, 하나의 방향성을 가지고 전개되는 흐름이 될 것이다.

이제 본격적으로 인류의 역사로 시간 여행을 떠나보자.

생산수단 그리고
자본주의의 특성

역사를 설명하기 위한 핵심 개념 두 가지

인류의 역사를 다섯 개의 시대로 나눠서 살펴보려 한다. 원시, 고대, 중세, 근대, 현대. 각각의 시대는 특성에 따라 일반적으로 불리는 이름이 있다. 원시 공산사회, 고대 노예제사회, 중세 봉건제사회, 근대 자본주의, 현대가 그것이다. 현대에만 이름이 없는 것은 특징이 없기 때문이 아니라 우리가 여전히 현대에 살고 있기 때문이다. 현대 사회의 전체적인 특징은 현대 사회의 끝에서 돌아볼 때 결정될 것이다. 우리가 살고 있는 현대는 미완이다.

이렇게 역사를 다섯 단계로 구분하는 익숙한 방식은 우리에게 공산주의 혁명가로 알려진 마르크스의 역사 발전 5단계설에서 기인한다. 마르크스는 역사를 다섯 단계로 구분하면서 역사가 원시 공산사회, 고대 노예제사회, 중세 봉건제사회, 근대 자본주의를 지나 결국 자본주의 사회의 붕괴로 귀결될 것이라고 생각했다. 그리고 자본주의 사회가 내적

모순으로 붕괴된 이후에는 경제적 평등이 실현되는 공산주의 사회가 올 것이라고 예언했다. 하지만 현시점의 결과만 놓고 본다면 그 예견은 빗나간 것처럼 보인다. 공산주의라 부를 수 있는 사회를 찾아보기 힘들 뿐만 아니라, 우리가 알고 있는 범위 내에서 현존하는 공산주의 사회는 그다지 행복해 보이지 않는다.

역사의 다섯 단계

1. 원시 공산사회
2. 고대 노예제사회
3. 중세 봉건제사회
4. 근대 자본주의
5. 현대 ?

그래서 미국의 경제학자 프랜시스 후쿠야마는 그의 저서 《역사의 종말》에서 역사가 끝났다고 선언했다. 물론 여기서의 역사의 종말은 대재앙이나 휴거나 묵시록적인 종말을 의미하는 것이 아니다. 역사의 종말이 의미하는 것은 공산주의의 붕괴를 경험한 현대인이 자본주의에 대해 갖는 태도라고 할 수 있다. 아무래도 역사는 끝난 것 같다. 자본주의에서 말이다. 자본주의는 생각보다 유연해서 스스로 문제점을 수정하고 변형하며 위기를 극복해가는 것처럼 보인다.

역사는 정말 끝난 걸까? 자본주의는 완벽하지는 않을지라도 그나마 인간이 찾아낸 최선의 경제체제인 걸까? 이 문제는 이 여행이 진행되는 동안 각자가 판단해볼 문제다.

현대 사회에 대한 평가는 뒤로 미루고, 지금부터는 다섯 단계의 역사 전체를 살펴보려고 한다. 크게 두 부분으로 나누어 설명할 것이다. 원시, 고대, 중세, 근대를 묶어서 설명할 것이고, 다음으로 근대와 현대를 묶어서 설명할 것이다. 두 부분의 역사를 관통하는 핵심 개념에 차이가 있기 때문이다.

우선 원시부터 근대까지의 역사는 '생산수단'이라는 개념을 중심으로 알아볼 것이다. 이 기간의 역사는 '누가 생산수단을 소유하는지'에 따라 변화한다. 생산수단은 생산물을 만들어내는 수단이라고 일단 쉽게 생각하자. 예를 들어, 공장은 생산수단이고 공장에서 만들어지는 빵은 생산물이다. 다른 예를 들어보면, 트랙터는 생산수단이고 트랙터에 의해 생산되는 쌀은 생산물이다. 도대체 이런 구분이 왜 필요한지 이해하기 힘든 이들을 위해 다른 방식으로 접근해보자.

여기 남자 한 명과 여자 두 명이 있다.

공장
(생산수단)

빵
(생산물)

남자는 자기에게 죽자 살자 매달리는 두 여성 사이에서 고민하고 있다. 두 여성 모두 차이를 느낄 수 없을 정도로 동일한 조건이며, 또한 기쁘게도 둘 다 부유하다. 차이가 있다면 A여성은 1억 원 규모의 빵공장을 소유하고 있는 반면, B여성은 1억 원 정도의 빵을 소유하고 있다. 평생 배고플 걱정은 없겠다. 사람을 선택하는 데 경제가 전부는 아니겠지만, 한번 선택이나 해보자. 당신이라면 어떤 여성을 선택하겠는가? A를 선택하는 편이 현명해 보인다. 아무래도 공장을 소유한 A가 더 안정된 경제력을 가진 것 같다. 왜 그런가? 같은 1억 원이라도 A는 생산수단을 소유한 것이고, B는 생산물을 소유한 것이기 때문이다. 생산수단과 생산물을 합해서 '부'라고 하지만, 같은 부라도 생산물은 소비되는 반면에 생산수단은 생산물을 끝없이 생산해낼 수 있다.

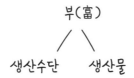

생산수단을 소유한 사람은 경제력을 가진 것이고, 경제력을 가진다는 것은 권력을 가진다는 것이다. 그래서 원시 사회부터 근대 사회까지의 역사를 구분하는 데 생산수단이라는 개념이 필요하다. 원시부터 근대까지를 누가 생산수단을 소유하는지에 따라서 구분한다는 것은, 다시 말해 원시부터 근대까지를 권력의 이동에 따라 구분하겠다는 의미다.

물론 생산수단을 '생산물을 만들어내는 수단'으로만 고려하는 것은 생산수단의 의미를 반만 이해하는 것이지만, 생산수단이 갖는 또 다른 의미는 뒤에서 차차 알아보기로 하자. 우선 생산수단은 생산물을 만들어내는 공장, 농장 같은 것이다. 생산물은 생산수단에 의해서 만들어지는 물품이다. 이런 물품을 '재화'와 '서비스'라고도 부른다. 눈에 보이는 물질이면 재화, 눈에 안 보이면 서비스.

원시부터 근대까지의 역사를 움직이는 핵심 개념이 생산수단이라면, 다음으로 근대부터 현대까지의 역사를 움직이는 핵심 개념은 '자본주의의 특성'이다. 구체적으로 말해서, 자본주의가 태생적으로 갖는 모습으로서 '공급량이 언제나 수요량보다 많다'는 특성이다. 여기서의 공급은 시장에 생산물을 제공하는 것을 말하고, 수요는 그러한 생산물을 사려는 욕구나 행위를 말한다. 예를 들어 우유공장에서 우유를 생산해 마트에 제공하는 것이 공급이다. 그리고 소비자가 마트에서 우유를 구입하려 하거나 실제로 구입하는 것이 수요다. 그런데 자본주의 사회에서는 일반적으로 공급량은 과다하지만 수요량은 공급량을 따라가지 못한다. 이것은 산업화를 통해 발전한 자본주의의 태생적 한계라고 할 수 있다. 우리가 근대와 현대의 역사를 알기 위해 공급과 수요를 고려하는 것은 근대와 현대가 자본주의 사회이기 때문이다. 근대와 현대의 모습은 자본주의의 특성에 의해 좌우된다.

역사

```
 ┌ ( 생산수단 ) : 원시 ~ 근대
 │
 └ ( 자본주의의
      특성    ) : 근대 ~ 현대
```

정리해보자. 우리는 역사를 두 부분으로 나누어 살펴볼 것이다. 우선 원시부터 근대까지, 다음으로 근대부터 현대까지. 각각의 시대는 생산수단의 소유 여부와 자본주의의 특성에 의해 설명될 것이다.

원시
공산사회

어느 날 생산수단이 탄생했다

이제 타임머신을 타고 시간을 거슬러 올라가자. 어제로, 한 달 전으로, 한 세기 전으로, 수백 년 전으로, 수천 년 전으로, 이제는 시기도 불명확한 원시 시대까지 도착했다. 여기서 우리의 여행이 시작된다.

이곳에는 원시인 A와 B가 살고 있다. 이 두 원시인은 가진 것이 아무것도 없다. 하지만 함께 물고기도 잡아먹고 과일도 따 먹고 풀뿌리도 캐 먹으며 평등하고 평화롭게 살아가는 중이다. 가끔 고기가 먹고 싶어질 때면 A와 B는 협력해서 맘모스도 잡아먹는다. A가 이렇게 말한다.

"네가 맘모스를 유인하면 내가 뒤에서 엄호하겠다."

B가 맘모스를 절벽으로 유인해서 맘모스가 절벽 아래로 떨어지면 둘은 평등하게 맘모스를 나눠 먹는다. 함께 일하고 함께 나누는 공산사회가 형성되어 있는 것이다. 그래서 원시 사회는 원시 공산사회라 부른다. '공산(共產)'은 재산을 공동으로 소유하고 관리한다는 뜻이다.

평화롭게 공존해오던 A와 B는 특이한 현상을 발견했다. 성격이 깔끔한 A는 평소에 먹고 남은 음식물 쓰레기를 분리해서 버리는 취미가 있었다. 동물 뼈는 동물 뼈 따로, 과일 껍질은 과일 껍질 따로, 씨앗은 씨앗 따로. 그러던 중 A와 B는 씨앗만 버린 곳에서 싹이 난 것을 발견했다. 인간이 식물을 컨트롤할 수 있음을 깨닫게 된 순간이었다. 농업혁명이 시작된 것이다. 더 이상 먹을 것을 찾아 떠돌아다니는 위험한 생활은 하지 않아도 되었다. 씨앗을 뿌리고 관리하며, 그 결실로 삶을 유지하면 되었다. 수렵과 채집으로 살던 때와는 생활 방식이 크게 변했다.

낮에는 밭에 나가서 노동을 했고, 한 곳에 오래 정착하면서 살림살이는 다양하고 복잡해졌다. 하지만 아직까지 A와 B는 평등한 생활을 유지하고 있었다. 그들의 노동력은 크게 차이 나지 않았고, 그로 인한 생산물의 차이도 크지 않았기 때문이다. 흉년이면 함께 배고프고, 풍년이면 함께 배불렀다.

그러던 어느 날, 밭을 갈며 돌을 골라내던 A는 밭에서 커다란 바위를 발견했다. 힘을 다해서 바위를 들어 밭 밖으로 뒤뚱뒤뚱 들고 나가던 중 그만 바위의 무게를 이기지 못하고 떨어뜨리고 말았다. 다행히 다치지는 않았고, 바위에서 돌 조각이 떨어져 나온 것을 발견했다. 우연히도 한쪽 면이 날카롭게 깨져나간 돌 조각이었다. A는 고심하다가 이것을 농사에 이용할 수 있겠다는 데 생각이 미쳤고, 실제로 풀을 베는 데 사용해 보았다. 효과는 생각보다 훌륭했다. 보통 하루쯤 걸렸던 밭고랑 매기는 돌 조각을 사용하니 반나절만으로도 충분했다. 가을이 되고, 돌 조각을 농사에 사용하기 시작한 A는 그렇지 못한 B보다 더 많은 곡식을 수확할 수 있었다.

여기서 우리가 원시부터 근대까지의 역사를 살펴보며 가장 중요하게 다룰 핵심 개념이 등장한다. 바로 생산수단과 생산물이다. 돌 조각은 곡물을 생산하는 생산수단이 된다. 그리고 곡물은 돌 조각이라는 생산수단에 의해 발생하는 생산물이 된다. 생산수단과 생산물을 구분해야 하는 것은, 부와 재산을 결정하는 가장 강력한 요인이 바로 생산수단을 소유하는 것이기 때문이다. 생산수단을 소유하고 있으면 부는 계속해서 발생한다.

사실 돌 조각을 농사에 이용한 것이나 그로 인해 곡식을 더 많이 생산해낸 것이 특별히 문제 될 것은 없다. 더 배불리 먹고 편하게 생활하게 된 것이 잘못은 아니니까. 다만 생산수단을 독점함으로써 사회 구성원들의 곡식 생산량에 차이가 커지면, 사회적 관계에 변화가 생긴다는 것이 문제다. 다행히 아직 돌 조각은 독점하기 어려운 생산수단이다. B도 구하면 된다. 하지만 B는 아직 A가 돌 조각이라는 최첨단 제품을 소유하고 있는지를 모르고 있는 것 같다.

다시 A와 B의 사회로 돌아오자. 이제 A의 창고에는 곡식이 가득하고, B의 창고 안은 검소하다. 겨울이 오고, A와 B는 자신이 모아둔 곡식으로 겨울을 났다. 그리고 봄이 되었다. 보리를 수확하는 초여름이 되기 전까지 B는 굶주린 배로 보릿고개를 버텨내고 있었다. 삼 일째 밥을 굶고 난 후, A와 함께 풀뿌리나 캐 먹어야겠다는 생각에 B는 A의 집을 방문했다. 그런데 이게 어찌 된 일인가? A는 아직도 배불리 밥을 먹고 있는 게 아닌가? A의 창고에는 지난가을에 수확한 곡식이 충분히 남아 있었다. B가 말했다.

"여보게 A. 갑자기 옛날 생각이 나네그려. 우리가 고기가 먹고 싶을 때면 내가 맘모스도 유인하고 그랬었지. 말 나온 김에 옛정을 생각해서 곡식 좀 같이 먹지."

A는 B와 함께 도우며 생활했던 과거를 떠올렸고, B의 부탁을 거절할 수 없었다. A가 말했다.

"그래, 그때는 참 즐거웠지. 여기 곡식이 있네. 그런데 오늘 내가 조금 피곤하니 화장실 청소 좀 부탁하네."

지시 관계가 발생했다. 이제 A는 지시할 수 있는 위치에, B는 지시에 따라야 하는 위치에 서게 된다. 다시 생각해보자. 어떻게 겉보기에 별로 다를 바 없는 A가 B에게 지시를 내릴 수 있게 되었는가? A가 가진 생산물 때문이다. 그렇다면 A의 생산물은 어디서 온 것인가? A가 가진 생산수단에서 왔다. 즉, 생산수단을 소유하면 생산물을 소유하게 되고, 그 생산물을 이용해서 권력을 얻게 된다. 재미있는 일이다. 생산수단과 생산물은 단순한 물질이다. 그런데 그런 물질이 비물질적인 사회적 관계로서의 권력 관계를 발생시킨 것이다.

$$\frac{생산수단 + 생산물}{권력} \quad \begin{matrix} \rbrace\ 물질 \\ \\ \rbrace\ 비물질 \end{matrix}$$

　슬프게도, 아름다웠던 원시 공산사회는 이렇게 막을 내린다. 함께 일하고 동일하게 나누었던 평등한 관계는 생산수단의 발생과 함께 무너졌다. 그런데 생각해보면 그렇게 슬픈 일도 아니다. 사회 전체로 보면 생산량이 증가해서 풍요로워진 것이 아닌가? B의 입장에서 보면 굶어 죽느니 A의 화장실을 청소해주고 배불리 먹는 것이 더 합리적인 선택인지도 모른다. 판단은 잠시 뒤로 미루자. 우선 우리가 기억해야 할 것은 두 가지다. 생산수단과 생산물. 하나를 더 기억한다면, 생산수단과 생산물에 의해 발생하는 권력.

고대
노예제사회

생산수단은 왕과 노예를 만들었다

원시 공산사회에서 생산수단이 발생한 이후에 많은 시간이 흘렀다. A와 B의 자손의 자손, 자손의 자손이 대를 이어왔다. 그리고 A와 B의 관계도 점차 고정되었다. A는 생산수단을 이용해서 지속적으로 생산물을 생산해왔고, 이를 통해 B를 지배해왔다. 이제 A와 B의 관계는 지배와 피지배의 관계로 고정되었다. A는 주인인 왕이 되었고, B는 A의 노예가 되었다. 사회는 계급으로 체계화되었다. 지배 계급으로 왕과 귀족이, 피지배 계급으로 평민과 노예가 구성되었다.

원시 시대와 비교해서 크게 달라진 점이 있다면 A가 소유한 생산수단이 변했다는 것이다. 돌 조각은 생산수단으로서 더 이상 중요한 독점적 지위를 갖지 않았다. 누구나 돌 조각을 사용했고, 사회의 생산량이 증가했다. A가 소유한 생산수단은 더 큰 것이 되었다. 바로 토지, 영토였다. 이제 넓은 땅이 A가 소유하고 있는 생산수단이다. 토지, 영토가 생산수단이 될 수 있는 것은 여기서 모든 가치가 발생하기 때문이다. 쉽게 말해서, 땅을 소유하고 있으니 땅에서 자라는 곡식은 모두 지배자 A의 것이 되었다.

또한 A는 자신의 영토에서 살거나, 자신의 영토에서 물건을 사고팔 때 자릿세를 내게 했다. 거대한 생산수단을 소유함으로써 A는 막대한 생산물을 소유할 수 있었고, 이를 통해 막강한 권력을 얻을 수도 있었다. A는 특별히 일하지 않아도 풍요로운 삶을 살게 되었다. 그럼 일은 누가 하는가? 토지와 영토에서 곡식을 수확하며 열심히 일하는 사람은 누구인가? 그는 B다. B가 땀 흘려 노동해서 가을에 수확을 하면, A는 그 수확물을 모두 가져가서 일정량은 자신이 소비하고 나머지 일정량은 B를 먹이고 입히는 데 사용했다. A가 B에게 말했다.

"너 먹이고 입히는 것도 힘들다."

B는 A가 고마웠다. 왜냐하면 자신이 평생 안정적으로 농사를 지을 수 있는 것은 A가 자기 소유의 영토에서 농사지을 수 있게 허락해주었기 때문이다.

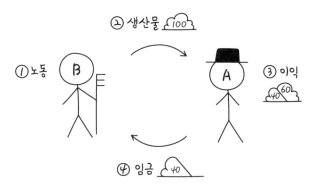

여기에서 생산수단의 진정한 의미를 알 수 있다. 생산수단이 중요한 것은 그것이 다른 사람의 노동력을 이용할 수 있는 도구가 되기 때문이다. 사실 원시 시대의 돌 조각은 생산수단이라고 할 수 없다.

진정한 생산수단은 토지와 영토 혹은 대농장이나 근대에 나타날 공장 같은 것들이다. 토지, 영토, 대농장, 공장이 돌 조각과 다른 점은 무엇일까? 그것은 혼자서 소유할 수는 있지만 혼자서 운영할 수는 없다는 점이다. 쉽게 말해서 거대한 땅의 주인은 A 혼자일 수 있지만, A 혼자서는 그 땅을 경작할 수가 없다. 그래서 A는 B를 고용해야 한다. 즉, 생산수단은 노동을 대신할 사람을 필요로 한다는 특징을 갖는다. 이것은 대농장과 공장도 마찬가지다. 그렇다면 생산수단을 소유한 A는 자신의 생산수단에서 대신 일해주는 B에게 어떻게 대가를 지불하는가? A가 소유한 생산물에서 지불한다. 그렇다면 A가 소유한 생산물은 어디서 왔는가? 그것은 B의 노동력에서 왔다. 바로 이것이 생산수단의 진정한 의미다.

생산수단은 소유자가 타인의 노동력을 이용하게 만들어줌으로써 사회적 관계를 왜곡한다.

정말 무엇인가 이상한 것 같다. B는 바보인가? B는 자신이 노동해서 만들어낸 생산물을 모두 A에게 주고 A는 그중에서 일정량만을 B에게 돌려준다. 노동은 오직 B 혼자서 했는데, B의 노동의 결과물인 생산물은 A와 B가 나눈다. A가 생산수단을 소유했다는 이유만으로 말이다.

B는 여기에 생각이 이르자, 이건 아니다 싶었다. 뭔가 잘못되었고 부당하다. 그뿐만이 아니다. B는 항상 A가 시키는 대로 농사를 짓고 장작을 패고 가축을 기르느라 피부는 구릿빛으로 그을렸고, 몸은 단단하고 건강해졌다. 그런데 언젠가 한번은 A가 목욕하는 것을 우연히 보았는데, A는 평소에 손 하나 까딱하지 않아서 피부는 허여멀겋고, 팔다리는 가늘고 배도 나왔다. A에게 뭔가 특별한 것이 있을 줄 알았던 B는 아무리 생각해봐도 자신이 A의 지배를 받을 이유가 없어 보였다. 이제 B는 A가 부르면 못 들은 체하고, A가 일을 시키면 마지못해서 설렁설렁 하기 시작했다. A도 B의 눈빛이 예전과는 다르다는 사실을 곧 알아챘다. 조금만 뭐라고 해도 B는 가자미눈을 해가지고 쏘아보는 것이었다. 이러면 안 되겠다고 생각한 A는 어느 날 B를 불렀다. B는 구시렁거리며 또 무슨 일이냐고 물었다. A가 B를 가까이 부르더니 귀에 대고 나지막하게 말했다.

"이건 비밀인데, 너만 알고 있어. 나, 사실은 신이다."

이후 B는 열심히 일했다. A가 일을 시키면 즐거운 마음까지 들었다. 얼굴에는 언제나 미소가 번졌다. 신을 위해서 하는 일인데 열심히 하지 않을 이유가 없었다. A가 생산수단을 독점하는 것이나, 그에 따른 모든 생산물을 소유하는 것이나, 자신을 지배하는 것에 대해서 B는 아무런 불만도 없게 되었다.

'신'은 요청된다. 지배자는 신을 부른다. 신이 진짜로 응답을 하거나 말거나 그건 중요하지 않다. 신이 진짜 있는지 없는지의 문제는 지배자의 관심사가 아니다. 지배자 자신이 부를 수 있는 '신'이라는 언어만 있으면 된다. 왜냐하면 신은 지배자가 사회를 지배할 권리를 부여하기 때문이다. 독단적으로 지배하고자 하는 욕망을 지닌 자일수록, 그의 신앙은 절실해 보인다.

여기서 오해하면 안 되는 것이 있다. 지배자에 의해 신이 요청된다고 해서, 혹은 지배자가 자신의 지배에 신을 이용한다고 해서, 이것이 신이 부재함을 증명하는 것은 아니라는 점이다. 신이 존재하는지 그렇지 않은지에 대한 것은 다른 차원의 문제로, 이 책 2권의 후반부에서 간략하게 다룰 것이고, 이 책 0권에서 심도 있게 고민하게 될 것이다. 여기서 말하고자 하는 것은 다만 역사적, 정치적으로 신의 문제를 고려했을 때, 신의 이름이 정치를 위해 사용되었을 혐의가 짙다는 것이다.

이렇게 고대 노예제사회는 종교를 통해 그 지배체제를 공고히 하며 막을 내린다. 고대 노예제사회에서 우리가 기억해야 할 것은, 토지와 영토라는 생산수단을 지배자가 독점하고, 그 독점의 정당성을 종교에서 찾았다는 것이다. 고대 노예제사회는 모든 문명의 시작에서 발견된다. 구체적으로 메소포타미아, 고대 이집트, 고대 인도 등 정치와 종교가 일치했던 대부분의 제정일치사회를 말한다.

중세
봉건제사회

계급은 더욱 세분화되었다

중세 봉건제사회는 4세기부터 14세기 무렵까지 천 년 정도의 시기다. 중세에 대해 이야기하려면 고대 말기에 있었던, 역사적으로 매우 독특한 사건에 대해 먼저 이야기해야만 한다. 이 이야기는 1세기부터 4세기까지, 약 400년 동안의 이야기다.

그런데 궁금한 점이 생겼다. 우리는 21세기에 살고 있다. 그리고 방금 1세기부터 4세기까지에 대해 이야기하겠다고 했다. 그리고 고대는 기원전 1세기, 기원전 5세기 등으로 부르고 있다. 도대체 세기를 나누는 기준은 어떻게 정해진 것인가? 그것은 잘 알려진 대로 예수라는, 인류 역사상 가장 독특하고 영향력 있는 인물의 탄생일을 기준으로 한 것이다. 예수 그리스도의 탄생이 1년으로, 1세기의 시작으로 결정되었다. 역사적 사료를 고려하면 1년이 정말 예수가 탄생한 때인지는 아직까지도 의심스럽다. 대신 역사가들은 기원전 4년에서 기원후 6년 사이에 그가 탄생했을 것으로 추정하고 있다. 하지만 실제로 몇 년에 태어났는지는 일상을 살아가는 우리에게 큰 문제가 되지는 않는다. 우리가 생각해봐야 할 것은 몇 년에 태어났는지도 불명확한 예수라는 인물의 영향력이다. 도대체 생전에 그가 무슨 일을 했기에 시대를 구분하는 기준점이 된 것일까? 그리스도교가 아닌 다른 종교를 믿는 사람들은 예수라는 인물에 대해 친숙하지는 않을 것이다. 하지만 지적 대화를 위해서는 당신이 불교도이더라도, 무슬림이더라도, 유교적 전통을 따르는 사람이더라도 최소한의 내용은 알아두어야 편리하다.

물론 다른 종교를 믿는 사람들에게 예수에 대해서 알아야 한다는 말은 불편한 강요로 들릴지도 모른다. 하지만 인류의 역사는 생각보다 불공평했다. 근대와 현대는 백번 양보해도 서양 중심의 역사이며, 이 시기의 동양은 항상 지배받고 교화되어야 하는 식민지였다. 세계의 주인공은 안타깝게도 서양임이 분명한 것 같다. 중국이 떠오르고 있고, 세계의 패권을 놓고 미국과 겨룰 것이라는 분위기가 동아시아를 뜨겁게 달구고 있으나, 중국의 변방에 붙어 있는 한국에서는 아직도 취업을 위해 영어를 공부하고, 할리우드 영화를 즐겨 보며, 서양에서 들어온 종교인 개신교와 천주교를 믿고, TV나 잡지 광고의 이상적인 모델로 서양인이 등장하는 것을 아무런 의심 없이 감상한다. 이러한 서양의 영향력이 문제인지 아닌지는 각자가 판단할 몫이다. 대신 우리가 함께 생각해봐야 하는 것은 사실로서의 서양의 영향력이다. 앞에서 말한 것처럼 근대와 현대의 세계가 서구의 세계였음이 사실이라면, 그리고 우리가 세계의 역사에 대해 알고자 한다면 우리는 당연히 서구의 문화와 종교, 사상의 뿌리를 이해해야만 한다.

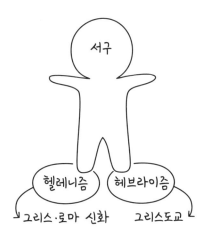

서구 사회의 문화와 역사를 관통하는 근원적인 배경은 크게 두 가지다. 헬레니즘과 헤브라이즘이 그것이다. 헬레니즘은 고대 그리스에 뿌리를 두고 있는 역사적 사조로서, 우리가 그리스·로마 신화라고 하면 떠올리는 제우스나 아폴론 등의 다신의 이미지와 연관되어 있다. 반면 헤브라이즘은 야훼나 여호와, 하느님 등으로 불리는 유일신과 이스라엘 민족의 계약에 대한 역사적 흐름으로서, 우리가 그리스도교라고 하면 떠올리는 것들을 말한다. 쉽게 정리하면 서구는 두 가지 문화를 뿌리로 한다. 그리스·로마 신화와 그리스도교.

만약 우리가 서구 사회에 대해서 이해하고자 한다면 그리스도교를 이해해야만 한다. 그래서 우리는 중세를 이야기하기 전에 그리스도교의 핵심 인물인 예수와 유대인에 대해 간략히 알아보고자 한다.

1세기가 되면 고대 이스라엘의 작은 도시 나사렛에서 예수라는 인물이 성장한다. 이 시기의 이스라엘 민족은 로마의 지배 아래 있었다. 이때의 로마는 지중해를 바탕으로 세계 패권을 장악한 거대 제국으로, 지금으로 말하자면 미국의 영향력에 버금가는 국가였다. 반면 이스라엘 민족은 정치적으로는 로마 제국의 통치를 받았고, 문화적으로는 신과의 계약인 율법을 중시하는 독자적인 유대교 문화권을 형성하고 있었다. 쉽게 말해서 이스라엘은 로마의 식민지였고, 이스라엘의 민족종교가 유대교였다. 그리고 예수는 이러한 식민지 이스라엘에서 탄생했다.

이후 장성한 예수와 그의 제자들은 유일신의 뜻에 따라 예수의 가르침인 복음을 전파하러 이스라엘 전역을 떠돌았다. 그런데 예수의 가르침은 율법을 이해하는 부분에서 당시 유대교 신학자 집단인 율법학자들과 충돌했다. 왜냐하면 예수는 형식화된 율법에 구애받지 않고 행동했기 때문이다. 예수에 대한 이스라엘 민족의 판단은 인정과 거부의 양극단으로 나뉘었다. 그러던 중 예수는 반대자들의 고소와 제자 중 한 명인 가리옷 유다의 변절로 잡혀갔고, 로마의 유대 지역 집정관인 본디오 빌라도 앞에 서게 되었다. 앞서 말했듯 이 시기 이스라엘은 로마의 식민지였기에 로마가 치안을 담당하고 있었다. 쉽게 비유하자면 로마는 일본,

이스라엘은 식민지 조선, 그리고 집정관 본디오 빌라도는 이토 히로부미 정도가 되겠다.

어쨌거나 빌라도 앞에 끌려온 예수는 풀려날 수 있는 기회를 얻었다. 유대 민족의 명절 중에 과월절이 있는데, 이날에는 죄수 중 한 명을 풀어주는 풍습이 있었다. 고소가 접수되어서 잡아오기는 했지만, 빌라도는 예수의 남다른 포스를 보고 처형하기가 껄끄러웠다. 중동 지역에 살고 있는데도 북부 유럽인처럼 하얀 피부, 길고 부드러운 갈색 머리에 파란 눈동자까지, 게다가 머리 뒤에는 후광도 있다. 사실 우리가 지금 상상하는 예수의 이미지는 중세 회화의 영향이 큰데, 중세 회화에서 예수가 북부 유럽인의 형상을 하고 있는 것은 그리스도교가 유럽 지역에서 인정받았기 때문이다.

빌라도는 남다른 포스의 예수와 강도 바라바를 두고 유대인이 선택하게 했다. 유대인이 원하는 한 명을 살려주겠다는 것이었다. 유대인은 바라바의 석방을 선택했다. 그것은 당시의 사회적 상황으로 볼 때, 어쩌면 적절한 선택이었을지 모른다. 왜냐하면 바라바는 로마에 저항해서 폭동을 주도했던 사람이었기 때문이다. 말하자면 유대인에게 바라바는 독립운동가였다. 정체가 불분명한 예수보다 현실적으로 민족을 대변하는 바라바가 유대인에게는 더 필요했던 것이다. 결국 잘 알려진 대로, 예수는 십자가 처형을 선고받은 후 골고다 언덕에서 생을 마감했다가 사흘 만에 부활했고, 흩어진 제자들을 모아 초기 그리스도교의 기반을 닦게 했다. 이후 그리스도교는 로마의 박해를 받으며, 지하 무덤이면서 동굴인 카타콤에서 비밀스럽게 예배를 이어갔다.

하지만 그리스도교의 역사에는 반전이 기다리고 있었다. 4세기, 분열되었던 로마를 통일한 황제 콘스탄티누스는 박해의 대상이었던 그리스도교를 로마 국교 중 하나로 인정했다. 생각해보면 이것은 쉽지 않은 일이다. 왜냐하면 마치 일본이 조선을 침략해서는 식민지 민족의 종교인 무속신앙을 일본의 국교로 인정한 것과 다를 바 없는 조치이기 때문이다. 결과적으로 이스라엘 민족에게서 발생한 그리스도교는 세계적 제국인 로마의 국교가 되면서 유럽 전체로 그 영향력을 뻗어나갔다.

이제 준비가 됐다. 그리스도교의 역사를 알아보았으니, 이를 바탕으로 우리가 다루어야 할 중세 봉건제사회의 특징을 살펴보자.

다시 A와 B의 사회로 돌아오자. 앞서 이런 이야기를 했었다. 원시 공산사회를 지나 고대 노예제사회에 이르러 토지와 영토라는 생산수단은 왕에 의해 독점되었다. 이것은 물질적 측면에서 왕의 권력을 확보해주었다. 그런데 왕은 여기에 더해 신을 요청함으로써 정신적 측면의 권위까지 보장받게 되었다. 왕을 중심으로 하는 안정적인 절대 권력은 오랜 시간 동안 계급 사회가 유지되게 하는 토대가 되었다. 중세 봉건제사회가 되면 사회 계급은 더 다양하고 복잡하게 분화되었다. 국왕과 노예 사이에 성직자, 영주, 귀족, 기사, 농노가 생겨났다.

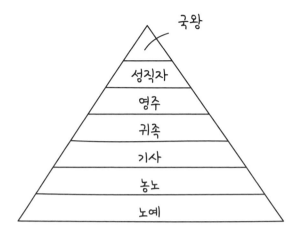

이 중에 중세 사회에서 가장 중요한 계급은 영주다. 영주는 성의 주인으로서 성의 영향력이 미치는 범위에 해당하는 장원을 소유하고 있었다. 장원은 쉽게 말하면 영주의 사유지다. 직접적으로 영주의 영향권에 놓인 까닭에 장원에서 발생하는 모든 생산물은 영주의 것과 다름이 없었다. 즉, 장원은 영주의 생산수단이라 할 수 있다. 앞에서 살펴보았듯 생산수단을 소유하면 생산물을 소유하게 되고, 이로써 생산수단의 소유자는 권력을 갖게 된다. 여러 영주들이 한 명의 국왕 아래 있었고 장원도 왕으로부터 하사받은 봉토였지만, 영주가 생산수단을 사적으로 소유한 이상 실질적인 권력은 영주에게 있었다.

영주들은 더 큰 권력을 위해 서로의 영토를 필요로 했다. 이러한 이해충돌은 영주들 간의 끊임없는 전쟁으로 이어졌다. 문제는 분쟁을 조율해줄 절대적 권력이 존재하지 않았다는 것이다. 전쟁이 빈번해지자, 영주들은 자신의 장원을 방어하기 위해 성을 축조하기 시작했다. 벽이 두껍고 높아야 적들의 공격에 효과적으로 대처할 수 있기 때문이다. 그래서 중세 사회를 거친 국가는 성을 소유하게 되었다. 유럽과 중국, 일본에 성이 있는 것은 그들이 중세를 거쳤기 때문이다. 반면 영주들에 의해 지방으로 권력이 분산되지 않고 국왕 중심의 집권적 체제를 유지했던 한반도에는 거대한 성이 없다.

A는 왕이 되어 지배자의 삶을 살았고, B는 농노로서 평이한 삶을 살았다. 기본적으로 중세의 모습은 고대와 크게 다르지 않았다. 지배자와 피지배자의 관계가 명확하고 사회는 매우 안정되어 있었다. 조금 다른 점이 있다면 A는 더 이상 자기 스스로를 신이라고 부르지 않는다는 것이다. 중세가 그리스도교의 문화권에 있어서였다. 그리스도교에서의 신은 인간의 모습을 한 신이 아니라, 인간이 감히 엄두를 낼 수 없는 우주의 창조주로서 절대적인 지위를 갖는 유일무이한 존재다. 따라서 그리스도교의 영향을 받는 사회에서는 인간이 신이 될 수 있는 분위기가 아니었다. 국왕은 신이 아니라 신으로부터 통치의 권한을 인정받은 존재였다. 그 권한은 성직자가 인정해주었고, 그 대가로 국왕은 성직자의 지위와 교회의 재산을 보장해주었다. A는 여전히 생산수단이라는 물질적 측면과 종교의 인정이라는 정신적 측면 모두에서 권력의 정당성을 획득했다. 따라서 B는 A의 지배에 불만을 표현하기가 쉽지 않았다. 그만큼 사회가 견고했던 것이다. 이렇게 안정된 사회가 가능했기에 중세는 천

년이라는 긴 시간 동안 유지될 수 있었다.

그런데 중세 후기가 되면 견고했던 사회 분위기는 조금씩 흔들리기 시작한다. 첫 번째 원인은 상업의 발달에서 찾을 수 있다. 지중해를 중심으로 무역이 활발하게 이루어지면서 부를 축적한 상인 계급이 등장했다. 이 새로운 계급은 고대와 중세의 유일한 생산수단인 토지를 이용하지 않고도 부를 축적할 수 있었다. 이들은 생산수단을 소유한 지배층의 권력으로부터 비교적 자유로울 수 있었으며, 또 스스로도 자유로워지려 노력했다.

두 번째 원인은 공장의 탄생에서 찾을 수 있다. 18세기가 되면서 제임스 와트가 증기기관을 발명했고, 이 장치는 물을 끓여서 발생한 수증기로 터빈을 움직여 기계를 작동시켰다. 이러한 증기기관이 당시에 발전하고 있던 분업 시스템과 만나게 되었다. 분업은 한 명이 하던 복잡한 일을 여럿이 분담함으로써 일의 효율을 높이는 작업 방식이다.

예를 들어 B는 구두를 만드는 일을 했는데, 예전에는 혼자서 소를 잡고 가죽을 벗긴 다음 이를 말리고 재단해서 형태를 만든 후 마름질을 했다. 구두 한 켤레를 만드는 데는 보름 이상이 걸렸다. 하지만 분업이 도입된 후에는 제작 방식이 달라졌다. B는 혼자 작업하지 않고 다른 사람들을 고용해서 함께 작업하게 되었다. 각각이 일을 나누어서 자신의 일만 하고 B는 최종적으로 완성된 구두를 점검했다. 작업이 분담되니 일은 단순해지고 빨라졌다. 그래서 보름이면 열 켤레의 구두를 만들 수가 있었다. 이뿐만이 아니었다. 이러한 효율적인 분업에 증기기관이 더해

지자 폭발적인 생산력을 일으켰다. 공장이 탄생한 것이다. 증기기관은 단순한 동작을 반복할 수 있었기에, B는 분업된 작업 단계 중 단순한 동작이 필요한 과정에 증기기관을 설치했다. 공장을 가동하자 구두가 엄청나게 쏟아져 나왔다. B는 공장을 소유한 공장장이 되었다.

$$\begin{array}{c} \text{증기기관 (기계)} \\ + \quad \text{분업 (효율)} \\ \hline \text{공장} \end{array}$$

여기서 주목해야 하는 것은 공장의 의미다. 공장은 시장에 내다 팔 수 있는 많은 양의 생산물을 만들어낸다. 즉, 공장은 새로운 생산수단이다. 그런데 앞에서 우리는 생산수단과 생산물이라는 물질적 가치가 비물질적인 사회적 관계로서의 권력을 만들어낸다는 것을 알았다. 공장이라는 생산수단을 소유한 B는 권력을 갖게 되었다. 이렇게 새로운 생산수단을 소유한 계급을 사람들은 '부르주아'라고 불렀다. 부르주아의 뜻 자체가 '생산수단을 소유한 사람들'을 의미한다. 부르주아는 다른 말로 자본가계급, 시민계급, 유산계급이라고도 부른다.

그런데 국왕인 A는 아직도 장원이라는 생산수단을 소유하고 있고, 이를 통해 권력을 유지하고 있었다. A와 B의 권력을 구분하기 위해 A의 권력은 구권력, B의 권력은 신권력이라고 부르자. 시대와 사회는 하나인데, 권력은 둘이다. 구권력은 신권력과 충돌할 수밖에 없었다. 이 상황은 다음과 같은 예로 쉽게 이해할 수 있다. 학교 짱이 혼자 지배하는 우리 교실은 평화롭다. 그러던 어느 날 옆 학교의 짱이 공교롭게도 우리 반으로 전학을 왔다. 반은 하나인데 짱은 둘인 상황. 그날부터 각각의 짱을 중심으로 권력이 재편되고, 짱들 간의 갈등은 첨예해진다. 이 갈등은 한 명의 짱이 반을 평정할 때까지 계속된다.

중세 후기의 시대 상황도 이와 다르지 않았다. 구권력과 신권력의 갈등은 심화되어갔다. 왕인 A는 고민에 빠졌다. 언제부터인가 B가 자신을 보는 눈빛이 심상치 않다. 부르면 잘 오지도 않고, 바쁘다며 하인을 대신 보내기도 한다. 가끔 공장장들과 회담이 있어서 만날 때에도 무슨 말만 하면 B가 꼬투리를 잡는다. 요즘 공장장들의 태도도 미적지근한데 아무래도 B 때문인 것도 같다. A는 고심 끝에 B를 불렀다. 잠시 후 B가 오긴 했는데, 바쁜데 무슨 일이냐며 오만상을 찌푸리고 주머니에서 손도 빼지 않는다. A는 부아가 치밀었지만 꾹꾹 누르며, B에게 할 말이 있으니 가까이 오라고 했다. B가 가까이 가자 A가 말했다.

"이건 비밀은 아니지만, 네가 잊은 것 같아서. 사실 나, 하느님이 국왕하라고 시키신 거야. 나한테 계속 삐딱하게 나오면 나는 괜찮은데, 하느님이 싫어하실 것 같아서."

B는 어디서 봤던 장면인 것 같다는 생각을 하면서 집으로 돌아왔으나, 분해서 잠이 오질 않았다. 국왕 놈은 돈도 없고 한주먹감도 안 되는 게 무섭지 않았지만, 신은 달랐다.

산업과 상업으로 부를 축적한 부르주아 계급은 막강한 경제력을 바탕으로 사회에 영향력을 행사했다. 그러나 정치에 참여하는 데는 한계가 있었다. 구권력이 이를 인정해주지 않았기 때문이며, 동시에 구권력의 지배를 정당화해주는 신과 같은 이론적 토대를 확보하지 못했기 때문이었다. 따라서 신권력은 자신들의 정치·사회 참여를 정당화해줄 신을 대신할 이론적 토대가 필요해졌다. 그렇다면 신을 대신할 수 있는 것이 무엇인가?

현실에서의 신의 역할은 크게 두 가지다. 하나는 현실 세계를 설명해주는 역할이고, 다른 하나는 사후 세계를 주관하는 역할이다. 우선 신은 현실 세계를 설명한다. 우리가 어디에서 와서 어디로 가는지, 우리는 누구인지, 왜 세상에는 나쁜 사람이 있고 착한 사람이 있는지, 왜 어떤 사람은 잘살고 어떤 사람은 못사는지, 신은 모든 현실적 물음에 대한 궁극적인 대답이다. 다음으로 신은 사후 세계를 주관한다. 현실의 삶은 짧고 유한하다. 그런데 죽음 이후의 삶은 현실에서의 죗값에 따라 신에 의해 영원히 결정된다. 그렇기 때문에 현실의 짧은 삶은 고통스럽고 힘들더라도 참고 견딜 만한 것이다. 나를 힘들게 하고 고통스럽게 하는 사람들은 사후에 신이 대신 처벌해줄 것이다. 따라서 우리는 궁극의 평가자이자 처벌자인 신의 권위에 복종해야 한다.

부르주아가 왕을 거부하기 위해서는 왕의 권위를 정당화해주는 신부터 극복해야 했다. 다시 말해, 신의 역할을 대신해줄 만한 무엇인가를 찾아야 했다. 결론부터 말하자면, 부르주아는 인간의 '이성'으로 신의 역할을 완벽하게 대체했다. 이성은 신이 독점했던 두 가지 역할을 충분히 대신할 수 있었다. 우선 이성은 현실적 물음에 답을 준다. 우리는 진화의 과정을 거쳐 여기에 왔으며, 다른 생물종들과 다르지 않은 생물학적인 존재다. 우리가 땅에 발 딛고 사는 것은 중력이라는 힘 때문이고, 힘은 질량과 가속도의 곱으로 표현할 수 있다. 이 중력은 만유인력의 다른 표현인데, 만유인력은 우주 전체의 작동 원리다. 이렇게 이성은 신을 배제하고도 현실의 모든 것을 설명해줄 수 있었다. 다음으로 이성은 인간의 사후에 대해서도 설명한다. 사후 세계는 존재하지 않는다. 우리는 의식과 정신에 대해 말할 수는 있어도 영혼에 대해 말할 수는 없다. 사후 세계를 말하는 것은 경험적 근거가 없는 비과학적인 태도이고, 종교의 환상에 젖어 있는 망상일 뿐이다. 영혼도 사후도 없다. 죽음은 신체 기능의 정지 외에 아무것도 아니다.

결국 부르주아는 왕을 정당화하는 신을 대신해 자신들을 정당화해주는 이성을 성공적으로 세계에 입성시켰다. 같은 맥락에서 부르주아는 자신들의 정치 참여를 정당화하기 위한 이론적 토대도 제시했다. '사회계약설'이라고 불리게 된 이 개념은 사회가 시민의 계약에 의해 형성된 것이라는 설명이었다. 이것은 신의 냄새가 남아 있는 '왕권신수설'을 대체하는, 신 없이 사회를 설명하는 방법이었다. 이제 정치권력의 정당성을 부여하는 주체는 신이 아니라 인간 스스로가 되었다.

대치 구조가 명확해졌다. 구권력인 왕과 영주들은 장원을 생산수단으로 소유하고, 종교로부터 지배의 정당성을 얻었다. 반면 신권력인 부르주아는 공장과 상업을 생산수단으로 소유하고, 이성으로부터 권력의 정당성을 얻었다.

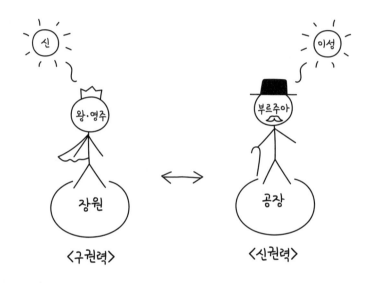

예상대로 일이 터졌다. 두 권력은 충돌했다. 그리고 결과적으로 신권력이 승리했다. 대표적인 사례가 인류 역사상 가장 중요한 사건인 1789년의 프랑스 대혁명이다. 우리는 지금까지 역사에 대해 알아보면서 개별적인 사건을 알아보는 대신에 시대적 흐름을 이해하는 데 초점을 맞춰왔다. 그런데 프랑스 대혁명은 인간이라면 반드시 기억해야 할 만한 사건이므로 언급하고 넘어가자.

문명이 탄생한 이래 인류는 왕이라는 존재의 지배를 받아왔다. 인간이 인간을 지배한다는 것이 문제시되지 않았다. 평등이라는 개념을 갖지 못한 채 인류는 존재해왔다. 그러다가 그것이 문제라는 것, 그러므로 바꿔야 한다는 생각이 행동으로 표출된 사건이 프랑스 대혁명이다. 이를 계기로, 인류 역사상 처음으로 지배를 받지 않는 자유인이 대거 등장했다. 왕이 있는 세계에서 자유인이란 왕 혼자일 뿐이었다. 하지만 왕을 몰아낸 프랑스 대혁명은 지배받지 않는 사람들을 만들어냈다. 부르주아는 더 이상 지배받지 않는 자유인이 되었다.

A는 단두대로 걸음을 옮겼다. A의 모습이 보이자 민중은 환호하기 시작했다. 따가운 햇살과 함성 소리로 A는 정신이 없었다. 신으로부터 권한을 받았다고 사람들에게 말하기는 했으나, 기도하지 않은 지는 오래됐고 신에 대해 생각해본 적도 많지 않았다. 사실 성직자들을 보호해주면서 알게 된 그들의 권력욕은 마음으로나마 교회를 불신하게 만들었다.

B는 환호하는 군중 속에 섞여 있었다. 저 멀리 A의 목이 단두대에 놓이는 것이 보였다. B의 마음은 복잡했다. 사교계에서 많은 학자와 친분을 쌓았고 그들을 경제적으로 후원해주고 있지만, B는 그들의 무신론적인 말들이 어쩐지 찜찜했다. 무신론자들과 어울리는 것만으로도 무언가 죄를 짓고 있는 것일지 모른다는 생각이 들기도 했다. 그런데 저 멀리 신과 가장 가까울 것 같은 A가 단두대에 목을 내밀고 있는 것이 아닌가? 그리고 곧 높이 오른 단두대의 칼이 쏜살같이 밑으로 떨어졌다. 사람들

의 함성 소리가 높아졌다. B는 충격적인 광경에 자신도 모르게 군중과 함께 소리를 질렀다. 왕이 죽는 순간인 동시에 신이 죽는 순간이었다. 그리고 중세가 끝나는 순간이기도 했다.

근대
자본주의

새로운 권력이 탄생했다

근대 자본주의 시대는 대략 18세기부터 제2차 세계대전이 끝나는 1945 년까지, 200년 정도의 기간이다. 중세의 생산수단인 장원은 근대에 와서 공장과 자본으로 대체되었다. 생산수단이 변화함에 따라 이를 소유한 지배 권력도 왕과 영주에서 부르주아로 이동했다. 사회의 계급 구조도 새롭게 재편되었다. 사회 계급은 둘로 나뉘었다. 생산수단을 소유한 사람들인 부르주아와 생산수단을 소유하지 못한 사람들인 '프롤레타리아'가 그것이다. 앞서 언급했듯 부르주아는 자본가계급, 시민계급, 유산계급으로 불린다. 그리고 이와는 대비되어 프롤레타리아는 노동자계급, 무산계급으로 불린다. 이렇게 질문하는 사람이 있을 수 있다. 그렇다면 프롤레타리아인 노동자는 시민이 아니란 말인가? 답만 말한다면, 프롤레타리아는 시민이 아니다. 여기서 말하는 '시민'은 서울시에 거주하는 사람들을 일컫는 서울 시민 같은 것이 아니다. 계급적 차원에서의 시민은 경제력이 있어서 세금을 내고 정치에 참여하는 계급을 말하며, 보통은 생산수단을 소유한 부르주아 계급을 말한다.

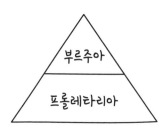

사회는 매우 단순해졌다. 생산수단을 소유했느냐 아니냐를 기준으로 계급이 구분되니 말이다. 생산수단의 소유 여부는 각 계급의 생활 방식과 사회적 역할에서 실질적인 차이를 일으켰다. 우선 부르주아는 먹고 사는 데 어려움이 없었을 뿐 아니라 지속적으로 부를 축적할 수 있었다. 반면 프롤레타리아는 생산수단이 없으므로, 부의 축적은 고사하고 먹고 사는 어려움에 봉착할 수밖에 없었다. 그렇다면 프롤레타리아는 어떻게 먹고살아야 하는가? 그에게는 아무것도 없으므로 유일하게 가진 자신의 몸뚱이를 팔아야만 한다. 자신의 몸을 어디에, 누구에게 파는가? 공장에, 공장주에게 판다. 자본가에게 고용되어 자본가의 생산수단인 공장에서 노동력을 팔아야 한다. 그리고 부르주아는 프롤레타리아의 노동력을 사용한 대가로 그들에게 임금을 지불한다.

여기서 노동자들이 받는다는 임금의 실체가 무엇인지는 앞서 알아보았다. 다시 요약하자면, 부르주아는 프롤레타리아의 노동력으로 생산물을 얻고, 그 생산물을 판매해서 얻은 이익을 일단 모두 소유한 후에, 그 중에서 자신이 생각하기에 적당하다고 생각되는 만큼의 일정 부분을 떼어 프롤레타리아에게 지급한다. 실제로 노동하고 생산물을 만들어낸 건 프롤레타리아였지만, 부의 축적은 생산수단을 소유한 부르주아의 몫이 되는 것이다. 반복해서 말하는 이유는 이 문제가 현대 사회에서 일어나는 갈등의 본질이어서다. 기업 소유자는 고용에 따른 비용을 줄이기 위해 노력하고, 이를 통해 기업의 이윤을 최대화하는 것에 목표를 둔다. 반면 기업에 고용된 사람은 자신의 노력과 성과에 비해 언제나 급여가 적다고 느끼고, 이를 늘리기 위해 개인적으로 애쓰거나 집단적으로 대응한다. 근대 초기나 오늘날이나 사회 갈등의 본질은 변하지 않는다.

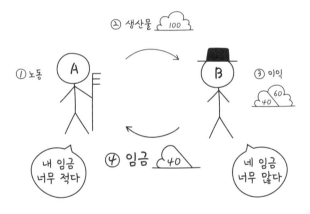

'생산수단의 변화'와 '생산수단의 소유자'를 기준으로 원시부터 근대까지의 역사를 확인했다. 이제 근대와 현대의 역사로 넘어가 보자.

중간 정리

인류의 역사를 따라가는 여행은 원시 공산사회에서 시작해 고대 노예제 사회를 거쳐 중세 봉건제사회를 지나왔다. 가장 중요한 핵심 개념은 생산수단이었다. 시대가 고대-중세-근대를 거치면서 생산수단은 토지-장원-공장으로 변화했고 생산수단을 소유한 계급은 왕-영주-부르주아로 변화했다. 역사는 생산수단에 의한 계급갈등이라는 단순한 구조에 따라서 설명될 수 있는 것이다. 이를 표로 정리하면 다음과 같다.

시대	원시	고대	중세	근대
특징	공산사회	노예제	봉건제	자본주의
생산수단	없음	토지, 영토	장원	공장, 자본
소유주	없음	왕	왕, 영주	부르주아
핵심 이념	자연	신화	신	이성

남아 있는 여행지는 근대와 현대다. 그런데 근현대의 기간을 이해하는 데는 생산수단만으로는 부족하다. 다른 핵심 개념이 필요하다. 그것은 '자본주의의 특성'이다. 근대와 현대는 자본주의라는 경제체제를 유지하고 발전시켜왔다. 그래서 이 체제의 특성은 근대와 현대 사회에 반영되고, 그 모습을 변형시켰다.

우리의 여행은 근대 자본주의부터 다시 시작된다.

근대 자본주의의
전개

공급과잉이 시작되었다

자본주의는 산업혁명에 의해 시작되었다. 바꿔 말하면, 산업혁명이 필연적으로 자본주의를 발생시켰다. 산업혁명은 특별한 게 아니다. 단적으로 공장의 탄생을 말한다. 공장은 기계와 분업을 통해 대량으로 생산물을 만들어냈다. 이렇게 쏟아져 나온 막대한 양의 생산물이 화폐경제를 만나면서 필연적으로 자본주의가 탄생했다.

자본주의는 공장을 기반으로 하기에, 공장의 특징이 자본주의의 특징으로 이어졌다. 공장의 특징은 대량생산이고, 이에 따른 자본주의의 특징은 공급과잉이다. 이제 자본주의의 특성을 자세히 알아보자.

〈산업혁명〉 → 공장 → 생산물 → 화폐경제 〈10000〉 → 〈자본주의〉

공장은 끝없이 생산물을 쏟아낸다. 공장이라는 생산수단이 탄생하기 전인 중세에는, 물건을 사려면 제작자에게 필요한 물품을 미리 주문했다가 완성된 이후에 받을 수 있었다. 수요가 있는 만큼 공급이 이루어진 것이다. 하지만 근대가 되면 상황은 바뀐다. 공장은 주문이 있기 전에 미리 물품을 대량으로 생산해낸다. 물품이 필요한 사람은 기다릴 필요 없이 시장에 가서 이미 생산된 물품을 구입하면 된다. 이러한 특성, 즉 물품을 구입하려는 욕구보다 이미 생산된 물품이 더 많은 상태가 자본주의의 특성이다.

자본주의의 특성
공급 > 수요

간단하게 정리하면 다음과 같이 말할 수 있다. 자본주의의 특성은 '공급이 수요보다 많은 상태'다. 다른 말로는 공급과잉, 초과공급이라고도 한다. 공급이 수요보다 많은 상태가 무엇을 의미하는지 이해하기 어렵다면 오늘날의 백화점과 대형 마트를 생각하면 된다. 이곳에 가면 수많은 물품이 우리를 기다리고 있다. 팔기 위해 내놓은 물품들은 언제나 넘쳐난다. 소비자가 물품이 없어 전전긍긍하는 경우는 흔하지 않다. 오죽하면 대중매체에 광고까지 해서 제발 우리 제품 좀 사달라고 끊임없이 유혹하고 설득하려 하겠는가. 자본주의 사회는 언제나 공급과잉의 상태에 놓인다. 공급과잉의 상태는 무엇인가 비정상적인 상태가 아니라, 자본주의의 가장 일반적이고 본질적인 상태다. 이제부터 공급과잉을 핵심 개념으로, 근대와 현대의 역사가 어떻게 전개되었는지 알아볼 것이다. B를 찾아가 보자.

이제 B는 구두공장을 소유한 자본가계급이 되었다. 노동자도 세 명이나 고용했다. 그들은 C1, C2, C3이다. 혹시나 공장이 하루라도 쉰다면 B에게 그만큼 손해라서, B는 최대한 오랜 시간 공장을 가동하려고 한다. 왜냐하면 공장이 쉰다 해도 노동자들에게 줘야 하는 임금은 동일하고 공장 유지비와 임대료는 고정적으로 지출되기 때문이다. 그래서 B는 공장을 최대한 가동해서 구두를 찍어냈다.

그런데 문제가 발생했다. 시간이 지날수록 공장 창고에 팔리지 않은 구두가 쌓이기 시작하더니, 최근 들어서는 더 이상 구두를 보관할 공간이 없을 정도가 되었다. 무엇이 문제인지 알아보니 마을 사람 모두가 구두를 구입해서 더 이상 사려는 사람이 없어서였다. B는 난감해졌다. 더이상 구두를 생산하지 말고 창고의 구두가 모두 팔릴 때까지 기다려볼까도 생각해봤지만 좋은 생각이 아닌 것 같다. 왜냐하면 공장 가동을 중지한다고 해도 임금과 공장 유지비, 임대료 등 고정비용은 계속 지출될 것이기 때문이다. 공장은 계속 가동해야 한다. 그럼 어떻게 하는 게 좋을까? 당신이 만약 자기 사업을 하는 사람이라면 이미 이런 문제로 고민하고 있을 것이다. 또 현재는 고민하지 않더라도 언젠가 직접 사업을 한다면 필연적으로 겪게 될 문제다.

자, 당신이 공장이나 기업의 소유주라면 이 문제를 어떻게 해결할 것인가? 수요보다 공급이 많은 상태가 문제이므로, 해결 방안은 논리적으로 두 가지밖에 없겠다. 하나는 공급을 줄이는 방법이고, 다른 하나는 수요를 늘리는 방법이다. 간단하다. 각각의 현실성을 검토해보자. 우선 공급을 줄이는 방법부터 생각해보자. 공급을 줄인다는 것은 공장 가동을 멈추는 것이다. 이건 앞에서 말했듯 좋은 방법이 아니다. 공장을 멈춘다는 것은 고정비용의 부담을 전제하는데, 고정비용만 계속 지불하느니 차라리 공장을 가동하는 게 더 이익이다. 이제 해결 방안은 하나뿐이다. 수요를 늘리는 방법이다.

그렇다면 수요를 늘릴 수 있는 방안은 무엇인가? 역시 두 가지로 나누어 생각해볼 수 있다. 하나는 새로운 시장을 개척해서 수요를 창출하는 것이고, 다른 하나는 구두의 가격을 낮춰 소비를 유도하는 것이다. 이밖에 특별히 다른 방안은 없을 듯하다. 물론 신제품 개발이나 광고비용 확대, 사업 효율성 개선 등의 부수적인 방법이 있을 수는 있다. 하지만 이러한 방법들은 본질적인 해결 방안이 아니다. 수요를 확대할 수 있는 '시장 개척'과 '가격 인하'라는 두 가지 해결 방안이 그나마 가장 궁극적인 방안이다.

산업화, 즉 공장의 탄생으로 공급과잉을 맞이하게 된 인류는 필연적으로 이 두 가지 방안을 선택할 수밖에 없었다. 이제부터 두 방안이 근대와 현대의 모습을 어떻게 변화시켰는지 확인하게 될 것이다.

공급과잉 해결 방안

① 시장 개척

② 가격 인하

 우선 새로운 시장을 개척하는 방법부터 생각해보자. B는 창고에 가득 쌓인 구두 재고를 해결하기 위해 새로운 시장을 찾아 떠나기로 했다. 이를 위해 대출을 받아 배를 한 척 구입한 다음 창고에 쌓여 있던 구두를 모두 실었다. 그러고는 멀고 먼 항해를 시작했다. 몇 달의 고생 끝에 비로소 아마존에 도착했다. B가 듣기로 아마존에 있는 사람들은 아예 신발을 신지 않는다고 하니, 이곳은 정말 블루오션일 것이다. 배 구입비용, 대출 이자, 인건비 등 시간과 비용이 매우 컸지만, 모두 해결하고도 큰 이익이 남을 것이다. 배가 해안에 도착하자 머리에 깃털을 꽂고 나뭇잎으로 하반신만 가린 원주민이 환영했다. B가 말했다.

 "구두 팔러 왔어."

 원주민 족장이 말했다.

 "줄 게 없는데."

 생각해보니 그렇다. 원주민은 가진 게 없어서 구두와 교환할 만한 게 없다. 그때 원주민 뒤로 소들이 지나가는 게 보였다. B가 말했다.

 "소 한 마리당 구두 다섯 켤레로 하자."

 원주민 족장이 준비한 듯 그 말에 대답했다.

 "나는 당신의 말을 이해할 수 없다. 소에게는 우리 선조들의 영혼이 깃들어 있으며, 우리 종족과 함께 수천 년을 아름다운 자연의 어머니 품에서 성장한 형제다. 형제를 사고판다는 것은 가족을 사고파는 것이며, 지금까지 지켜온 우리의 성스러운 영혼의 연대를 사고파는 것이다. 그런 일은 있을 수 없고, 이해할 수도 없는 일이다."

B가 준비해온 총을 뽑아서 족장과 함께 나온 원주민 중 한 명을 쐈다.

원주민 족장이 말했다.

"일곱 켤레로 하시죠."

시장이 개척되었다.

이후 B는 원주민에게 구두를 공급하고 소를 대가로 받았다. 그리고 대가로 받은 소를 잡아서 가죽을 벗기고 그 가죽으로 구두의 원료를 충당했다. 원주민이 제공한 원재료로 구두를 가공하고, 가공된 구두를 원주민에게 되파는 효율적인 구조가 형성되었다. B의 공장은 계속해서 구두를 생산할 수 있었다. 소비는 원주민을 협박하면 된다. 이제 원주민은 비록 옷은 안 입었지만 구두는 각자 두세 켤레 정도 갖게 되었다.

식민지를 개척하는 제국주의 시대가 도래한 것이다.

제국주의
시대

그들에게는 식민지가 필요했다

산업화를 통해 자본주의가 된 국가들은 자본주의의 특성인 공급과잉 문제에 필연적으로 봉착했다. 그리고 결과적으로 수요를 늘리기 위해 새로운 시장을 개척해야만 했다. 시장을 개척하는 가장 좋은 방법은 식민지를 만드는 것이다. 식민지를 만들어 원료를 공급받고 가공품을 판매하면 된다. 이것이 산업화가 빠르게 진행된 유럽이 필연적으로 거칠 역사의 방향이었다. 실제로 산업화된 유럽 국가들은 식민지를 차지하기 위해 세계로 뻗어나갔다. 영국은 인도로 갔고, 스페인은 남미로 갔으며, 프랑스는 아프리카로 갔다. 그곳에 식민지를 만들어, 자국에서 만든 생산물을 공정하지 않은 방법으로 판매하고 큰 이익을 얻었다.

대표적인 예가 영국이다. 영국은 18세기부터 인도를 식민지화한 후에 자국의 면직물을 인도에 판매하고 그 대가로 아편을 받았다. 그리고 받은 아편을 다시 중국에 판매하고 그 대가로 홍차와 막대한 부를 얻었다. 반대로 인도 경제는 영국의 면직물 산업에 종속되면서, 많은 자원과 부를 영국에 빼앗겼다. 면직물로 인해 국가 전체가 영국에 종속된 것이다. 그래서 인도의 민족 해방을 이끌었던 간디는 영국산 면직물의 수입을 막기 위해 스스로 옷을 제작해서 입자는 운동을 펼쳤다. 우리가 간디를 생각할 때 물레를 감고 있는 모습을 떠올리는 것은 이 때문이다. 물레는 영국산 면직물에 대한 거부이자, 궁극적으로 영국 제국주의에 대한 저항을 상징했다.

근대 유럽의 국가들이 식민지를 확보함으로써 공급과잉 문제를 해결한 것처럼, 산업화된 국가들이 식민지를 차지하기 위해 경쟁하던 시대를 제국주의시대라고 한다.

이 시대에 우리가 주목해야 할 국가가 하나 있다. 바로 독일이다. 독일은 빠르게 산업화하는 유럽에 속했으면서도 산업화가 늦어지면서, 뒤늦게야 제국주의 경쟁에 뛰어들었다. 독일의 산업화가 늦어진 것은 중세 봉건체제가 오래 지속되면서 계속된 내전으로 산업화를 추진할 여력이 없었기 때문이었다. 뒤늦게 통일된 독일은 산업화를 먼저 거친 영국과 프랑스 등 선진국들과는 다르게, 면직물 같은 전통적 공업보다 국가주도의 중화학 공업을 발전시키며 산업화에 박차를 가했다.

독일 역시 산업화에 따라 자본주의가 정착했고, 자본주의의 특성인 공급과잉 문제에 봉착했다. 다른 산업화된 국가들과 마찬가지로, 독일도 이 문제를 해결하기 위해서 새로운 시장을 확보해야만 했다. 즉, 식민지 국가를 건설해야만 했다. 독일은 필연적으로 식민지를 찾아 떠났다. 그런데 문제가 있었다. 더 이상 차지할 만한 식민지가 없었던 것이다. 이미 앞서 산업화를 이룩한 열강들이 식민지를 모두 차지했기 때문이었다. 독일에는 위기였다. 산업화를 계속하기 위해서는 새로운 시장이 필수지만, 새롭게 개척할 수 있는 시장이 없으니 말이다.

이렇게 전전긍긍하고 있는 가운데, 기회가 찾아왔다. 1914년, 동맹국인 오스트리아-헝가리 제국의 황태자가 보스니아의 사라예보 지역에 갔다가, 독립을 원하는 세르비아계 청년에게 피살되는 사건이 발생했다. 도대체 무슨 말이냐고? 보스니아가 세르비아에서 뭐가 어쩌고 어쨌다는 거냐며 낯선 용어들에 당황할 사람도 있을 것이다. 세부적인 내용은 이 책에서 다루려는 방향이 아니니, 큰 줄기만 파악해보자. 쉽게 정리하면 다음과 같다. 독일의 동맹국인 오스트리아의 황태자가 러시아 지역에서 민족 문제로 암살당한 것이다. 독일한테는 절호의 기회였다. 이 사건을 빌미로 오스트리아는 세르비아에, 독일은 러시아에 선전포고를 했다. 제1차 세계대전의 서막이 올랐다.

제1차
세계대전

공급과잉이 전쟁을 일으켰다

제1차 세계대전은 1914년부터 1918년까지 약 4년 동안 지속되었다. 표면적인 원인은 오스트리아 황태자 암살 사건이었다. 이 사건을 계기로 오스트리아와 독일이 러시아를 상대로 선전포고를 했다. 러시아가 전쟁에 휘말리자 러시아의 동맹국인 영국과 프랑스가 전쟁에 참가했다. 이후 미국이 참전하고, 동아시아에서는 일본이 제국주의 확장을 위해 전쟁에 뛰어들면서 전쟁의 무대는 전 세계로 확대되었다.

그런데 궁금한 점이 있다. 그럼 만약 오스트리아 황태자가 암살되지 않았다면 세계대전이 발발하지 않았을 것인가? 역사에서 "만약 그런 일이 없었다면 어땠을까?"라는 가정은 별로 의미가 없다. 왜냐하면 가정만으로는 예측하기 힘든 변수가 너무나 많기 때문이다. 다만 오스트리아의 황태자가 테러를 피할 수 있었다 하더라도, 혹은 우리가 타임머신을 타고 과거로 돌아가 세르비아계 청년을 찾아내어 황태자를 암살하기 전에 감금하고 고문한다 하더라도, 제1차 세계대전을 막을 수는 없었을 것이다. 왜냐하면 제1차 세계대전의 근본적인 원인은 황태자의 암살이 아니기 때문이다. 독일이 전쟁을 원하고 있었다는 사실이 세계대전의 본질적인 이유다. 그렇다면 독일은 왜 전쟁을 원했을까? 뒤늦은 산업화로 식민지 경쟁에서 제외되어 있어서였다. 앞에서 살펴본 대로 산업화를 유지하기 위해서는 공급과잉의 문제를 해결해야만 했다.

공급과잉의 문제는 식민지만이 해결할 수 있다. 그런데 다른 국가들이 식민지를 모두 차지해서 식민지가 없다면 어떻게 해야 하는가? 힘으로 빼앗아 오면 된다. 다만 전쟁을 위한 명분은 있어야 한다. 그리고 때마침 오스트리아 황태자의 암살이 명분이 된 것뿐이다. 황태자가 암살되지 않았더라도 독일은 어떻게 해서든 구실을 만들었을 것이다. 마찬가지로 독일인의 천성이 나쁘거나 악독하기 때문에 전쟁을 일으킨 것도 아니다. 제1차 세계대전의 궁극적인 원인은 자본주의의 특성에서 기인한다. 공급과잉이라는 자본주의의 태생적 한계. 이를 극복하고 산업화를 유지하기 위해 독일이 선택할 수 있는 해결책은 전쟁밖에 없었다.

산업화 → 자본주의 → 공급과잉 → 식민지 필요 → 제국주의 → 식민지 경쟁 → 전쟁

독일과 오스트리아-헝가리 제국 그리고 이탈리아가 3국 동맹을 형성했고, 영국과 프랑스와 러시아가 3국 협상을 결성하여 대립했다. 영국

과 프랑스가 러시아에 협력한 이유는 단순했다. 국가 주도의 중화학 공업을 중심으로 급속히 성장하는 독일이 자신들의 식민지를 위협하리라는 것을 알았기 때문이다. 식민지를 지키기 위해서는 독일을 저지해야만 했다.

3국 동맹
$$\begin{pmatrix} 독일 \\ 오스트리아 \\ 이탈리아 \end{pmatrix}$$
$\longleftrightarrow$
3국 협상
$$\begin{pmatrix} 영국 \\ 프랑스 \\ 러시아 \end{pmatrix}$$

치열한 전투 끝에 전쟁은 독일과 오스트리아의 패배로 막을 내렸다. 전쟁이 끝난 다음 해인 1919년 6월 28일, 프랑스의 베르사유 궁전에서 승전국들은 전쟁의 책임을 물어 전쟁범죄국인 독일과 조약을 맺었다. 베르사유 조약으로 알려진 이 협약으로 독일은 막대한 전쟁배상금을 물어야 했고, 10%가 넘는 영토를 연합국에 반납해야 했으며, 군대 보유를 엄격하게 제한받게 되었다. 베르사유 조약으로 독일의 경제는 회복될 수 없을 정도로 침체하고 말았다. 반면 세계는 전쟁 이후 빠르게 안정되고 성장해갔다.

이렇게 해서 공급과잉이라는 자본주의의 특성이 초래한 국가 간의 갈등은 해소되었다. 그런데 생각해보면 조금 이상하다. 세계가 역사상 유례없는 끔찍한 대규모 전쟁을 치렀는데, 어떻게 그토록 빠르게 안정되고 더 나아가 경제적 성장까지 이룰 수 있었던 것일까?

전쟁 후 B는 국가가 관리해주는 식민지에서 안정적으로 구두를 팔 수 있었다. 게다가 전쟁이 나쁜 것만은 아니었다. 전쟁 중에 군에 구두를 납품하면서 창고에 쌓아두었던 구두 재고를 모두 처리할 수 있었을 뿐만 아니라, 밤을 새워 공장을 가동해도 군의 수요를 따라가기 힘들 정도였다. 전쟁은 막대한 수요를 창출했고, 이로 인해 공급과잉이라는 자본주의의 문제점을 일시적으로 해소해주었다.

실제로 다수의 민간인은 고통스러울 수 있으나, 전쟁은 일부 부르주아 혹은 일부 국가들에 막대한 부를 창출해준다. 자본주의는 전쟁과 가까울 수밖에 없다. 전쟁은 자본주의 국가들을 유혹한다. 사실 오늘날의 자본주의를 유지해주는 핵심 요소는 두 가지다. 하나는 전쟁이고, 다른 하나는 유행이다. 전쟁과 유행은 자본주의라는 어머니에게서 태어난 쌍둥이 형제라 할 수 있다. 전쟁이 공급과잉의 문제를 단번에 해소하듯, 유행은 필요를 뛰어넘는 막대한 소비를 창출해서 공급과잉 문제를 해소한다. 충분히 사용할 수 있는 옷과 핸드백들이 매년 옷장 구석에 쌓여가거나 쓰레기통으로 향한다. 전쟁과 유행이 없이 자본주의를 유지하기는 어렵다.

세계
경제대공황

가격 경쟁은 대공황으로 이어졌다

전쟁으로 막대한 부를 축적한 B는 공장 설비를 확장했다. 더 많이 생산하면 더 큰 부자가 될 수 있다. 전쟁 후 세계 경제는 호황을 맞이했다. 그런데 시간이 갈수록 예전에 경험했던 문제가 다시 발생하기 시작했다. 공장 창고에 또 구두가 쌓이기 시작한 것이다. B는 문제의 원인을 알아보고자 안정적인 소비시장인 식민지에 직접 찾아갔다. 그러고는 깜짝 놀라지 않을 수 없었다. 식민지의 원주민은 구두가 너무 많아서 구두로 국을 끓여 먹을 정도였다. 시장은 포화 상태였다. 게다가 이곳 식민지에 경쟁 업체가 들어서 있었다. B는 고민에 빠졌다. 우리는 처음의 문제로 다시 돌아가야 한다.

앞서 자본주의의 특성으로 공급이 수요보다 많다는 문제점에 대해 이야기했다. 그리고 이 문제를 해결하기 위해 공급량을 줄이는 것은 좋은 방법이 아님도 전제했다. 수요를 늘려야만 했다. 수요를 늘리는 방법은 두 가지였다. 하나는 시장을 개척하는 것이고, 다른 하나는 상품의 가격을 낮추는 것이다. 이 중에 우리는 새로운 시장을 개척하는 방법이 역사를 제국주의로 이끌어 제1차 세계대전으로 귀결되었던 모습을 확인했다. 그런데 더 이상의 시장 개척은 불가능해 보인다. 새로운 식민지는 지구상에 없기 때문이다. 만약 지구 외부에 지적인 생명체가 존재하는 것이 밝혀진다면 가장 좋아할 사람들은 부르주아일 것이다. 그들은 우주선에 화물을 신고 외계인에게 구두를 신기러 떠날 것이다. 그들은 새로운 시장이 필요하다. 하지만 외계 시장은 아직 개척되지 않았고, 둥근 지구 위에 새로운 시장은 없다. 이제 수요를 늘리기 위해 남은 두 번째 방법을 사용할 차례가 왔다. 가격을 낮추는 방법이다.

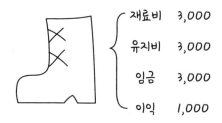

B는 고심 끝에 구두의 가격을 낮추기로 했다. 경쟁 업체보다 질 좋고 싸게 만들어야 시장을 지킬 수 있다. 하지만 가격을 낮추는 건 생각보다 쉬운 문제가 아니었다. 지금은 구두 한 켤레를 만 원에 팔고 있는데, 한 켤레당 들어가는 비용은 재료비 3,000원, 임대료를 포함한 공장 유지비 3,000원, 임금 3,000원, 이익 1,000원이다. 그런데 이 중에서 절반 이상

을 차지하는 재료비와 공장 유지비는 B의 마음대로 줄일 수 있는 비용이 아니다. B가 선택해서 줄일 수 있는 비용은 공장에서 일하는 노동자 C1, C2, C3의 임금 3,000원과 자신의 이익 1,000원이다. 여기서 자신의 이익을 줄이는 건 의미가 없다. 내가 버는 돈이 없다면 공장을 유지할 필요도 없는 것 아닌가? 공장을 운영하는 것은 노동자에게 임금을 주기 위해서가 아니라 공장 주인인 B 자신이 돈을 벌기 위해서다. 줄일 수 있는 비용은 노동자의 임금 3,000원이다. 그래서 B는 어쩔 수 없이 구조조정을 단행했다. 일의 능률이 가장 낮은 C1을 퇴출해서 임금으로 나가는 비용을 3,000원에서 2,000원으로 줄였다. 이제 구두 가격은 9,000원이 되었다. 한동안은 구두가 팔리는 것 같았다. 하지만 얼마 지나지 않아 다시 구두가 안 팔리기 시작했다. 알고 보니 경쟁 업체가 구두 가격을 8,500원으로 인하한 것이 원인이었다. B는 눈물을 머금고 C2를 해고했다. 이제 구두 가격은 8,000원이 되었다.

그런데 예상치 못한 위기는 B가 눈치채지 못한 시장의 다른 측면에서 발생하고 있었다. 수요 감소로 상품 가격을 낮춰야만 하는 상황은 B에게만 해당하는 문제도, 구두 산업에서만 발생하는 문제도 아니었다. 공급과잉의 문제는 사회 전체적으로 발생하고 있었고, 모든 산업에서 가격을 낮추기 위한 노동자 해고 사태가 일어나고 있었다. 문제는 노동자는 노동자인 동시에 소비자라는 점이었다. 해고당한 노동자는 소비 능력을 상실한 소비자와 동일하다. 다시 말해서, 사회 전체적으로 실업자가 늘어나면서 소비도 줄어들 수밖에 없게 된다. 이때 소비가 줄어든 다는 것은 상대적으로 수요량보다 공급량이 더 많아짐을 의미하고, 공급량을 줄이기 위해서는 다시 모든 산업에서 가격 인하 경쟁이 일어날 수밖에 없음을 뜻한다. 또 가격을 인하하기 위해서는 노동자를 해고해야만 하고, 해고된 노동자가 다시 소비 능력을 상실한 소비자가 되어 수요를 창출하지 못하는 악순환에 빠지는 것이다.

사회는 경기침체의 하수구 속으로 회전하며 빨려 들어가고 있었다. 일자리를 구하지 못한 실업자는 늘어갔고, 문을 닫는 공장과 기업이 속출했다. 이 문제가 폭발한 사건이 있었다. 뉴욕 증시가 대폭락하면서 세계경제 전체를 무너뜨린 1929년의 세계 경제대공황이다.

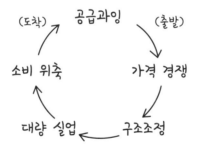

전쟁으로 수요가 폭발하면서 이루어진 경제 성장은 특히 미국의 유례없는 호황을 가져왔다. 사람들은 미국을 중심으로 하는 세계 경제에 낙관했다. 빠르게 늘어나는 자산에 들떠 있었고, 많은 사람이 하루가 다르게 성장하는 기업의 주식을 사기 위해 빚을 내어 투자했다. 하지만

1929년 10월 29일, 뉴욕 증시는 하루아침에 30% 폭락했다. 그리고 폭락은 멈추지 않고 계속 이어져 1932년에는 90% 가까이 폭락했다. 국내총생산은 반 토막이 났고, 실업률은 25%에 달했다. 당시 세계총생산의 절반 가까이를 담당하던 미국 시장의 침체는 빠르게 세계 시장의 침체로 이어졌다.

대공황에서 벗어나기 위해 세계 각국은 다양한 방안을 모색해야만 했다. 우리는 대표적인 세 국가의 극복 방안을 살펴보려 한다. 그것은 미국, 러시아, 독일이다. 우선 미국부터 알아보자. 미국은 뉴딜정책을 시행했다. 이것은 당시 미국 대통령이었던 루스벨트가 시행한 경제정책으로, 국가가 시장에 적극적으로 개입해서 자유 시장의 문제점을 해소하려는 의지를 담은 정책이었다. 즉, 공급과잉이라는 자본주의의 내적 문제점을 정부가 인위적으로 개입해서 조절하려는 것이었다. 이러한 문제 해결 방식을, 자본주의의 문제점을 수정한다는 의미에서 '수정 자본주의' 혹은 앞선 초기 자본주의와의 차이를 강조하기 위해서 '후기 자본주의'라고 부른다. 구체적으로 미국은 경기침체를 해결하기 위해 도로, 항만, 철도, 댐 건설 등의 공공사업을 추진했다. 그런데 경기침체를 극복하려는데 왜 갑자기 댐을 건설하는가? 사실 미국에 댐이 더 생긴다고 해서 침체된 경기가 회복되는 것은 아니다. 댐이 목적이 아니라 댐을 건설하는 과정이 목적이다. 공공사업은 노동자를 필요로 하고, 그들에게 임금을 주어야 한다. 그동안 일자리가 없던 노동자가 임금을 받으면 생필품을 사게 되고, 사회 전반에 수요가 창출된다. 수요가 생기면 기업은 상품을 생산하기 위해 멈춰 있던 공장을 다시 가동할 것이다. 공장을 가동하기 위해서는 노동자가 필요하고, 다시 고용이 활성화되어 노동자들의 소득이 향상될 것이다. 그리고 결국 사회 전체적으로 소비가 촉진될 것이다. 실제로 정부가 시장에 개입하는 수정 자본주의는 어느 정도의 성공을 거뒀다. 미국 경기는 차츰 회복되었다.

여기까지 듣고 한국 사회를 생각해보면, 뉴딜정책의 사례가 우리에게 필요한 교훈인 것처럼 보인다. 한국도 만성적인 청년실업이 문제이고, 이로 인해 장기적인 경기침체가 지속되고 있으니 말이다. 뉴딜정책처럼 정부 차원의 공공사업으로 청년실업 문제를 해결할 수 있지 않을까? 매우 좋은 방안 아니겠는가? 다만 이런 비교가 가능하기 위해서는 동일한 전제에서 출발해야 한다. 대공황 당시의 산업구조와 지금 한국 사회의 산업구조가 동일하다는 전제다. 하지만 과거 미국의 상황과 현재 한국의 상황에는 차이가 있다. 대공황 당시 미국의 산업구조는 제조업 중심이었고, 육체노동 중심이었다. 하지만 지금 한국의 산업구조는 서비스업 중심이다. 한국 청년들은 더 이상 육체노동을 원하지 않는다. 이미 육체노동을 요구하는 중소기업의 공장들은 일손을 구하지 못하고 있다. 오늘날 한국에서 정부가 개입한 대규모의 공공사업이 이루어진다면 그것은 일자리 창출로 인한 개별 노동자의 이익보다는 기계화된 산업시설을 갖춘 특정 기업들의 이익이 될 가능성이 크다.

다시 본론으로 돌아오자. 우리는 지금 세 국가의 대공황 극복 방안을 알아보고 있다. 우선 미국은 뉴딜정책으로 자본주의를 수정하여 문제를 해결했다. 다음은 러시아다. 러시아는 자본주의를 수정한 미국과는 달리 본질적으로 공급과잉이라는 문제점을 내포한 자본주의를 폐기함으로써 문제를 해결하려 했다. 마르크스 경제학에 따르면 공황은 우연이 아니라 필연이다. 태생적 문제를 내포하고 있는 자본주의는 내버려 두어도 어차피 자연스럽게 붕괴할 것이다. 다만 러시아는 붕괴를 앞당기기로 했다. 그래서 혁명이라는 인위적인 과정을 거쳐 자본주의를 폐기하고 공산주의 경제체제를 선택했다. 혁명 이후 러시아는 '소비에트 사회주의 공화국 연방', 즉 '소련'으로 명칭을 전환했다.

그런데 러시아가 공산주의로 돌아선 것은 1929년의 대공황 이후는 아니다. 러시아 공산주의는 1917년 혁명에서 비롯되었다. 이후 1922년에 소비에트 연방이 성립되었다. 그러니까 러시아는 대공황 이전에 자본주의를 폐기했던 것이다. 그래서 자본주의 국가들이 대공황으로 경기 침체를 경험하던 시기에, 반대로 러시아는 단계적이고 점진적인 과정을 거쳐 안정적으로 경제 성장을 이룰 수 있었다.

마지막으로 살펴볼 국가는 독일이다. 독일은 제1차 세계대전으로 막대한 전쟁배상금을 물고 있는 중에, 설상가상으로 대공황까지 겹치자 국가적 파산에 직면했다. 물가는 치솟고 화폐는 휴지 조각이 되었다. 수레에 마르크화를 가득 싣고 가도 빵을 사기에 부족할 정도였다. 국민의 고통과 불만은 극에 달했다. 이때 모든 독일인을 구원해줄 영웅이 나타났으니, 그가 바로 히틀러다.

히틀러는 독일이 경제적으로 어려움을 겪는 것은 전쟁배상금 때문임을 밝히고, 자신이 전쟁배상금을 물지 않게 하겠다며 독일인을 선동했다. 그리고 위대한 독일 민족이 이렇게 초라해진 원인에 대해 철학적 견해도 제시했는데, 그것은 독일 민족이 살고 있는 땅이 너무도 좁다는 것이었다. 히틀러에 따르면, 각 민족은 자신의 민족성에 어울리는 영토를 가지고 있어야 한다. 영토는 곧 민족의 영혼과 직결된다. 그런데 지금의 독일 영토는 세계대전 이후 연합국에 의해서 더 좁아졌다. 게다가 이보다 더 큰 문제는 독일 민족의 영토가 심각하게 오염되었다는 것이었다. 히틀러는 독일의 영토가 오염되면서 위대한 독일 민족의 영혼이 고통받게 되었다고 주장했다. 그리고 그 오염의 근본 원인으로 지목한 것이 독일의 영토에 살고 있는 저열한 유대인이었다. 독일 민족의 위대한 부활을 위해, 영토를 순결하게 청소할 필요가 있었다. 이로써 유대인 대학살인 홀로코스트가 시작되었다.

대공황 해결 방안

① 미국   : 뉴딜정책
② 러시아 : 공산주의
③ 독일 . : 군국화

여기서 잠깐 당시 유럽에서의 유대인의 지위에 대해 알아볼 필요가 있다. 유대인의 역사와 종교에 대해서는《지적 대화를 위한 넓고 얕은 지식》0권 [기독교] 편에서 자세히 다루고 있으니 참고하면 되겠다. 이 외에 우리는 앞서 고대에서 중세로의 역사적 전환기를 살펴보며 간략히 알아보았다. 기억을 떠올려보자. 유대인은 유일신 하느님을 믿으며 신과의 계약인 율법을 따르는 사람들이었다. 그리고 유대 민족에서, 인류 역사상 가장 독특한 인물인 나사렛 예수가 탄생했다. 예수는 유대교의 율법을 따르지 않아 유대인으로부터 반감을 샀다. 그러다가 로마에 잡혀갔고, 집정관 빌라도가 예수와 바라바 중 한 명을 살려주겠다며 유대인에게 선택하게 하자, 그들은 바라바를 선택했다. 예수는 결국 십자가에 처형되었고 사흘 만에 부활하여 제자들 앞에 모습을 드러냈다. 그러고는 그리스도의 뜻인 복음을 전파할 것을 당부한 후 하늘로 올라갔다. 그런데 400년 후에 로마 황제인 콘스탄티누스 대제가 그리스도교를 로마의 국교로 정하면서 이후 유럽 사회는 그리스도교 문화권이 되었다.

이제 생각해보자. 예수를 죽인 직접적인 피의자는 누구인가? 바로 유대 민족이다. 문제는 이후 서구 유럽 사회가 그리스도교 문화권이 되었다는 데 있다. 그리스도교 문화권에서 예수 그리스도를 죽인 유대인의 정치·사회적 지위는 어떠했겠는가? 유대인은 예수 살해라는 전 우주적 범죄를 저지른 민족으로 취급받았다. 이들은 자신들의 독립 국가를 갖지 못했고, 여러 국가에 뿔뿔이 흩어져 살면서 다른 민족의 따가운 눈총을 받아야 했다. 나라가 없으니 농사를 지을 땅도 없었다. 유대인은 어쩔 수 없이 중세를 거치는 동안 가장 천대받던 상업과 대부업에 종사했다. 그런데 반전이 기다리고 있었다. 근대 자본주의가 도래하면서 상업과 대부업은 무역과 금융업이 되었고, 유대인에게 막대한 부를 안겨준 것이다. 지금까지도 세계적인 금융 산업은 유대 자본에 의해 움직인다.

이를 토대로 히틀러가 집권하던 시기 독일의 분위기를 생각해보자. 히틀러는 독일 국민에게, 독일 민족이 부흥하기 위해서는 자신들의 성스러운 땅을 되찾아야 한다고 주장했다. 그 성스러운 땅은 유대인에 의해 오염되었다고 했다. 유대인은 예수 그리스도를 죽인 죄악으로 가득한 민족이며, 독일이 전쟁배상금으로 허덕일 때도 금융 산업을 바탕으로 부유하게 살아가는 얄미운 놈들이다. 게다가 외모 면에서도 유대인은, 개인적 차이는 있지만 미묘하게 동양적이다. 독일인은 전 우주적 범죄를 저질렀던 유대 민족을 처단하고 성스러운 독일을 재건해야 한다는 의무감에 따라 600만 명의 유대인을 학살하는 인종 청소를 감행했다. 여기까지는 명분이고, 실제로 유대인을 학살해야 했던 실질적인 원인을 생각해보자.

히틀러는 베르사유 조약에 반대하며, 전쟁배상금을 물지 않게 하겠다고 민중을 선동했다. 그 결과 독일민족사회주의 정당인 나치당이 민중의 열렬한 지지로 집권당이 되었다. 일단 집권을 하긴 했는데, 히틀러는 고민에 빠졌다. 민중에게 전쟁배상금을 물지 않게 하겠다고 장담해

놓았긴 한데 영국, 프랑스와 다시 협상하자고 하기는 힘들 것 같고, 방법이 없었다. 그때 좋은 생각이 떠올랐다. 다시 전쟁을 해서 이기면 되는 것 아니겠는가? 전쟁에서 패해 배상금을 물고 있는 것이니, 승리하면 배상금을 물지 않아도 되는 것 아니겠는가?

그런데 생각해보니 문제가 있었다. 전쟁을 하려면 막대한 자금이 필요한데, 경제공황과 배상금 때문에 독일의 재정은 충분하지 못했다. 영국과 프랑스에 가서 너희들과 다시 싸우려 하는데 자금이 부족하니 돈 좀 빌려달라고 할 수도 없는 노릇이었다. 한참 고민하다가 히틀러는 좋은 생각을 떠올렸다. 독일에 살고 있는 유대인이 생각난 것이다. 그들은 부유하다. 그들의 재산을 몰수해서 전쟁을 하면 되었다. 하지만 아무런 이유 없이 재산을 몰수하면 여론이 좋지 않을 것이고, 독일인도 쉽게 수긍하지 못할 것이다. 그런 까닭에 사람들이 납득할 만한 철학적 정당화 과정이 필요했다. 그래서 앞서 언급한, 민족성과 영토를 연결한 히틀러의 생각이 탄생했다. 위대한 민족성을 회복하기 위해서는 성스러운 땅이 필요하다는 생각 말이다. 그리고 이 생각은 독일 민족에게 먹혀들었다. 독일인은 열광했다.

잠깐만, 이것은 어디서 많이 들던 세계관 아닌가? 땅과 민족을 연결해 사유하는 세계관 말이다. 요즘도 가끔 들을 수 있는 '신토불이'라는 용어. 우리가 아무렇지도 않게 사용하는 이 용어와 그에 포함된 사고는 사실 매우 위험할 수도 있다. 땅과 민족을 하나로 연결하는 세계관은 민족이라는 추상적 개념을 물질화하게 만들고, 국경과 토지에 대한 집착으로 발전한다. 국가 간의 영토 분쟁은 신성불가침의 민족적 정신에 대한 침략이 된다. 혹시나 합리적인 대화가 필요하다고 주장하는 사람이 등장하면, 그는 변절자와 매국노가 된다. 영토 소유에 대한 배타적이고 감정적인 외침이 간증이 되고 찬양의 대상이 되는 사회. 그런 사회는 결과적으로는 경제적 이익을 얻을지도 모르지만, 세계대전 당시 독일 민족의 광기와 부도덕성보다 나을 것이 없다.

독일은 히틀러의 나치당을 중심으로 배타적인 민족주의로 결집하며, 차근차근 전쟁을 준비했다. 이쯤에서 한 번 더 역사적 가정을 해보자. 그럼 만약 히틀러라는 인물이 없었다면 독일은 전쟁을 일으키지 않았을 것이고, 두 번째 세계대전은 없었을 것인가? 단정하긴 어렵지만, 그렇지 않았을 것이다. 히틀러라는 악마가 독일을 전쟁으로 이끈 것이 아니라, 독일의 민중이 히틀러라는 영웅을 요구한 것이다. 히틀러가 없었다 하더라도 독일인은 전쟁배상금 문제를 해결하겠다고 주장하는 또 다른 누군가를 찾아내었을 것이다.

우리는 보통 역사를 영웅사관적인 시각으로 바라본다. 영웅사관이란 평범한 보통 사람들의 능력을 초월하는 천재적이고 카리스마 넘치는 특정 인물이 역사를 이끌어가는 주인공이라고 보는 관점이다. 이와 반대되는 역사관이 민중사관이다. 민중사관은 역사를 이끌어가는 주체를 민중으로 본다. 우리가 세계대전을 영웅사관의 시각으로 본다면, 세계대전을 일으킨 사람은 히틀러가 된다. 반면 세계대전을 민중사관의 시각으로 본다면, 세계대전을 일으킨 원인은 경기침체의 고통을 극복하고자 했던 독일 민족의 의지가 된다. 영웅사관과 민중사관은 어느 것은 옳고 다른 것은 그르다기보다는, 역사 해석을 다채롭게 해주는 두 가지 시각이라고 하겠다.

대공황 해결 방안

① 미국 : 뉴딜정책 – 자본주의 수정
② 러시아 : 공산주의 – 자본주의 폐기
③ 독일 : 군국화 – 자본주의 유지

지금까지 자본주의의 특성인 공급과잉의 문제가 대공황을 불러왔으며, 이를 해결하기 위한 세 국가의 방안을 살펴보았다. 세 국가는 미국, 러시아, 독일이었다. 미국은 뉴딜정책을 통해 자본주의를 수정했다. 자본주의에 문제가 있지만 수정해서 사용할 수 있다는 생각이다. 그 수정 방법은 정부가 시장에 개입하는 것이다. 반면 러시아는 공산주의를 선택하며 자본주의를 폐기했다. 자본주의에 태생적인 문제가 있는데, 문제 있는 경제체제를 유지할 이유가 없다는 생각이다. 마지막으로 독일은 군국화의 길을 선택했다. 전쟁에서 승리한다면 전쟁배상금을 물지 않을 뿐만 아니라, 국가 간 무역에서 독점적 위치를 점유할 수 있다. 혹시 패배한다 하더라도 나쁜 것만은 아니다. 앞서 살펴본 대로 전쟁은 막대한 양의 수요를 창출하고, 이를 통해 자본주의의 공급과잉 문제를 일시적으로나마 해소한다. 독일에는 전쟁에서 승리하거나 패배하거나 어쨌든 현재의 최악의 상황보다는 단기적으로 이익이 되므로 전쟁을 하지 않을 이유가 없었다. 그렇다면 독일은 자본주의를 어떻게 한 것인가? 미국처럼 수정한 것인가? 아니면 러시아처럼 폐기한 것인가? 독일은 자본주의를 유지한 것이라 할 수 있다. 자본주의의 공급과잉이라는 특성은 필연적으로 제2차 세계대전으로 귀결되었다.

제2차
세계대전

공급과잉으로 두 번째 전쟁이 일어났다

제2차 세계대전은 1939년부터 1945년까지 치러진 세계적 규모의 전쟁이었다. 독일, 이탈리아, 일본이 추축국이 되어 전쟁을 일으켰고 이에 대항해서 영국, 프랑스, 미국, 소련, 중국 등 여러 나라가 연합국을 형성했다. 독일이 전쟁을 일으킨 이유는 앞서 살펴보았다. 그런데 일본은 밑도 끝도 없이 어떻게 갑자기 세계대전에 참전하게 된 것인가? 그것도 왜 하필이면 지구 반대편의 독일과 동맹을 맺고 전쟁을 일으킨 것인가?

추축국	연합국
독일	영국
이탈리아	프랑스
일본	미국
	소련
	중국
	호주
	⋮

이유는 단순하다. 우리는 앞서 제1차 세계대전의 발발 원인을 논하면서 국가가 왜 전쟁을 선택하게 되는지를 알아보았다. 당시 일본의 상황을 살펴보자.

중세의 일본에는 천황이 존재했으나, 실질적인 힘은 지방의 영주라고 할 수 있는 막부에 있었다. 막부는 군부정권으로 통치권자인 쇼군이 통치했다. 중세의 끝인 19세기 중엽이 되면, 일본은 미국과의 통상조약을 시작으로 근대화에 박차를 가했다. 이러한 근대화를 '메이지유신'이라고 한다. 메이지유신을 통해 일본의 막부체제가 종식되고, 천황에 의한 중앙집권적 통치가 이루어졌다. 그리고 열강들의 기술, 문화, 제도를 빠르게 받아들이며 국가 주도의 산업화가 본격화되었다.

이후의 역사는 우리가 앞서 살펴본 구조에 따라 흘러갔다. 산업화는 자본주의를 낳았고, 자본주의는 공급과잉의 문제를 발생시켰다. 그럼 이제 어떻게 해야 하는가? 당연히 수요를 늘려야 한다. 수요를 창출하기 위해서는 새로운 시장인 식민지가 필요하다. 일본은 중국과 러시아를 대상으로 1894년에 청일전쟁, 1904년에 러일전쟁을 일으켜 타이완, 조선, 사할린을 식민지로 얻었다. 그러나 발전을 계속하던 일본도 1929년 세계 대공황의 영향으로 경제 위기에 봉착했다. 그리고 그 해결책으로 더 큰 시장인 대륙으로의 진출을 꾀했다. 하지만 중국은 일본뿐만 아니라 미국과 영국, 프랑스 등의 세계 열강 모두가 꿈꾸는 광활한 시장이었고, 이에 따라 일본은 이들과 대립하며 제2차 세계대전에 참여하게 된 것이다.

독일과 일본이 추축국으로 동맹 관계를 유지할 수 있었던 것은 두 국가의 궁극적인 목적이 같았기 때문이다. 과도한 공급량을 해소하기 위한 식민지의 확보, 그리고 무역협정에서의 국가적 우위. 그렇다면 연합국은 어떤 목적으로 전쟁에 대응했는가? 정의와 자유를 지키기 위해서? 꼭 그런 것만은 아니다. 정의와 자유를 위한 도덕적인 전쟁이란 없다. 자국의 시장인 식민지를 지키고 독일, 일본과의 무역협정에서 계속 우위를 점하기 위해 대응한 것이다. 경제 위기를 극복하기 위해 식민지를 얻으려는 국가와 식민지를 지키려는 국가 간의 전쟁이 제2차 세계대전의 본질이라고 할 수 있다.

결과적으로 전쟁은 연합국의 승리로 끝났다. 1945년 5월에 독일이 먼저 항복했고, 같은 해 8월 히로시마와 나가사키에 미국의 핵폭탄이 투하되고 나서야 일본은 천황제를 유지하는 대신 무조건 항복하기에 이르렀다. 그날이 15일이었다. 그래서 1945년 8월 15일은 인류 역사에서 세계대전 종전일이 되었다. 일본의 식민지였던 지역의 관점에서는 광복절이 되었다.

제2차 세계대전의 종전과 함께 근대도 저물었다. 역사는 현대로 나아갔다.

냉전
시대

왜 자본주의와 공산주의는 대립하는가

전쟁이 끝나고 세계는 새롭게 재편되었다. 세계 역사의 주도권을 쥐고 있던 영국과 프랑스로 대표되는 유럽 사회는 전쟁으로 황폐해졌다. 대신 제2차 세계대전의 승전국인 미국과 소련이 세계의 중심으로 떠올랐다. 미국과 소련은 세계대전 중에는 독일과 일본에 맞서 동맹을 맺고 있었지만, 그것은 불안한 동맹이었다. 공동의 적이 사라지자 이질적인 체제로 대결할 수밖에 없었다. 서로 판이하게 다른 경제체제 때문이었다. 대공황 이후 미국은 정부가 시장에 개입하는 후기 자본주의를 선택했고, 소련은 러시아 혁명을 거치면서 공산주의 국가가 되었다. 자본주의와 공산주의라는 두 체제를 중심으로 세계는 팀을 나누어 재편되었다. 자본주의를 지지하는 국가로는 미국, 서유럽, 일본, 남한 등이 있고 공산주의 국가로는 소련, 동유럽, 중국, 북한 등이 있다.

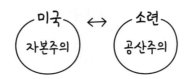

두 세계는 체제와 군비 경쟁으로 아슬아슬한 힘의 균형을 이루었다. 미국과 소련은 모두 막대한 양의 핵무기를 보유하고 있었기 때문에, 두 국가가 전쟁을 시작한다는 것은 전 세계적인 핵전쟁을 의미했다. 실제로 현재까지도 미국과 러시아는 대략적으로 각각 7,000기와 7,300기가량의 핵무기를 보유하고 있는 것으로 알려져 있다. 그런 까닭에 미국과 소련이 직접 전쟁을 한다는 것은 쉽지 않았다. 물론 전면전으로 갈 수 있는 위기의 순간들이 있었으나, 직접적인 충돌은 없었다. 대신 다른 국가들에서 국지적으로 전쟁이 발발했다. 대표적인 예가 한국전쟁, 베트남전쟁, 쿠바 미사일 위기, 베를린 위기, 아프가니스탄 침공 등이다. 이렇게 미국과 소련의 전면전 없이 긴장과 갈등이 계속되고 체제 경쟁이 심화되는 상황이 냉전 시대의 특징이다. 냉전 시대는 제2차 세계대전이 종식된 1945년부터 소련이 개혁과 개방을 외치며 해체된 1991년까지의 기간을 말한다.

그런데 궁금한 점이 있다. 도대체 자본주의와 공산주의는 왜 싸워야 하는 것일까? 그냥 두 체제가 각자 행복하게 살아가면 되는 것 아닌가? 서로 간섭하지 않고 말이다. 어떤 국가는 자본주의를 선택하고, 다른 국가는 공산주의를 선택하면 사람들이 자기가 살고 싶은 국가로 가서 살게 하면 되는 것 아닌가? 도대체 두 체제는 왜 대립하려고만 하는 것인가? 이에 대해 반공 교육을 잘 받은 사람들은 이렇게 대답할 수도 있다. "공산주의는 악이기 때문이다. 북한의 모습을 봐라. 공산주의는 국민을 억압하고 정보를 차단하며 그들에게 고통을 준다. 자유를 추구하는 우리가 그들에게 자유를 줘야 할 의무가 있다." 혹은 종교적 관점에서 이렇게 말하는 사람들도 있다. "공산주의자는 신을 부정한다. 신을 부정하는 것 자체가 스스로 악마임을 증명하는 것이다. 우리는 악마와 타협할 수 없다." 첫 번째 답은 맞는 말이기도 하면서, 동시에 맞는 말이라고 보기 힘든 면도 있다. 왜냐하면 이 비판은 공산주의가 아니라 독재에 대한 비판이기 때문이다. 또한 아직도 경제체제를 선과 악의 대결로 보는 전근대적인 발상에 근거하기 때문이다. 이에 대해서는 이 책의 [정치], [사회] 파트에서 다룰 것이다. 일단은 왜 자본주의와 공산주의가 하나의 세계에서 공존할 수 없는지를 경제적 측면에서 생각해보기로 하자. 이에 대한 이해가 냉전 시대에 대해 객관적으로 평가할 수 있게 도울 것이다.

B는 제1차 세계대전 때와 마찬가지로 제2차 세계대전 때도 막대한 부를 축적할 수 있었다. 대공황의 여파로 눈물을 머금고 운영을 중단해야 했던 공장이 전쟁으로 다시 가동된 덕분이었다. 전쟁이 수요를 창출했기에 가능한 일이었다. 해고했던 노동자들도 다시 고용했다. 공장은 점진적으로 안정되어갔다.

그런데 또 예상치 못한 문제가 발생했다. 노동자로 고용한 C1, C2, C3의 분위기가 심상치 않은 것이다. 예전에는 쉬고 있다가도 B가 공장에 방문하면 괜히 더 열심히 일하는 척도 하고, 특별히 시키지 않은 일도 서로 경쟁하듯 앞장서서 했다. B는 그런 모습이 내심 마음에 들었다. 그런데 최근 들어서는 상황이 급변했다. 어째 B가 공장에 오면 노동자들 간에 서로 말을 맞췄는지 불평불만을 쏟아냈다. 업무량은 많은데 임금이 적다느니, 공장 환경이 좋지 않아 건강을 해치게 되었으니 보상하라느니 하고 말이다. 게다가 예전처럼 B 마음대로 노동자를 해고하는 일이 없어야 한다며, 누군가를 해고할 때는 노동자 전체와 다시 협상해야 한다는 것이었다. B는 어처구니가 없었다. B의 입장에서는 언제 또 구두 수요량이 줄어 공장에 위기가 반복될지도 모르는데, 임금을 올려주거나 공장 환경을 개선하는 것은 부담스러웠다. 게다가 내가 돈 벌기 위해서 시작한 사업인데 내 마음대로 고용과 해고를 하지 못한다는 것을 이해할 수 없었다.

그러다가 B는 우연하게 구두공장 근처에서 빵공장을 운영하는 D와 만나면서 사건의 내막을 알게 되었다. D는 큰일이 났으며, 자신은 망했다고 하소연했다. 자신이 빵을 수출하고 대신 원료인 밀을 수입하는 국가가 하나 있는데, 그곳에서 노동자들이 반란을 일으켰고, 결국 공산주의 국가가 되었다는 것이다. B가 물었다.

"공산주의 애들은 빵 안 먹는데? 뭐가 걱정이야?"

D가 말했다.

"공산주의 애들은 자본주의 국가랑 거래를 안 한대."

　공산주의 국가가 자본주의 국가와 무역 거래를 하지 않고 적대적인 관계를 갖는 것은, 공산주의 체제가 생산수단을 독점한 자본가의 존재를 인정하지 않기 때문이다. 이에 대해서는 이 책의 [경제] 파트에서 곧 자세히 다룰 것이다. 다만 여기서는 공산주의가 자본주의와 무역 거래를 하지 않았다는 결과만을 가지고 생각해보자. 그게 도대체 왜 문제가 되는가? 공산주의가 자본주의와 거래하지 않는 것이 뭐가 그리 큰일인가? 공산주의 국가가 거래하지 않겠다고 하면, 다른 자본주의 국가들끼리 무역을 하면 되는 것 아닌가?

　그것이 불가능한 이유는 자본주의의 특성에 기인한다. 자본주의의 특성은 앞에서 논한 대로 공급이 수요보다 많다는 것이다. 수요를 늘리기 위한 방법은 무엇인가? 식민지 개척이다. 식민지는 공급과잉을 해소할 시장으로서 기능하기 때문이다. 시장 확보가 필수적인 자본주의의 입장에서는, 자본주의와 무역 거래를 하지 않는 공산주의 국가가 늘어난다는 것은 시장의 축소를 의미한다. 시장의 축소는 수요량의 감소를 의미하고, 수요량의 감소는 생산 중단, 즉 공황을 의미한다. 다시 말해서, 공산주의 국가의 존재 자체가 자본주의에 위협이 되는 것이다. 그런데 이에 더해서, 이렇게 존재만으로도 위협적인 공산주의가 체제의 우월성을 자랑하며 영역을 확대하고 있었다. 더 무서운 것은 하나의 국가가 공산주의 사회로 변하는 것이 다른 공산주의 국가가 침입했기 때문이 아니라, 자본주의 국가 내부에서 발생하는 일이라는 점이었다. 자본주의 국가의 노동자들이 반란을 일으켜 자본가들을 제거하고 그들 스스로가 생산수단을 공유하면, 그것이 공산주의 혁명이었던 것이다.

B는 대충 상황이 파악되는 것 같았다. 왜 요즘 들어 노동자들의 눈빛이 예전 같지 않고 자신을 적대적으로 보는지도 알 것 같았다. B는 고민에 빠졌다. 그런데 생각해보니 이 상황은 어디서 많이 본 듯한 상황이다. 아주아주 먼 옛날 B가 A의 지배를 받았을 때, B가 A에게 불만을 가졌던 상황과 비슷하지 않은가? 그때 B는 자신이 노동해서 만들어낸 생산물을 A가 생산수단을 소유했다는 이유만으로 모두 가져가는 것에 불만을 가지고 있었다. 여기까지 생각이 미친 B는 그때 A가 어떻게 위기를 넘겼는지 생각해냈다. 맞다! A는 신을 요청했었다. 신을 통해 자신의 지배를 정당화했었다. 그런데 그럼 큰일이다. 신을 몰아낸 건 B 자신이 아니었던가? A를 몰아내기 위해, A의 지배를 정당화해주는 신을 몰아내고 그 자리에 이성을 불러온 것은 바로 B 자신이었다. B는 고민에 빠졌다. 이를 어쩌나. 무엇인가, 자신이 노동자들을 고용하는 일을 정당화해줄 정신적인 무엇인가가 필요했다. 그리고 생각 끝에 B는 정말 괜찮은 것을 찾아냈다.

B는 노동자들을 모았다. C1, C2, C3가 불만 가득한 얼굴로 모였다. 업무 시간 외에 부르는 것도 임금에 포함되는 것이냐는 둥, 쉬는 시간도 보장해주지 않느냐는 둥, 노동자들은 불만의 소리를 높였다. B는 짜증

이 났지만 속마음을 숨기고, 최대한 근엄하고 숭고한 표정을 지었다. 그리고 나지막하게 말했다.

"존경하는 노동자 여러분, 여러분이야말로 진정한 애국자입니다. 멀리 다른 나라에서는 독재자들이 공산주의를 앞세워 국민을 억압하고 있습니다. 국민은 고통과 가난 속에서 하루하루 힘들게 살아가고 있습니다. 그런 공산주의가 우리나라에까지 검은 마수를 뻗치려 하고 있는 지금과 같은 국가적 비상시국에, 이 나라를 지키기 위해서 열심히 자신의 소임을 다하시는 노동자 여러분을 뵐 때마다 저는 감격의 눈물을 흘리지 않을 수 없습니다."

B가 손수건으로 흐르는 눈물을 닦았다. B가 계속해서 말했다.

"아직은 국가적으로 비상시기인 까닭에 여러분께 더 많은 것을 돌려드리지 못하지만, 우리 공동의 적인 공산주의만 사라진다면, 국가와 기업은 여러분의 수고에 보답할 것입니다. 선조들이 지켜낸 조국을 위해 함께 싸워나갑시다."

B가 연설을 마치고 내려오면서 곁눈질로 보니, 노동자들은 당혹스러운 표정으로 웅성거리고 있었다. B는 마음이 놓였다. C1이 C2와 C3에게 말했다.

"뭐야, 너희가 말한 공산주의가 반국가적인 그런 거였어?"

C2와 C3는 당황했다.

다음 날부터 노동자들은 묵묵히 맡은 일을 열심히 했다.

'국가'는 요청된다. 국가라는 개념은 신의 개념과 마찬가지로 지배체제를 정당화하는 역할을 수행한다. 그리고 특히 '애국'에 대해 강요함으로써 지배자들을 편리하게 한다. 그래서 애국은 국가 차원에서 장려되고 교육된다. 애국자와 국가유공자에 대한 보상과 기념 절차에 국가 차원의 지원이 이루어지고, 사회는 이들을 지칭하는 어휘를 검열하고 교정한다. 반대로 애국과 거리가 먼 사람들에게는 공공연한 정치·사회적 압력이 가해지고, 이들을 지칭하는 어휘에는 거칠고 모욕적이며 배타적인 언어들이 허용된다.

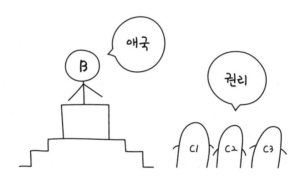

그러나 국가에 대한 요청은 자본주의만의 특징은 아니다. 신을 요청할 수 없는 모든 지배 권력은 애국을 장려한다. 합리적인 교육을 받은 사람이라면, 혹은 지적 대화를 하고자 하는 사람이라면, 신과 국가에 대해 객관적으로 생각해볼 필요가 있다. 여기서 신과 국가에 대해 객관적으로 사고한다는 것이 이들의 존재를 부정해야 함을 의미하는 것은 아니

다. 신과 국가의 객관적인 의미를 초월해서 사회·정치적으로 과장되고
포장된 의미가 나에게 강요되고 있었던 것은 아닌지 신중히 살펴볼 필
요가 있다.

우리는 냉전 시대에 대해서 알아보고 있다. 냉전은 자본주의 진영과
공산주의 진영의 대결과 갈등을 말한다. 우리가 물은 것은 왜 자본주의
와 공산주의가 대결해야 하는가였다. 그리고 그것이 자본주의의 특성에
서 기인한다는 것을 알았다. 자본주의는 공급과잉 문제를 해소하기 위해
시장이 필요한데, 공산주의가 확장되는 것은 곧 시장의 축소를 의미하므
로 자본주의에 위협적이었다. 두 번의 세계대전이 시장 확보를 위한 전
쟁이었던 것과 마찬가지로, 냉전의 위기도 시장 확보를 위한 경쟁이 본
질이었던 것이다. 또한 공산주의의 이념적 특성이 자본주의를 내적으로
붕괴시킬 가능성을 가진 까닭에 자본가는 이를 경계할 수밖에 없었다.
공산주의라는 유령은 세계를 떠돌며 자본가와 자본주의 국가들을 불안
하게 만들었다.

끝나지 않을 것 같았던 미국과 소련의 대결 국면은 소련의 경기침체
와 체제의 비효율성이 드러나며 급격한 전환을 맞이했다. 소련의 연방
들은 더 이상 소련의 리더십을 신뢰하지 않았다. 1980년대 중반 이후부
터 소련은 개혁과 개방 정책으로 선회했고, 1991년 12월 26일, 마침내
소련은 러시아와 15개의 신생 공화국으로 해체되었다. 냉전은 종식되었

다. 미국과의 화해와 긴장 완화의 시기가 찾아왔다. 이를 데탕트(détente)라고 한다. 그리고 공산주의 체제의 몰락은 자본주의 독주 시대가 찾아왔음을 알리는 신호탄이 되었다.

신자유주의의 탄생

새롭고 독특한 경제체제의 세계

냉전의 종식은 공산주의의 몰락과 자본주의의 승리를 의미했다. 공산주의가 없는 세계에서 자본주의는 빠르게 확산되어, 1991년 이후 30여 년간 세계는 자본주의화되었다. 하지만 냉전 이후의 자본주의는 냉전 이전의 자본주의와는 성격이 달라졌다. 냉전 이전의 자본주의는 대공황 이후 정부의 시장 개입을 강조하는 후기 자본주의 체제였다. 반면 냉전 이후의 자본주의는 정부의 개입을 비판하는 분위기로 흘러갔다. 정부가 시장에 개입하는 것을 비판하고 자유 시장을 추구하는 자본주의 체제를 '신자유주의'라고 한다.

우리는 아직 이 책에서 경제에 대해 논하지 않았기 때문에, 후기 자본주의와 신자유주의가 도대체 어떻게 다르고, 이를 왜 굳이 구분하려고 하는지 이해하지 못할 수도 있다. 하지만 어려워할 필요는 없다. [경제] 파트를 읽고 나면 후기 자본주의와 신자유주의를 구분하는 것은 생각보다 단순하며, 또한 반드시 나누어서 생각해야 함을 자연스럽게 알게 될 것이다.

다만 우리가 기억해야 할 것은, 자본주의가 독주한 시대가 불과 얼마 되지 않았다는 점이다. 물론 이 책을 읽는 사람 중에는 소련이 해체된 이후에 태어난 까닭에 신자유주의 외의 가능성에 대해서 생각해보지 못한 사람도 있을 것이다. 하지만 어찌 되었든 확실한 것은 신자유주의가 수세기를 지속해온 보편적인 혹은 안정적인 체제는 아니라는 것이다. 우리는 탄생한 지 30년 정도밖에 안 되는 짧은 경제체제, 수천 년의 인류 역사를 고려할 때 매우 독특한 경제체제 속에서 살고 있다.

사람은 타인이 아닌 자기 자신으로 살아가야만 한다는 인간적 한계로, 자기 자신을 중심으로 세상을 나름대로 해석하며 살아간다. 자신이 경험한 만큼의 세상만을 이해하며 사는 것이다. 그러다 보니 우리는 과거를 상상할 때, 과거의 사람들도 우리와 비슷했을 것이라고 생각한다. 비슷하게 생각하고, 비슷하게 느끼고, 비슷하게 소비했다고 말이다. 하지만 실제로는 그렇지 않다. 지금 우리가 발 딛고 있는 세계는 신자유주의라는 매우 소비적이고 시장중심적인, 인류 역사상 유례가 없는 매우 독특한 세계다. 신자유주의 체제에 살지 않았던 과거의 사람들은 우리와는 너무도 다르게 살았을 것이다. 다른 세계에서 살았던 만큼 지금의 우리와는 다르게 생각하고, 느끼고, 생활했을 것이다. 지적 대화를 위한 첫 여행지가 역사인 이유가 여기에 있다. 지금 내가 발 딛고 있는 세계가 매우 독특한 세계임을 아는 것, 내가 사는 세계가 지금까지의 인류 전체가 살아왔던 평균적이고 보편적인 삶의 모습은 아님을 아는 것이 중요하다. 그래야 이 독특한 세계에 발 딛고 서 있는 독특한 자신의 모습을 객관적으로 볼 수 있다. 왜곡된 '세계'에 서 있는 왜곡된 '나'를 이해하는 것. 이것이 지적 대화를 위한 가장 기본적인 준비다.

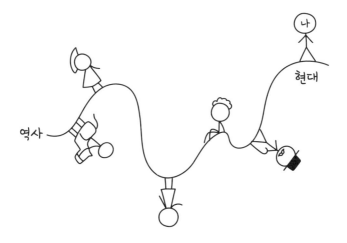

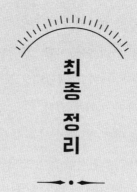

최종 정리

우리는 지적 대화를 위한 넓고 얕은 지식을 쌓기 위한 첫 여행지로 역사를 선택했다. 역사를 이해하기 위해 우선 시간에 대해 알아보았다. 시간은 직선적 시간관과 원형적 시간관으로 구분할 수 있었다. 각각의 시간관은 진보적 역사관과 순환적 역사관이라는 사관으로 발전했다. 그중 우리는 진보적 역사관, 즉 역사가 점진적으로 발전해간다는 관점을 기반으로 역사를 설명하기로 했다.

역사가 발전한다는 전제에 따라, 역사를 다섯 단계로 구분했다. 원시 공산사회, 고대 노예제사회, 중세 봉건제사회, 근대 자본주의, 현대가 그것이다. 이 다섯 단계를 다시 둘로 나누어서 살펴보았다. 원시·고대·중세·근대의 역사와 근대·현대의 역사로 말이다.

우선 원시부터 근대까지의 역사는 생산수단이라는 개념을 중심으로 변화했다. 생산수단은 생산물을 만들어내고, 생산수단과 생산물을 소유한 사람은 부를 가진 것이며, 이는 곧 권력의 획득을 의미했다. 즉, 생산수단을 소유한 사람이 권력을 가졌다. 원시 시대에는 생산수단이 없었고, 따라서 원시 사회는 평등했다. 고대의 생산수단은 토지와 영토였고, 왕이 이를 소유했다. 중세에는 장원이 생산수단이었고, 왕과 영주가 소유했다. 근대에는 공장과 자본이 생산수단이었으며, 부르주아가 이를 독점했다.

마르크스는 다가올 다음 시대에는 누가 어떤 생산수단을 소유할지 예측하려 했고, 이것이 미래를 예측하는 가장 합리적이고 과학적인 방법이라고 생각했다. 그는 다음 시대에 생산수단을 소유할 계급은 노동자일 것이라고 생각했다. 노동자가 세상의 중심이 되는 공산주의 사회가 역사 발전의 마지막 단계라고 여겼다. 하지만 결과만을 고려할 때, 공산주의 혁명은 실현되지 않았다. 후쿠야마의 말대로 자본주의 이후의 새로운 경제체제는 불가능해 보이기도 한다. 자본주의는 궁극의 체제는 아니겠지만, 유연하고 단순한 특징으로 그나마 인류가 찾은 최선의 체제일 수도 있다.

원시부터 근대까지의 역사에 이어 근대와 현대의 역사는 자본주의의 특성을 중심으로 설명했다. 근대의 산업화는 자본주의를 낳았고, 자본주의의 특성이 근대와 현대의 역사를 이끌었다. 자본주의의 특성은 공급과잉이었다. 공급량을 해소하기 위해서는 수요를 늘려야 했다. 수요를 늘리는 방법은 두 가지인데, 하나는 ①시장을 개척하는 것이고 다른 하나는 ②상품의 가격을 내리는 것이다. 우선 시장을 개척하기 위해 세계는 식민지 경쟁에 뛰어들었다. 이 시기를 제국주의 시대라고 한다. 제국주의 시대는 독일이 뒤늦게 식민지 경쟁에 뛰어들면서 제1차 세계대전으로 귀결되었다. 세계대전의 표면적 원인은 오스트리아 황태자의 암살이었고, 근원적 원인은 식민지 경쟁이었다. 제1차 세계대전 이후 세계 시장은 안정되는 듯했지만 공급과잉 문제가 다시 발생했다. 이 문제가 폭발한 것이 경제대공황이었다. 대공황을 해결하기 위한 국가들의 노력이 있었다. 미국은 뉴딜정책으로 자본주의를 수정했다. 러시아는 공산주의 혁명으로 자본주의를 폐기했다. 독일은 경제 위기를 극복하고자 전쟁을 준비했고, 이로 인해 제2차 세계대전이 발발했다. 제2차 세계대전 이후 승전국인 미국과 소련을 중심으로 세계는 자본주의와 공산주의의 체제 경쟁에 들어갔는데, 이 기간을 냉전 시대라 한다. 냉전 시대는 경제적 침체로 소련이 해체되면서 종식되었다. 냉전 이후는 자본주의가 독주하는 신자유주의 시대가 도래하여 오늘날에 이르렀다.

근현대의 역사를 표로 정리하면 다음과 같다.

〈근대〉	①	②	〈현대〉
산업화	제국주의 시대 (19C말~20C초)	경제대공황 (1929~)	냉전 시대 (1945~1991)
↓	↓	↓	↓
자본주의 (공급>수요)	제1차 세계대전 (1914~1918)	제2차 세계대전 (1939~1945)	신자유주의 (1991~오늘)

역사를 움직이는 핵심 개념은 두 가지다. 생산수단과 공급과잉. 이 두 개념이 역사를 움직여왔다. 생산수단과 공급과잉은 공통점이 있다. 두 가지 모두 경제적 개념이라는 것이다. '역사'를 움직여온 핵심이 '경제' 인 것이다. 지적 대화를 위한 두 번째 여행지가 경제인 이유가 여기에 있다. 실제로 경제는 하나의 학문 분과라기보다는 역사, 정치, 사회, 문화 등의 다양한 사건들을 규정하고 결정하는 중심 토대라고 할 수 있다.

이제 역사를 마치고 경제에 대해서 알아볼 차례다.

경제

네 개의
경제체제

경제가 바뀌면 모든 것이 바뀐다

역사를 이야기하며 재미있는 사실을 알았다. 각 시대의 특징을 구분할 때 우리가 사용한 개념이 경제와 연계되어 있다는 점이다. 실제로 마르크스는 경제를 하부 구조로 두고, 역사, 정치, 사회, 문화, 의식 등 경제를 제외한 나머지를 상부 구조로 규정한 다음, 하부 구조가 상부 구조를 결정한다는 '하부 구조 결정론'을 제시했다. 쉽게 말해서 경제의 모습이 바뀌면 역사도, 사회도, 문화도 모든 것이 바뀐다는 것이다. 그래서 경제는 중요하다. 경제를 이해해야 세계의 모습을 더 정확하게 볼 수 있다. 이제 두 번째 여행지를 빠르게 둘러볼 차례다.

역사 . 정치 . 사회 . 문화 . 의식 (상부 구조)
————————————————————————————
경제 (하부 구조)

경제 파트에서는 네 개의 경제체제를 구분한다. 초기 자본주의, 후기 자본주의, 신자유주의, 공산주의가 그것이다. 이 네 개의 경제체제 정도는 기억해야 한다. 기억하는 데 어려움은 없을 것이다. 이들이 하나의 기준에 따라 단순하게 구분되기 때문이다. 기준은 '정부의 시장 개입 정도'다.

그래서 이번 파트는 정부의 시장 개입이 도대체 무엇인지, 정부와 시장에 대해 알아보는 것에서 시작한다. 이후의 전체 흐름은 다음과 같다. 정부와 시장을 기준으로 네 가지 경제체제를 구분한다. 다음으로 이 경제체제들이 앞서 알아본 역사에서 어떻게 도출되는지를 확인한다. 역사와 경제의 관계가 확인되면 네 가지 경제체제의 차이가 명확해질 것이다. 마지막으로는 오늘날 가장 논쟁적인 두 경제체제인 신자유주의와 후기 자본주의를 '성장'과 '분배'의 관점에서 살펴본다. 이렇게 경제체제와 연계해서 성장과 분배를 알게 되면, 자연스럽게 정치를 이해하기 위한 토대가 마련되고, 다음 파트로 넘어갈 준비가 끝난다.

도대체 무슨 소리인지 모르겠다고? 당연하다. 아직 여행을 시작도 안 했다. 경제라는 여행지를 다 돌아본 후에는 경제가 명쾌해질 것이다.

경제체제
- 초기 자본주의
- 후기 자본주의
- 신자유주의
- 공산주의 (사회주의)

시장의 자유와
정부의 개입

당신은 어떤 사회를 선택하겠는가

우선 시장과 정부가 무엇인지, 그리고 이 두 개념이 어떤 관계를 맺고 있는지 알아보는 것부터 시작한다. 생각보다 매우 간단하다. 먼저 시장이 무엇인지부터 알아보자. 오늘날 우리가 '시장'이라고 말할 때, 그 시장은 청과물 재래시장, 농수산물시장, 화개장터의 5일장 같은 전통적인 시장만을 의미하는 것은 아니다. 백화점도 시장이고 대형 마트도 시장이다. 그리고 더 넓은 의미로는 인터넷에서 이루어지는 거래도 시장에서 이루어지는 것이다. 이 책을 읽고 있는 당신과 나도 시장에서 만났다. 출판시장, 유통시장에서 말이다. 다시 말해, 오늘날의 시장이란 상품의 거래가 이루어지는 모든 영역을 의미한다. 더 단순화하면, 자본주의 사회에서의 시장은 사회 전체나 다름없다. 사회 안에 시장이 존재하는 것이 아니라, 시장이 추상적인 사회를 가능하게 한다고도 말할 수 있다. 오늘날 시장은 사회 전체다.

이 시장 안에는 두 가지 경제주체가 있다. 그것은 개인과 기업이다. 두 주체가 시장을 구성한다. 둘은 친하다. 그런데 이들에게 간섭하려는 세 번째 사회 주체가 있으니, 그것이 정부다.

시장과 대립하는 정부는 국가의 통치기구를 말한다. 더 구체적으로는 입법, 사법, 행정의 삼권을 포함하는 통치기구의 총칭이겠으나, 이렇게 복잡한 개념으로는 그것이 시장과 맺는 관계가 분명하게 드러나지 않는다. 우리는 다만 정부의 의미를 시장에 간섭하기도 하고 간섭하지 않기도 하는 기능으로 한정해서만 사용할 것이다.

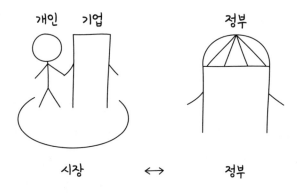

시장과 정부에 대해 알아보았으니, 이제는 이 두 개념의 관계에 대해서 말해볼 차례다. 앞서 언급한 대로 정부는 시장에 개입할 수도 있고, 하지 않을 수도 있다. 그렇다면 개입이란 무엇을 말하는가?

정부의 개입 방법은 크게 세금과 규제로 나눌 수 있다. 이 중에서 우리가 앞으로 초점을 맞추려는 것은 세금이다. 정부는 세금을 통해서 시장에 개입한다. 그리고 세금의 양을 조절함으로써 시장 활동을 조율한다. 세금이 늘어나면 정부는 재정이 안정되고, 이를 바탕으로 적극적으로 복지를 실현한다. 반면 세금이 줄어들면 정부의 재정은 축소되고, 복지 역시 축소된다. 세금과 복지는 비례한다. 이 두 가지는 떼어놓고 생각할 수 없다.

정리해보자. 경제 정책은 두 가지가 가능하다. 시장의 자유를 추구하고 정부의 개입을 최소화하는 방법이 있고, 반대로 시장의 자유를 축소하고 정부의 개입을 강화하는 방법이 있다. 이때 정부의 개입이란 직접적으로 세금을 의미한다. 시장의 자유가 확대된다는 것은 정부의 개입이 줄어드는 것, 즉 세금이 줄어드는 것을 말한다. 반면 정부의 개입이 확대된다는 것은 시장의 자유가 줄어드는 것, 즉 세금이 늘어나는 것을 말한다.

시장 자유 > 정부 개입 = 세금↓, 복지↓

시장 자유 < **정부 개입** = 세금↑, 복지↑

앞으로 이 책의 전체 논의에서 세금과 복지는 매우 중요하게 다뤄질 것이다. 단적으로 말해서 사회 문제를 이해하는 데 가장 중요한 핵심 개념은 세금과 복지다. 다음 사례를 통해 세금과 복지의 문제를 단순화해서 이해해보자.

세금 제도가 다른 두 사회 ①, ②에 A, B, C 세 사람이 산다. 이들은 월급쟁이다. A의 월급은 1,000만 원이고 B의 월급은 500만 원, C의 월급은 100만 원이다. 그런데 사회①은 최소한의 세금만을 요구하는 사회다. 세율이 10퍼센트다. 그렇다면 세금을 제하고 실제로 수령하는 월급은 A는 900만 원, B는 450만 원, C는 90만 원이다. 각각이 내는 세금은 A는 100만 원, B는 50만 원, C는 10만 원이다. 조금 억울할 수 있다. 사회 혜택은 A, B, C가 동일하게 받을 텐데, A는 C보다 10배나 더 세금을 내는 것 아닌가? 물론 이렇게 사회①이 A의 희생을 강요하는 사회라고 생각하는 사람이 있을 수도 있다.

　　하지만 사회②는 이보다 훨씬 불공평하다. 사회②는 같은 비율로 세금을 내는 것도 아까운데, 누진세 제도까지 있다. 누진세는 쉽게 말해, 많이 벌수록 세금을 내는 비율도 함께 높아지는 제도다. 사회②에 살고 있는 A, B, C는 마찬가지로 1,000만 원, 500만 원, 100만 원의 월급을 받는다. 그런데 누진세 제도로 A, B, C에게 각각 부여된 세율은 50퍼센트, 30퍼센트, 0퍼센트다. 그래서 세후 수령하는 월급은 A가 500만 원, B가 350만 원, C가 100만 원이 된다. 각각이 낸 세금은 A가 500만 원, B가 150만 원, C가 0원이다. 이런 날강도 같은 사회가 있느냐고 분노하는 사람이 있을 수도 있다. 하지만 안타깝게도 대부분의 현대 국가들은 정도의 차이만 있을 뿐, 실제로 누진세 제도를 시행하고 있다. 그런데 억울한 건 여기서 멈추지 않는다. 사회②는 누진세 제도를 통해 A와 B에게서 엄청나게 거둬들인 세금을 가져다, 세금 한 푼 내지 않는 C의 복지를

위해 사용한다. A에게 이것은 인정하고 싶지 않은 일이다. A의 입장에
서는 자신이 열심히 일해서 벌어들인 돈을 세금으로 한 번 뜯기고, 복지
제도 때문에 C에게 한 번 더 뜯기는 꼴이기 때문이다.

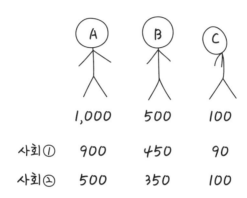

그럼 이제 당신에게 묻자. 당신은 지금 한국에서 망명을 준비하고 있
다. 당신이 선택할 수 있는 사회는 사회①이나 사회②뿐이다. 이 중 한
사회에서 평생을 살아야 한다면 당신은 어떤 사회를 선택하겠는가? 고
민스러운가? 당신의 소득 정도에 따라 선택은 달라질 것이다. 아니면 질
문을 바꿔보자. 어떤 사회가 더 정당한가? 어떤 사회가 더 윤리적인가?
당신의 선호에 대한 분석은 이 책의 [정치] 파트에서 하기로 하고, 여기
에서는 일단 A, B, C의 견해를 들어보자.

A는 당연히 상대적으로 세금이 낮고 그로 인해 복지가 낮은, 즉 정부
가 개입하지 않아서 자유로운 시장이 형성되어 있는 사회①을 선호할

것이다. A에게 사회②는 강도와 다를 바 없는 사회다. A에게 정의로운 사회란 자신의 노력과 능력에 따라 얻은 부를 지켜주는 사회다.

반면 C는 당연히 세금이 높고 복지가 잘되어 있는 사회②를 선택할 것이다. C에게 사회①은 자신과 같은 사회적 약자들을 돌보지 않는 비인간적인 사회다. C에게 정의로운 사회란 모든 사람의 최소한의 삶이 보장되는 사회다.

그렇다면 B는 어떻게 할 것인가? B는 고민스러울 것이다. 자신의 월급만 본다면 사회②의 정부가 강도같이 느껴지지만, 한편으로는 A가 내는 세금의 양으로 A와 자신의 소득 격차가 줄어들 것이기 때문이다.

사회①과 사회②의 장점과 단점은 무엇인가? 사회①은 우선 세금이 적어서 자유로워 보인다. 자신이 일한 만큼 벌고, 번 만큼 쓸 수 있다. 그렇기 때문에 A, B, C는 모두 많이 벌기 위해서 최선을 다해 일할 것이다. 최선을 다한다는 것은 사회 전체의 측면에서는 개개인이 경쟁한다는 것이므로, 경쟁을 통해 기술이 개발되고 생산량이 늘어나며 서비스의 질이 향상될 것이다. 하지만 단점도 있다. 능력과 노력의 차이라고는 해도 재분배가 이루어지지 않기 때문에 소득의 격차가 너무 심하다. A는 자신의 소득이 높은 것에 만족하겠지만, C는 A를 보면서 상대적 박탈감에 시달릴 것이다. 차이가 나도 어느 정도여야 열심히 하지, C에게 이건 A와 경쟁할 생각을 영 포기하게 만든다. C는 노력으로 이런 격차를 좁힐 수 없다는 것을 알고 편법을 사용하거나 반사회적인 방법을 강구할지도 모를 일이다. 또 A를 적대적으로 생각할 수도 있다. C의 행동은 사회①을 불안정하게 만들 것이고, 사회 갈등을 높일 것이며, 이로 인해 발생하는 사회적 비용을 증가시킬 것이다.

　이런 문제를 해결하는 사회는 세금이 높고 복지가 좋은, 즉 정부가 시장에 적극적으로 개입하는 사회②처럼 보인다. 그리고 실제로 사회①의 단점을 거꾸로 한 것이 사회②의 장점이 된다. 세금을 강력하게 징수해 A의 소득이 C에게 재분배되면 C의 삶은 안정될 것이고, 사회 갈등도 줄어들 것이며, 그만큼 갈등에 따른 사회적 비용도 감소할 것이다. 여기에 더해 B와 C는 A와의 소득 격차가 있기는 하지만 경쟁해볼 만하다고 생각할 것이다. 그래서 더 열심히 일하고 소비할 수도 있다.

　하지만 사회② 역시 문제가 있다. 이번에는 A가 박탈감을 느낄 것이다. 아무리 열심히 일해도 소득의 대부분을 세금으로 빼앗긴다면, A는 최대한의 노력을 기울이지 않고, 치열한 경쟁도 피하려 할 것이다. A가 기업가라면 시장에 과감하게 투자할 매력을 잃을 수도 있다. 개인과 기업의 경쟁력은 약화되고, 이에 따라 생산성이 감소하고 기술과 서비스의 혁신이 멈출 수도 있다. 또 A가 아예 이 사회를 떠나 정부의 개입이 적은 사회로 이민을 갈 수도 있다. 이는 사회 전체의 능률과 생산성을 저하시킬 것이다. 사회②만 홀로 존재한다면 문제가 없을 수도 있으나, 다른 사회①과 경쟁해야 하는 상황이라면 사회②는 경쟁에서 항상 패할 것이고, 이는 곧 사회 전반의 침체로 이어질 수도 있다.

어떤 사회를 선택할 것인지는 생각보다 쉽지 않다. 장점만을 갖는 사회는 현실적으로 존재하지 않을뿐더러 가능하지도 않다. 어떤 사회를 선택할 것인지의 문제는 완벽한 사회를 찾는 문제가 아니라, 누구의 이익이 감소하는 것을 인정할 수 있을지를 판단하는 문제인 것이다. 이 문제는 [정치]와 [사회] 파트에서 자세하게 다루기로 하자.

정리해보자. 우리가 알아보고자 했던 것은 시장과 정부의 관계였다. 정부가 시장에 개입한다는 것은 정부가 세금을 어떻게 부과하는지의 문제였다. 정부는 세금을 늘리거나 줄이는 방식으로 시장과 관계한다. 그리고 이렇게 늘어나거나 줄어든 세금은 그 사회의 복지 수준을 결정한다. 세금과 복지의 확대와 축소는 경제적 활성화와 침체를 가져오고, 사회적 갈등과 안정에 영향을 미친다.

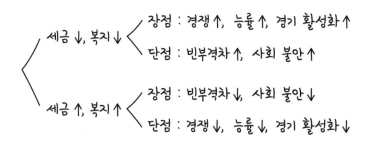

시장과 정부의 관계를 살펴봤으니, 이제 이를 기준으로 경제체제를 구분해볼 차례다.

자본주의와
공산주의

너에게 생산수단을 허하노라

경제체제를 크게 나누면 자본주의와 공산주의로 구분할 수 있다. 극단적으로 말하면 인류가 가질 수 있는 경제체제는 논리적으로 이 두 가지밖에 없다. 그렇다면 자본주의와 공산주의의 차이는 무엇인가? 이에 대해 많은 사람이 사유재산의 소유 여부를 기준으로 제시한다. 즉, 자본주의는 사유재산을 소유할 수 있는 체제이고, 공산주의는 그렇지 않다는 것이다. 이 설명은 일반적으로 사용되고 있지만, 반은 맞고 반은 틀리다. 공산주의 사회에서도 사유재산을 어느 정도 소유할 수 있기 때문이다. 예를 들어 북한 사회에도 '내 것'이라는 개념은 있다. 내 의자, 내 옷, 내 쌀, 내 가구, 내 자동차가 분명히 있는 것이다. 그리고 이것들은 엄연히 내 재산이다. 그렇다면 공산주의는 자본주의와 어떻게 다른가? 이에 대해 답하려면 먼저 '부'와 '재산'에 대한 개념부터 정리해야 한다.

'부'에는 두 가지가 있다. 생산수단과 잉여생산물. 이 두 가지의 구분은 앞서 [역사] 파트에서 다루었다. 잠시 기억을 상기해보면, "1억 원짜리 빵공장을 소유한 사람과 1억 원어치의 빵을 소유한 사람 중에 배우자를 선택해야 한다면 누구를 선택할 것인가?"라는 질문에 우리는 쉽게 전자를 선택할 것임을 알아보았다. 아무리 빵을 좋아한다 하더라도 1억 원어치의 빵을 선택하는 사람은 없다. 우리는 본능적으로 부의 질적 차이를 구분할 수 있다. 빵은 먹으면 사라지고 없지만, 빵공장은 빵을 지속적으로 생산해낼 것이고, 결국 나를 부유하게 만들어줄 것이다. 빵공장은 생산수단이고, 빵은 잉여생산물이다. 생산수단은 구체적으로 공장, 건물, 농장, 기계, 거대 자본 등으로, 이것들은 내 의자, 옷, 쌀, 가구, 자동차와는 다르다. 생산수단은 나에게 부를 가져다주는 수단이 되지만, 잉여생산물은 내가 소비하면 사라진다.

그래서 생산수단이 문제가 된다. 누군가가 생산수단을 독점하면 그 사람은 막대한 부를 획득하지만, 생산수단을 소유하지 못한 사람은 다만 자신의 몸뚱이를 노동력으로 팔아 생계를 유지할 수밖에 없다. 빈부격차가 커지는 원인은 잉여생산물이 아니라 생산수단에 있는 것이다. 생산수단이 발생시키는 사회적 영향력 때문에 공산주의 사회에서는 개인이 생산수단을 가지지 못하게 했다. 대신 자본가의 생산수단을 빼앗아서 노동자에게 돌려주려고 했다. 노동자가 생산수단을 공동 소유하고 국가가 이를 관리하는 것이다. 이렇게 국가가 생산수단을 관리하는 것을 '국유화'라고 한다. 반대로 개인이 생산수단을 소유할 수 있게 하는 것을 '민영화'라고 한다.

개인 소유의 인정 여부

	생산수단	잉여생산물
자본주의	○	○
공산주의	×	○

공산주의는 개인이 생산수단을 소유하는 것을 금지하고, 국가가 모두 관리하는 체제를 말한다. 반면 자본주의는 개인이 사적으로 생산수단을 소유할 수 있게 하는 체제를 말한다. 이제야 두 체제의 차이가 명확해진다. 자본주의와 공산주의의 차이는 '생산수단의 개인적 소유를 인정하는지의 여부'가 된다. 자본주의는 생산수단, 잉여생산물 모두를 개인이 소유할 수 있는 체제다. 공산주의는 잉여생산물은 개인이 소유할 수 있지만, 생산수단은 개인이 소유할 수 없는 체제다.

초기 자본주의,
후기 자본주의, 신자유주의

자본주의는 어떻게 변화해왔는가

생산수단을 기준으로 자본주의와 공산주의를 구분하는 것은 매우 거시적인 시각이다. 이제는 자본주의를 더 세분화할 차례다. 자본주의의 세가지 세부 체제로 초기 자본주의, 후기 자본주의, 신자유주의를 구분해보고, 마지막으로 공산주의에 대해 알아볼 것이다.

```
                    초기 자본주의 ①
        자본주의    후기 자본주의 ②
                    신자유주의    ③

        공산주의 ④
```

그런데 여기서 주의할 점이 있다. 자본주의는 세 가지로 구분하는 반면 공산주의는 구분하지 않는다고 해서, 공산주의가 단일한 형태를 갖고 있다고 생각해서는 안 된다. 공산주의 역시 마르크스-레닌주의, 스탈린주의, 마오쩌둥주의, 트로츠키주의 등 다양한 형태로 구분되며, 오랜 기간 내부 논쟁을 겪었다. 하지만 결과적으로 볼 때, 지금의 한국 사회에서 공산주의를 세부적으로 구분할 필요는 없어 보인다. 마르크스의 영향력이 현재까지 남아 있는지에 대한 논쟁과는 별개로, 공산주의가 오늘날 우리에게서 한 걸음 물러서 있는 것만은 사실이다. 지금의 한국 사회에서 공산주의 혁명을 말하는 것은 어쩐지 민망하다. 우리는 자본주의를 더 잘 이해하기 위한 비교의 수단으로서만 공산주의를 다룰 것이다. 다만 간단하게나마 비슷해 보이는 두 체제인 공산주의와 사회주의를 구분해보기는 할 것이다.

그럼 이제 네 가지 경제체제를 구분해보자. 결론부터 말하면 네 가지 경제체제는 앞에서 이해한 정부와 시장의 관계를 통해서 구분해볼 수 있다. 초기 자본주의는 시장의 자유만이 존재하는 경제체제다. 그리고 후기 자본주의는 초기 자본주의의 문제점을 극복하며 등장했는데, 시장의 자유를 축소하고 정부가 시장에 적극적으로 개입하는 경제체제다. 다음으로 신자유주의는 후기 자본주의의 문제점을 비판하며 등장했고, 정부의 개입을 축소하고 시장의 자유를 확대하려는 경제체제다. 마지막으로 공산주의는 시장의 자유는 인정하지 않고, 정부의 강력한 개입과 통제만이 존재하는 경제체제다.

① 초기 자본주의 : 시장

② 후기 자본주의 : 시장 〈 정부

③ 신자유주의　 : 시장 〉 정부

④ 공산주의　　 :　　　 정부

　앞서 우리는 정부의 개입이 의미하는 것이 세금 인상임을 알았다. 그리고 세금 인상은 복지 확대와 직결되었다. 이를 적용하면 초기 자본주의는 정부의 개입이 없으므로, 세금이 거의 없다고 볼 수 있다. 따라서 복지도 없다. 반면 극단적인 공산주의는 세금이 거의 100퍼센트에 가까울 것임을 알 수 있다. 이에 따라 복지도 100퍼센트에 가까워질 것이다. 중간에 있는 후기 자본주의와 신자유주의는 초기 자본주의와 공산주의의 극단적인 체제 사이에 있다. 다만 후기 자본주의는 시장의 자유보다는 정부의 개입을 강조하므로, 세금이 높고 복지가 강화된다. 반면 신자유주의는 정부의 개입보다는 시장의 자유가 강조되므로, 세금이 낮고 복지가 약화된다.

① 초기 자본주의 : 시장　　　 → 세금 × / 복지 ×

② 후기 자본주의 : 시장 〈 정부 → 세금 ↑ / 복지 ↑

③ 신자유주의　 : 시장 〉 정부 → 세금 ↓ / 복지 ↓

④ 공산주의　　 :　　　 정부 → 세금 100 / 복지 100

이러한 특성으로 네 가지 경제체제는 비슷한 체제끼리 묶인다. 시장의 자유를 강조한다는 측면에서 초기 자본주의와 신자유주의가 닮았고, 정부의 개입을 강조하는 측면에서 후기 자본주의와 공산주의가 닮았다. 이제 각각의 경제체제에 대해 조금 더 세부적으로 알아보자.

초기
자본주의

시장은 자유다

초기 자본주의는 이름 그대로 가장 초기에 등장한 경제 이론이다. 시기
적으로는 자본주의가 태동한 산업혁명기, 즉 근대에 시작되었다. 초기
자본주의 이론을 정립한 대표적인 인물은 18세기의 애덤 스미스로, 경
제학의 아버지로 불리는 그는 시장에서의 자유로운 경쟁이 사회 전체의
부를 증진시킨다고 보았다. 국가가 시장에 간섭해서 이래라저래라 하지
않아도 시장은 스스로 가격을 조절하며 유지된다는 것이다. 그리고 이
것은 매우 자연스럽고 상식적인 생각처럼 보인다.

① 초기 자본주의 / 애덤 스미스 / 시장

예를 들어보자. A와 B 그리고 C는 각각 커피전문점을 운영하고 있다. 현재 커피를 만드는 기술은 모두 동일하고, 아메리카노 한 잔의 가격은 임의로 5,000원에서 시작한다고 가정하자. 한 잔 가격 중 1,000원은 원두 가격, 1,000원은 매장 임대료, 1,000원은 매장 유지비 및 기계설비비다. 나머지 2,000원은 수익인데, 그중 1,000원은 아르바이트 임금이고 나머지 1,000원이 나에게 남겨지는 순수익이다. 당신이 C라고 하자. 당신은 자신의 수익을 극대화하기 위해서 어떻게 하겠는가? 수익의 극대화가 목표이니, 아메리카노 가격을 높여 수익을 높일 것인가?

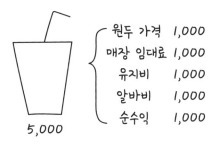

커피 가격을 6,000원으로 올리면 내 수익은 두 배인 2,000원이 될 것이다. 만약 정말 이렇게 생각했다면 당신은 절대 사업을 해서는 안 되는 사람이다. 당신과 당신의 가족, 친지를 위해 사업은 접자. 당신이 합리적인 사람이라면, 자신의 이익을 극대화하기 위해서 반대로 자신의 순수익을 줄이는 것도 고려해야 한다. 순수익을 1,000원에서 800원 정도로 낮추는 것이다. 왜 이렇게 해야 하는가? 그래야 A, B에 비해 가격경쟁력을 갖출 수 있기 때문이다. 합리적인 소비자라면 같은 맛의 A, B, C 아메리카노 중 가격이 가장 저렴한 C의 커피를 구입할 것이다. 그럼 완벽하게 가격경쟁력을 갖추기 위해 자신의 이익을 완전히 포기하는 건 어떤가? 내 순이익 1,000원을 포기하고 아메리카노 가격이 4,000원이 되면 A, B, C 중에서 가장 장사가 잘되는 커피전문점을 갖게 될 것이다. 하지만 당신은 당신의 이익을 완전히 포기하지 않는다. 이익이 없다면 커피를 판매할 이유 자체가 없지 않겠는가? 당신은 감수할 수 있을 만큼만 순이익을 포기할 것이다. 그리고 순이익뿐만 아니라, 원두 가격, 매장 임대료, 매장 유지비, 임금의 비용도 줄이기 위해 당신이 감수할 수 있을 만큼의 적절한 질을 유지할 것이다. 그렇다면 결국 어떻게 되겠는가? 아메리카노의 가격은 5,000원에서 임의로 시작했지만 결국 A, B, C가 경쟁함으로써 가격은 5,000원보다 저렴한 적정선에서 결정될 것이다.

이것이 바로 애덤 스미스가 말한 자유 시장의 자율적인 조정 능력이다. 애덤 스미스는 이를 '보이지 않는 손'이라고 표현했다. 가격을 결정해주는 국가나 신과 같은 절대자는 없으나 아메리카노의 가격은 어떤 드러나지 않는 조정 능력에 의해 알아서 결정된다는 것이다. 아메리카노의 가격은 경쟁 때문에 인하의 압박을 받지만, 판매자가 망하지 않는 선에서 교묘하게 결정된다. 이것은 공급자와 소비자 모두에게 이익이다. 공급자는 당연히 아메리카노를 팔아서 이익을 얻을 것이고, 소비자는 공급자들 간의 경쟁을 통해서 질 좋고 값싼 아메리카노를 마실 수 있는 것이다. 이렇게 자율적으로 조정할 수 있을 뿐만 아니라 사회 전체에 이익이 되는 자유 시장에 대해서 국가가 개입해야 할 이유나 근거는 없다. 정부의 개입이 없는 자유 시장에 대한 신뢰, 이것이 초기 자본주의의 특징이다.

어떤가? 초기 자본주의의 자유 시장은 괜찮아 보이지 않는가? 그런데 특별히 문제는 없는가? 어쩐지 문제가 있을 듯하다. 우리의 일상에서 겉으로 복잡해 보이는 특정 사건이 발생했을 때 그 사건이 어떤 의미를 갖는지 알아보려면, 그 사건을 통해 누가 이익을 얻고 누가 손해를 입는지 확인해보면 된다. 여기서도 이 방법을 써보자. 초기 자본주의에서 이익을 얻는 이가 누구인지, 또 희생되는 이가 누구인지를 알아보면 초기 자본주의의 문제점이 드러날 것이다. 질문을 바꿔보자. 누가 초기 자본주의를 선호하는가? 당연히 능력 있고 노력하는 사람일 것이다. 부지런히 아메리카노를 만들고, 맛있는 원두를 찾아 시장 조사를 하고, 매장을 깨끗하게 유지하는 사람은 부를 획득할 가능성이 높아진다. 자본주의는 자신의 능력으로 열심히 노력하는 사람에게 부를 약속한다. 하지만 능력 있고 노력하는 사람뿐만 아니라 이미 부를 소유하고 있는 사람들도 초기 자본주의를 매우 선호한다. 다시 말해, 이미 자본력을 가진 사람들은 자본주의를 통해 막대한 부를 축적할 수가 있는 것이다. 실제로 능력 있고 노력하는 사람일지라도 부를 소유하지 못했다면, 초기 자본주의에서 성공하기는 쉽지 않다. 예로 돌아가 보자.

당신은 경쟁을 통해 결정된 적절한 가격에 아메리카노를 팔고 있는 C다. 최대한 줄일 수 있는 만큼 줄였다. 그런데 어쩐 일인지 A가 가격을 대폭 낮췄다. 기가 막힌 일이다. 더 줄일 곳이 없을 텐데 말이다. 사정을 알고 보니 당신은 할 수 없는 일이다. A는 이미 건물을 소유하고 있어서 매장 임대료를 따로 부담하지 않아도 되는 것이다. A의 아메리카노 가격에는 당신이 부담하는 임대료만큼의 가격이 더 빠져 있다. 이제 당신은 어떻게 할 것인가? 당신도 건물을 사면 쉽게 해결될 일이지만, 건물을 사는 게 쉽지는 않을 듯하다. A의 아메리카노 가격이 부당하다고 소비자들을 설득하거나 누군가에게 하소연할 수도 없는 일이다. 여기는 정부가 개입하지 않고 무제한의 경쟁이 허용되는 자유 시장이다.

C가 할 수 있는 일은 두 가지다. 업종을 전환하거나, 업종을 유지하기 위해 무리해서라도 아메리카노 가격을 더 낮추는 것이다. 그런데 업종을 전환하는 것은 의미가 없다. 어차피 다른 업종에도 자본을 소유해서 C보다 가격을 더 낮출 능력을 가진 사람은 얼마든지 있다. 선택할 수 있는 것은 아메리카노 가격을 더 저렴하게 하는 것뿐이다. 하지만 마음대로 가격을 낮추는 데는 한계가 있다. 기껏해야 자신의 순이익이나 알바생들의 임금을 더 줄이고 쥐어짜는 것밖에는 말이다. 순이익을 포기한 지는 이미 오래다. 남은 것은 임금이다. 그런데 생각해보니 여기는 정부가 개입하지 않는 자유 시장이므로 정부는 최저임금제도 같은 것을 마련해두지 않았다. 다행이 아닐 수 없다. 이제 C는 알바생들의 임금을 대

폭 삭감했다. A와 경쟁할 만큼 말이다. 알바생들이 항의했으나 어쩔 수 없었다. C도 속상했지만, 단호하게 말했다.

"싫으면 나가세요. 이 시급에라도 일하려는 알바생들은 많으니까."

어차피 모든 경쟁이 허용되는 자유 시장이므로 노동자들도 일자리를 얻기 위해 경쟁해야 하고, 임금 삭감의 압력에 항상 노출되어 있다.

그럼 이제 알바생들의 임금을 줄임으로써 모든 문제가 해결된 것인가? C는 낮은 가격에 아메리카노를 공급하여 A와 경쟁할 수 있을 것인가? 결론을 말하자면, 어떤 것도 해결되지 않는다. A 역시 C가 낮춘 만큼 알바생의 임금을 낮출 수 있다. A와 C 사이에는 C가 결코 넘을 수 없는 '자본력'이라는 장벽이 있다.

초기 자본주의의 또 다른 문제는 노동 환경이 열악해진다는 것이다. 결국 가격 결정의 모든 희생은 알바생들이 감수하게 된다. 그런데 문제는 알바생들만의 희생으로 끝나지 않는다는 점이다. 알바생들은 사실 또 다른 측면에서 본다면 소비자다. 알바생들의 임금이 극히 적어지면 소비력도 낮아질 수밖에 없다. 소비자의 소비가 줄어들면 아메리카노의 수요는 더 줄어들 것이다. 아메리카노의 수요가 더 줄어들면 공급과잉의 문제가 생길 것이다. 공급과잉의 문제를 해결하기 위해 A, B, C는 가격경쟁력을 빌미로 알바생들의 임금을 더 삭감할 것이다. 그러면 소비자의 소비력은 더 열악해질 것이다. 가만, 이런 반복을 어디선가 본 듯하지 않은가? 근현대의 역사 중 세계 경제대공황이 발생하게 된 모습이다.

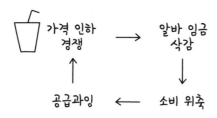

초기 자본주의 시장 실패

매우 자연스럽고 상식적으로 보이는 초기 자본주의는 과열 경쟁에 의한 소비 위축과 공급과잉의 문제로 인해 필연적으로 경제대공황이라는 '시장 실패' 상황을 몰고 온다. 그렇다면 이제 공황에 대비해야 한다. 이를 해결하기 위한 방안이 무엇이었는지 기억하는가? 대공황을 극복하기 위한 사례로서 우리는 세 국가를 살펴보았다. 미국, 러시아, 독일이었다. 미국은 뉴딜이라는 국가 개입 정책을 통해 문제를 해결했다. 반면 러시아는 자본주의를 폐기하며 공산주의 국가인 소련이 되었다. 독일은 자본주의를 유지하고, 전쟁을 준비해서 제2차 세계대전을 일으켰다. 이제 초기 자본주의의 문제점인 공황을 해결하기 위해 미국이 선택했던 자본주의의 수정에 대해 알아보자.

후기
자본주의

정부의 개입이 필요하다

후기 자본주의는 초기 자본주의의 문제점을 수정하면서 등장했기에 수정 자본주의라고도 한다. 20세기에 활동한 영국의 경제학자 케인스가 제시했다. 그는 초기 자본주의가 자기 조절 능력이 있다고 믿는 것은 잘못된 생각임을 지적하고, 정부가 적극적으로 개입해서 시장의 문제점을 해결할 것을 제안했다. 정부가 세금을 통해 부를 재분배함으로써, 자본에 의한 독점을 막고 소비가 활성화되게 보완해야 한다는 것이다.

② 후기 자본주의

커피가게로 돌아가자. A, B, C는 똑같이 아메리카노를 팔고 있으나, A는 자본력으로 아메리카노 가격을 낮춰 시장을 장악했다. 시장에서의 독점 현상이 발생한 것이다. C인 당신은 A의 가격을 따라갈 수가 없다. 하지만 사업을 중단할 수도 없다. 이 사업을 위해 당신은 전 재산을 과감히 투자했고 대출을 받았으며 수년간의 노력을 쏟아왔다. 여기서 중단한다면 시간과 비용의 막대한 손실을 감수해야 한다. 그래서 당신은 A와 경쟁하기 위해 알바생들의 임금을 줄일 수밖에 없었다. 이러한 경쟁은 사회 전체적으로 노동자의 임금을 줄여 경기가 침체했고, 아메리카노의 수요는 더 줄어들었다. 노동자들이 일자리를 잃어 소비 능력을 상실한 것이다. 사람들은 가장 먼저 외식비를 줄였고, 특히 후식 비용을 줄이기 위해 카페에는 가지 않았다. 커피를 마실 때도 아메리카노를 마시기보다는 커피믹스를 구입했다. A, B, C는 이제 파산 직전에 몰렸다.

C가 판매되지 않아 쌓여 있는 원두를 씹어 먹으면서 연명하고 있던 어느 날, 정부에서 공공사업을 위해 노동자를 모집한다는 공고문을 보았다. 이웃 동네에 거대한 화력발전소를 건설하는데 일꾼이 필요하다는 것이다. C는 카페 문을 걸어 잠그고 공공사업 일꾼에 지원할까 하다가 결국 포기하고 말았다. 어렸을 때부터 험한 일은 하지 않고 자랐던지라 조금만 무거운 걸 들어도 며칠씩 몸살을 앓았다. 일꾼이 되면 아침부터 일해야 하는데 카페를 운영하면서 매일 늦게 일어나는 게 습관이 된지라 갑자기 일찍 일어날 자신도 없었다. 게다가 밖에서 햇살을 받으면

서 일하면 얼굴도 탈 텐데, 그런 건 싫었다. 원두 남은 것도 충분하니 며칠 더 버텨야겠다고 생각했다.

그런데 화력발전소 건설이 시작된 직후 상황이 달라지기 시작했다. 커피 주문이 조금씩 늘어난 것이다. 며칠 전부터는 주문량을 따라가기도 힘들 지경이 되었다. 이것은 A와 B도 마찬가지였다. 건설이 시작되고 인부들에게 소득이 생기면서 이들은 식사 후에 다시 아메리카노를 마셨다. 화력발전소 근처의 식당이며, 여관, 옷가게, 생필품점 등 동네의 모든 상업 지역이 호황을 맞이했다. C는 아메리카노의 주문량을 맞추기 위해 다시 알바생들을 고용했으며, 아메리카노 가격도 인상했다. 수요량이 워낙 많으니 가격 인상도 별문제가 되지 않았다. 수익이 급증했다. 요즘만 같으면 좋겠다고 생각했다.

좋은 일만 있는 것은 아니었다. 정부가 세금을 급격히 인상한 것이다. 경기가 좋아져서 세금이 그렇게 부담스럽지는 않았지만, 기분이 썩 좋지는 않았다. 그런데 세금 인상은 C에게 호재로 작용했다. 왜일까? 그것은 A가 누진세로 막대한 세금을 내면서 부담을 느끼게 되었기 때문이다. A가 세금으로 느낀 부담감과 경제적 손실은 A의 아메리카노 가격 인상으로 이어졌다. 이제 A와 C의 아메리카노 가격 차이는 처음보다 그렇게 크지 않았다. 아직도 A의 아메리카노가 더 저렴하지만, 그 차이가 줄었다는 것에서 C는 만족스러웠다.

위의 예에서 보듯 정부는 시장에 적극적으로 개입함으로써 시장의 문제점을 해결한다. 우선 공공사업을 통해 일자리를 창출해서 고용된 노동자들이 소비 활동을 할 수 있도록 유도한다. 다음으로 세금을 적극적으로 징수해서 정부의 재정을 늘린다. 그리고 늘어난 자금을 공공사업의 자금으로 재사용하여 경제의 선순환을 이룬다. 이 과정에서 부가 재분배되고, 빈부격차가 줄어들며, 정부의 재정이 늘어난다.

시장 실패로 발생했던 공황은 정부의 개입으로 점차 안정되어갔다. 이것이 바로 정부가 시장에 적극적으로 개입하는 후기 자본주의의 모습이다. 정부는 세금을 높이고 다양한 규제를 시행함으로써 시장 실패를 막고, 거대 자본이 산업을 독점하는 것을 견제하며, 노동자의 임금을 올려 노동 환경을 개선했다. 발전과 성장만을 추구하는 것이 아니라, 사회 전체의 삶의 질을 높이고 사회적 소외계층을 보살피는 '인간의 얼굴을 한 자본주의' 시대가 온 것이다.

이러한 인간적인 자본주의는 대공황 때 시작되어 냉전 시대를 거쳐 소련이 붕괴하기 전까지 이어졌다. 이로 인해서 미국은 소련과의 체제 경쟁에서 자본주의를 보호할 수 있었다. 소련의 공산주의는 미국에 큰 부담이 되었는데, 공산주의가 노동자의 권리를 국가의 최고 가치로 삼았기 때문이다. 뒤에서 공산주의에 대해 자세히 알아보겠지만, 공산주의는 부르주아인 자본가를 인정하지 않고 프롤레타리아, 즉 노동자에 의한 정치를 추구한다. 미국의 노동자들에게 공산주의는 매우 매력적으로 들렸을 것이다. 반대로 미국의 자본가들에게는 공산주의가 자신의 재산과 생명을 위협하는 악마로 보였을 것이다. 이런 시대 상황에서 미국의 자본가들은 노동자와 소외계층의 눈치를 살피지 않을 수 없었다. 그들이 불만을 갖지 않게 하는 방법은 단 하나였다. 배부르고 편하게 해주는 것. 따라서 당시의 자본주의는 노동자와 소외계층의 권리와 이익을 충분히 고려하는 후기 자본주의의 모습을 유지할 수밖에 없었다. 후기 자본주의의 등장은 역사적 상황과 맥락을 같이한다.

그렇다면 이러한 후기 자본주의는 인류가 찾아낸 정말 괜찮은 경제 체제일까? 꼭 그렇다고 할 수도 없다. 후기 자본주의도 문제점을 갖고 있다. 대표적으로 두 가지다. 첫 번째가 경기침체와 장기 불황이고, 두 번째가 불황과 함께 물가가 오르는 스태그플레이션이다. 다음의 예를 살펴보자.

화력발전소의 건설로 C는 아메리카노를 계속 판매할 수가 있었다. 수요를 감당하기 위해 가게의 규모를 키우고 정규 직원으로 바리스타도 세 명 고용했다. 물론 알바생도 더 고용했다. 지금과 같이 아메리카노의 수요가 지속된다면, 사업 확장에 들어간 투자비용은 2~3년 안에 찾을 수 있을 것이다. 그런데 얼마 지나지 않아 예상치 못한 문제가 발생했다. 화력발전소의 일부 건설 현장에서 사고가 발생했고, 정부에서 안전 점검을 실시하는 동안 이 지역의 건설이 중단된 것이다.

사고 지역의 공사가 언제 재개될지 아무도 예측할 수 없었다. 일부 지역의 공사가 중단되면서 노동자의 수도 그만큼 줄어들었다. 생각하지도 못한 문제였다. 이런 예외적인 상황을 예측하지 못하고 투자를 확대했던 것이다. 카페의 거대 몸집을 유지하기에는 판매량이 부족했다. C는 어쩔 수 없이 카페의 몸집을 줄이기로 했다. 몸집을 줄이는 방법은 두 가지다. 하나는 다시 작은 카페로 이전하는 것, 다른 하나는 고용한 직원을 줄여 임금을 줄이는 것. 전자는 투자손실과 이전비용의 문제가 있다. 그리고 언제 공사가 재개되어 다시 큰 규모의 카페가 필요해질지 알 수 없는 일이다. C의 입장에서 가장 합리적인 방안은 일단 고용인원을 감축하는 것이다. 나중에 수요가 늘면 다시 인원을 고용하면 되니까, 인원 감축이 불확실한 상황에 가장 유연하게 대처하는 방법이라고 생각했다. 그래서 C는 먼저 알바생들 중 몇 명을 해고하고, 남은 알바생들은 임금을 줄이기로 했다.

그런데 문제가 발생했다. C가 살고 있는 후기 자본주의 사회는 국가가 시장에 적극적으로 개입하는 사회였기 때문에 고용과 관련된 몇 가지 규제가 있었다. 그중 하나가 최저임금제도였다. 즉, 알바생 해고는 문제 되지 않지만, 임금을 마음대로 낮출 수는 없었다. 그래서 C는 어쩔 수 없이 임금을 최저임금에 맞추는 대신에 알바생을 몇 명 더 해고했다. 그리고 다음은 바리스타들의 차례였다. 셋 중에 한 명을 해고할 계획이었다. 그런데 또 문제가 발생했다. 바리스타 셋이 단합한 것이다. C가 살고 있는 이 사회는 노동자들의 권리를 보장하기 위해 정책적으로 정규 직원인 노동자들의 단합을 인정하고 있다. 바리스타들은 셋 중에 한 명을 자르면 셋 모두 그만두고 경쟁 업체를 운영하는 A와 B에게 가겠다고 협박했다. 바리스타는 알바생과는 달리 전문 인력이어서 쓸 만한 사람을 새로 고용하는 것이 쉽지 않았다. 그래서 어쩔 수 없이 C는 셋 모두 고용할 테니 그 대신 임금을 줄이자고 제안했다. 하지만 바리스타들은 그것마저 거부했다. 장사가 잘될 때에는 임금을 올려주지 않았으면서, 장사가 잘 안 된다고 모든 희생을 자신들에게 부담하라고 하는 것은 불공평하다는 것이었다. C는 어쩔 수 없이 바리스타 셋 모두를 그대로 고용하기로 했다. 그럼 손실은 어떻게 메워야 하는가? C는 어쩔 수 없이 아메리카노의 가격을 인상했다. 이런 상황은 C만의 일이 아니었다. A와 B도 바리스타들의 단합으로 카페 규모를 줄이지 못하고 아메리카노의 가격을 인상했다. 수요자는 없지만 아메리카노의 가격은 상승한 것이다. A, B, C의 동네는 장기적인 경기침체의 길로 들어섰다.

인플레이션   = 호황 → 물가 상승
스태그플레이션 = 불황 → 물가 상승

수요는 없는데 물가는 오르는 상황. 다시 말해, 경기는 침체하는데 인플레이션이 발생하는 이러한 상황을 스태그플레이션이라고 한다. 이런 어이없는 상황은 우리가 앞서 알아본 자본주의의 특성과는 차이가 크다. 기억을 더듬어보면, 자본주의의 특성은 공급과잉이었고, 수요를 창

출해내는 것이 가장 큰 문제였다. 수요를 창출하기 위해서는 시장을 개척하거나 가격을 낮추어야 했다. 가격을 낮추어야 가격경쟁력을 확보할 수 있었고, 그래야 수요가 다시 늘어나서 시장이 정상화될 수 있었다. 그렇다고 할 때, 위의 상황은 비정상적이다. C는 어떤 결정을 했는가? 수요가 줄었는데 아메리카노의 가격을 인상했다. 왜 이런 문제가 발생했는가? 정부가 재정 지출을 통해 시행한 공공사업을 안정적으로 운영하지 못했고, 노동자의 권익을 보호하기 위해 과도하게 시장에 개입했기 때문이다. C는 급변하는 시장의 상황에 따라 유연하게 대처하면서 경제활동을 해야 하는데 정부의 규제 때문에 그렇게 할 수 없었다. 결국에는 시장의 상황이 비정상적으로 왜곡되었고, 그 결과 사회 전체의 침체가 발생한 것이다.

초기 자본주의를 비판하며 등장한, 인간의 얼굴을 한 후기 자본주의는 정부의 과도한 개입으로 경직된 노동 시장을 형성했고, 이로 인한 불황과 경기침체를 가져오는 등의 문제를 일으켰다. 이를 '정부 실패'라고 한다. 그렇다면 이제는 어떻게 해야 하는가? 초기 자본주의처럼 정부의 개입이 없어도 문제이고, 후기 자본주의처럼 정부의 개입이 있어도 문제다. 이런 상황에서 1990년대 초가 되면 극단적인 정부 개입의 상징이었던 소련이 붕괴한다. 뒤에서 다시 논하겠지만, 공산주의는 국가에 의한 계획경제라는 정부의 강력한 개입을 주장하는 체제다. 이러한 체제의 붕괴를 목도하고, 동시에 정부 개입을 주장하는 후기 자본주의의 문제점이 드러나기 시작하면서, 세계는 차라리 정부 개입이 없었던 초기 자본주의로 돌아가는 것이 더 낫겠다는 분위기가 형성되었다. 이렇게 정부 실패를 비판하며 초기 자본주의로의 복귀를 주장하는 체제가 신자유주의다.

신자유주의

다시 시장에 자유를 주어라

초기 자본주의와 후기 자본주의에 이어 세 번째로 등장한 신자유주의는 시카고학파가 주도했다. 이들은 1970년대 이후부터의 장기 불황의 원인을 수정 자본주의가 추구한 과도한 정부 개입으로 보았다. 이들은 국가권력에 의한 시장 개입을 비판하고 시장의 자율성 보장과 탈규제를 강조했다. 이렇게 정부의 과도한 시장 개입을 거부하는 모습은 초기 자본주의의 모습과 닮았다. 결과적인 측면에서 보자면 신자유주의는 오늘날 세계에서 가장 영향력 있는 경제체제로 자리 잡고 있다.

C가 살고 있는 사회는 정부의 강력한 규제와 세금 정책으로 장기적인 불황의 길로 접어들었다. 불황을 해결하기 위해 정부는 시장 개입을 줄이기로 했다. 그래서 우선 세금을 줄이고, 규제를 풀기 시작했다. 세금이 줄어들자 C의 순이익은 그만큼 증가했다. 그뿐만이 아니었다. C는 이제 정식 직원을 뽑지 않고, 바리스타까지도 아르바이트 개념으로 고용했다. 정식 직원은 해고하기가 쉽지 않지만 알바생은 해고하기가 비교적 자유롭기 때문이다. 이것은 C가 변화무쌍한 시장에 유연하게 대처할 수 있게 했다. 아메리카노가 잘 팔리지 않으면 알바생들을 해고했고, 다시 아메리카노가 잘 팔리면 알바생 고용을 늘렸다. 이는 C에게 안정적인 수익을 안겨줬으며, C로 하여금 카페를 계속 운영하도록 마음먹게 만들었다.

　　그런데 좋은 일만 있는 것은 아니었다. 세금이 낮아지자 초기 자본주의에서 발생했던 문제가 다시 나타나기 시작했다. 그것은 A가 아메리카노의 가격을 대폭 인하하는 문제였다. A는 건물과 재산에 대한 과도한 세금이 줄어들자 그 이익을 아메리카노 가격을 인하하는 데 사용했다. 게다가 A는 막대한 자본력을 앞세워 맛있는 커피를 만드는 연구소를 신설했다. 연구에는 연구비가 필요했는데 A에게는 큰 자본력이 있었다. 또한 홍보에도 많은 자금을 투자했다. A의 커피를 마시는 사람들이 늘어갈 수밖에 없었다. C는 어땠을까? C는 A에게 많은 고객을 빼앗겼다. 수요가 줄어들자 C는 알바생들을 더 줄여나갔다. 알바생들이 줄어들자

질 좋은 서비스를 제공하기 힘들어졌고, 그만큼 고객은 더 줄어들었다. C의 고민은 커졌다. 그러던 어느 날 갑자기 A가 찾아왔다. A가 말했다.

"가게 사러 왔다."

C가 말했다.

"나는 당신의 말을 이해할 수가 없다. 이 가게는 나의 땀과 피로 이루어져 있으며, 우리 알바생들의 고생과 노력으로 이룩해낸 우리 모두의 꿈이며 희망이다. 가게를 사고판다는 것은 나와 내 가족을 사고파는 것이며, 지금까지 지켜온 우리의 신성한 노동의 대가를 사고파는 것이다. 그런 일은 있을 수 없고, 이해할 수도 없는 일이다."

A가 뒤돌아 나가면서 말했다.

"그럼 말든가."

C가 A의 어깨를 잡으며 말했다.

"처음부터 다시 얘기해봅시다."

C는 A에게 카페를 넘겼다. 그리고 이제 A의 직원으로 일하게 되었다. C가 A의 가게에서 일하기로 한 첫날 A의 가게에 가니, 그곳에는 B도 있었다. B도 가게를 팔고 A의 직원이 된 것이다. B와 C가 가게를 운영하면서 고전을 면치 못했던 것과는 달리 A의 사업은 번창해갔다. 왜냐하면 더 이상 가격경쟁력을 위해 가격을 낮출 필요가 없었기 때문이다. 더 이상 아메리카노 시장에서 경쟁사는 없다. A는 아메리카노 시장에서 독점적 위치를 점유하게 되었다. 가게를 늘려갔고, 많은 지점을 갖게 되었다. 시장 상황이 좋지 않으면 구조조정이라는 이름으로 알바생들을 줄이

고 직원들을 해고했다. B와 C는 구조조정이 있을 때마다 자신이 해고될지도 모른다는 생각에 마음 졸였지만, 그 시기만 지나면 안정적인 월급을 받으며 안정적으로 생활했다. 잘리지 않기 위해서는 A에게 일 잘하는 사람으로 보일 필요가 있었다. A가 확인하는 일은 최선을 다해서 했다. 하지만 A가 확인하지 않는 일은 건성으로 할 수밖에 없었다. A가 확인할 일을 하기에도 바쁘니, 다른 것에는 신경 쓸 여유가 없었기 때문이다. 비록 A의 눈치를 봐야만 하는 생활이 스스로도 한심하게 여겨졌지만, 안정적으로 월급을 받을 수 있으니 직접 카페를 운영하던 때보다 마음은 편했다.

세금과 규제가 줄어든 신자유주의 체제에서는 어쩔 수 없이 거대 자본력이 독점적으로 산업을 이끌게 된다. 자본은 자신보다 작은 자본을 종속시키는 속성을 갖는다. 이것은 그다지 문제가 되어 보이지 않는다. C에게 나쁠 것이 무엇인가? 거대 자본에 종속된 것? C는 거대 자본에 종속되었지만 스스로 가게를 운영했을 때보다 안정적인 생활을 보장받았다. C에게는 더 잘된 일인지도 모른다. 물론 아메리카노 시장에 예상치 못한 변수가 발생하면 또다시 구조조정이 있을 것이고, 불안한 시기가 찾아올 것이다. 하지만 그런 일이 그다지 빈번하지는 않다. 어차피 자신이 직접 카페를 운영해도 불황 때 고생하는 건 마찬가지다. 그러므로 C에게 나빠진 점은 별로 없어 보인다.

신자유주의가 최고의 경제체제일 수는 없지만, 그나마 인류가 찾아낸 최선의 경제체제일 것이라는 주장이 있다. 시장의 독점과 빈부의 격차가 발생하지만, 전체적으로는 경제가 성장하고 발전하기 때문이다. 그에 대한 판단은 잠시 뒤로 미루고, 신자유주의의 문제점을 정리해보자. 신자유주의는 정부 개입이 없다는 점에서 초기 자본주의와 동일한 문제점을 갖는다. 먼저 앞서 살펴본 것처럼 자본에 의한 독점 현상이 일어난다. 다음으로는 빈부격차가 심화된다는 문제가 있다. 그리고 같은 맥락에서 누군가는 계속 승리하고 누군가는 계속 희생해야 한다는 문제가 발생한다.

　앞에서 어떤 사안이 복잡해 보일 때 그것의 본질을 가장 잘 이해할 수 있는 방법은 그 사안으로 누가 이익을 얻고 누가 손해를 입는지를 확인하는 것이라고 했다. 신자유주의의 본질을 잘 이해하는 방법은 신자유주의를 통해 이익을 얻는 이가 누구이고 손해를 입는 이가 누구인지를 살펴보는 것이다. 결론부터 말하면 항상 승리하는 이는 A이고, 항상 희생되는 이는 B와 C 그리고 알바생들이다. A는 아메리카노가 잘 팔리거나 잘 팔리지 않거나 상관없이 이익을 얻는다. 왜 그런가? 경기가 침체되어 아메리카노 수요가 줄어들면, 구조조정을 통해 직원과 알바생을 해고해서 비용을 줄이면 된다. 반면 경기가 활성화되어 아메리카노 수요가 늘어나면, 직원과 알바생을 더 고용해서 수요를 충족하면 된다.

　A는 호황이든 불황이든 어느 정도 자신의 순이익을 지킬 수 있다. 그

렇다면 B와 C 그리고 알바생들의 입장에서는 어떠한가? 아메리카노가 잘 팔릴 때는 이들에게 큰 문제가 없다. 잘 팔리는 만큼 더 큰 보상을 받는 것은 아니지만, 생활을 유지할 만큼 안정적인 임금을 받을 수 있기 때문이다. 하지만 아메리카노가 잘 팔리지 않는 경기침체기에는 일자리를 잃는다. 경기가 흔들릴 때마다 희생되는 사람들은 노동자인 것이다.

항상 노동자만 희생되는 억울한 사회. 이런 사회의 현실을 돌아보게 하는 경제체제가 있으니, 그것이 바로 공산주의다. 공산주의에 대해 간단히 살펴본 후, 우리의 논의를 계속 이어가자.

공산주의

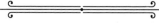

공산주의는 왜 실패했는가

초기 자본주의와 신자유주의같이 정부의 개입이 최소화되는 경제체제에서는 항상 자본가가 많은 이익을 얻는다. 왜 이런 일이 발생하는 걸까? 앞서 알아본 대로 경기침체기마다 구조조정으로 노동자들이 희생당하기 때문이기도 하지만, 본질적인 문제는 따로 있다. 그것은 우리가 [역사] 파트에서 핵심적으로 다루었던 생산수단의 문제다.

단순한 모델을 사용해보자. 이제 A의 카페에서는 B, C, D가 아메리카노를 만들게 되었다. 아메리카노는 한 잔에 5,000원이다. 이 중 3,000원은 원두비, 기계비, 임대료 등 기타 모든 비용을 포함한 고정비용이다. 이를 제외한 2,000원 중 1,000원은 아메리카노를 만든 사람이 임금으로 갖고 나머지 1,000원은 카페를 소유한 A가 갖는다. 모델을 더 단순화하기 위해 노동자 한 명이 아메리카노를 하루에 한 잔만 만들 수 있다고 가정하자.

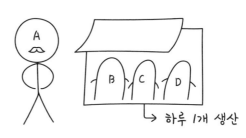

하루 수익	1,000 × 3	1,000
하루 생활비	1,200	800
하루 저축	1,800	200
10일 후	18,000	2,000

그렇다면 C가 하루 종일 아메리카노를 한 잔 만들어서 버는 돈은 1,000원이다. 그럼 A는 하루에 얼마를 버는가? 1,000원인가? 아니다. 노동자가 B, C, D 셋이니 하루에 3,000원을 번다. 10일이 지나면 C는 1만 원, A는 3만 원을 번다. A는 노동자의 세 배를 더 버는 것이다. 이 정도의 소득격차는 납득할 수 있다고 생각할지 모른다. 하지만 실제로 축적할 수 있는 금액은 더 큰 차이를 만든다. 예를 들어 하루를 생존하는 데, 그러니까 입고 먹고 자는 데 들어가는 기본 생활 유지비가 C의 경우 800원이라고 가정해보자. A는 C보다 더 고급 생활을 유지하므로 1.5배 더 쓴다고 가정하면 A의 생활비는 1,200원이다. 결국 C가 하루에 저축하는 돈은 200원, A가 저축하는 돈은 1,800원이 된다. 10일 후면 C는 2,000원을, A는 18,000원을 모을 수 있다. 실질적인 빈부격차가 발생하는 것

이다. 그렇다면 이러한 빈부격차가 발생하는 원인은 무엇인가? 그것은 A가 생산수단을 가진 반면, C는 생산수단이 없기 때문이다.

문제는 이뿐만이 아니다. 카페에서 하루에 세 잔의 아메리카노가 나온다고 할 때, 세 잔의 아메리카노는 누가 만든 것인가? 순전히 B, C, D가 만든 것이다. A는 무슨 일을 하는가? A는 어떤 일도 하지 않는다. 다만 카페를 소유하고 있을 뿐이다. 생산수단을 소유한 사람은 생산수단을 이용해서 다른 이들을 고용하고 이를 통해 이득을 얻지만, 자신은 직접 노동에 참여하지 않는다. 물론 자본가는 자신의 생산수단이 효율적으로 운영되는지, 지속적인 이윤을 창출하는지 끊임없이 확인해야 한다. 또한 변화하는 시장에서 살아남기 위해 적절히 투자하고 감축하는 모든 활동에 대한 막대한 책임을 지는 것이 사실이다. 다만 다른 노동자들처럼 생산에 직접 참여하거나 노동의 시간과 공간에 구속되지 않을 뿐이다.

정리해보면, 생산수단을 소유한다는 것은 두 가지 의미를 갖는다. 우선 소유자가 부를 축적할 수 있게 한다. 이에 따라 노동자와의 소득격차는 계속 벌어진다. 다음으로 소유자가 노동에 직접 참여하지 않게 한다. 생산수단의 소유자는 직접적인 노동이 요구되지 않는다.

그렇다면 A는 어떻게 카페라는 생산수단을 소유할 수 있었는가? 단순히 A가 이미 자본을 소유하고 있었기 때문이다. 혹시 B, C, D도 소득을 아끼고 저축해서 자본을 축적해 그것으로 생산수단을 얻을 수 있는 건 아닐까? 불가능하지는 않겠지만 쉽지 않은 일이다. 어떤 사람은 C가 다른 노동자보다 두 배 더 열심히 일한다면 소득도 두 배가 될 것이므로 부를 축적할 수 있다고 생각할지 모른다. 물론 그럴 수도 있다. C는 분명히 B나 D보다 두 배 더 벌게 될 것이다. 하지만 이와 동시에 A의 소득도 그만큼 높여줄 것이다. 노동자는 경쟁을 통해 다른 노동자를 이길 수는 있지만, 자본가를 이길 수는 없다. 노동자가 열심히 노동할수록 자본가는 그만큼 더 부유해진다. 이뿐만 아니라 앞서 보았듯이 C는 하루에 얻게 되는 1,000원을 모두 저축할 수 없다. 1,000원 중 대부분은 생활을 유지하는 비용으로 지불해야 한다. C가 실제로 모을 수 있는 돈은 극히 적다. 그런 속도로는 A를 따라잡을 수 없고, 결국 생산수단을 소유할 수 없다. 왜냐하면 막대한 자본을 빠르게 축적하는 A가 대부분의 생산수단을 선점할 것이기 때문이다. 이것은 끔찍하지만 우리 생활 가까이에서 벌어지고 있는 일이며, 사실 우리가 이미 잘 알고 있는 일이다.

대형 마트에 쇼핑을 하러 가보자. 마트에서 일하고 있는 사람들이 보인다. 시식 코너를 운영하고 있거나, 목소리를 높여 우유와 어묵을 광고하고 있거나, 계산대에서 쉴 새 없이 바코드를 찍고 있다. 그들은 정말 열심히 일한다. 그들은 자신의 하루라는 시간을 모두 소진하면서 노동한다. 하지만 우리는 잘 알고 있다. 그들이 마트에서 가장 열심히 일하지만, 마트에서 가장 많은 부를 가져가는 사람들이 아니라는 사실을 말이다. 대형 마트 수익의 대부분을 가져가는 마트의 주인은 어디에 있는가? 그 사람은 마트에 보이지 않는다.

마르크스는 1848년에 출간한 《공산당 선언》에서 다음과 같이 말한 바 있다.

"그렇다면 임금노동, 즉 프롤레타리아의 노동이 조금이라도 노동자의 재산을 창조하는가? 결코 그렇지 않다. 임금노동의 평균 가격은 최저임금, 다시 말해 노동자가 노동자로서 생활을 유지하는 데 필요한 생활 수단의 총액이다. 따라서 임금 노동자가 자기 노동의 결과로 얻는 것은 고작 자신의 생명을 유지할 만큼에 지나지 않는다."

이제야 왜 내 통장에 들어온 월급이 딱 생활하는 데 들어가는 비용이 빠지면 정확하게 0이 되는지 알 것만 같다.

잘못된 세상. 더 이상은 안 되겠다. 혁명이 필요하다. 이러면 어떻겠는가? A의 카페를 빼앗아서 B, C, D가 나누어 갖고, 얼굴도 알 수 없는 마트 소유자에게서 마트를 빼앗아서 마트에서 열심히 일하는 노동자들에게 돌려주는 것이다. 즉, 자본가에게서 생산수단을 빼앗아, 노동자들이 그 생산수단을 직접 소유하는 것이다. 그렇게 된다면 자본가가 노동하지 않고 가져가는 수익을 노동자들끼리 나눌 수 있고, 자신의 노동에 대한 정당한 대가를 받는 정의로운 사회가 되는 것이다.

당신은 어떻게 생각하는가? 이것은 괜찮은 생각인가? 그리고 누구의 생각인가? 괜찮은 생각인지에 대해서는 차차 이야기하기로 하고, 우선 이 생각은 공산주의자들의 생각이다. 자본가에게서 생산수단을 빼앗아 노동자가 그 생산수단을 직접 소유하는 사회. 이것이 공산주의 혁명의 목표였다. 이러한 생각은 노동자들을 감동시켰고, 사회를 바꾸기 위한 역사적인 실험이 실제로 진행되었다. 소련, 동유럽, 중국, 북한에서 이 실험을 진행했다.

우리가 일반적으로 말하는 공산주의는 대략 마르크스주의를 칭한다. 여기서 잠시 마르크스의 생각에 대해 알아보자. 그는 역사를 계급 간의 투쟁으로 설명하고, 그 갈등의 끝은 모든 사람이 평등해지는 이상사회라고 생각했다. 이러한 생각은 독일의 철학자 헤겔의 '변증법'에서 기인한다. 살면서 한 번 정도는 들어봤을 법한 변증법은 우주와 세계의 운행 원리가 무엇인가에 대한 헤겔의 거시적인 대답이다. 헤겔은 인간의 정신과 물질을 비롯한 세계 전체가 변증법이라는 원리를 통해 발전해나간다고 보았다. 변증법은 정, 반, 합의 3단계를 거쳐서 전개되는데, 쉽게 말해 세상에 정상적인 것이 있으면 필연적으로 그에 모순되는 반대되는 것이 발생한다는 것이다. 그런데 이 정상적인 것과 반대되는 것은 서로 모순되므로 공존하지 못하고 투쟁하게 된다. 그리고 이 투쟁의 과정을 거쳐 두 가치를 모두 극복한 종합이 새롭게 등장한다. 하지만 이 종합도 결국 정상적인 것이 되고, 필연적으로 모순 관계의 반대되는 것을 만들어내게 된다. 이러한 정, 반, 합의 과정은 끊임없이 반복하면서 하나의 방향으로 발전해나가는 것이다.

헤겔 변증법

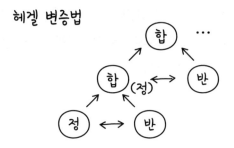

　변증법의 구체적인 모습은 역사에서 드러난다. 고대 사회에서 가장 정상적인 존재는 왕이었다. 이와 모순되고 대비되는 존재는 노예였다. 왕과 노예는 너무나 다른 대립되는 존재이므로 서로 투쟁하게 되는데, 결국 이러한 투쟁으로 왕도 아니고 노예도 아닌 애매한 영주라는 존재가 탄생한다. 영주는 왕이 따로 존재하므로 왕은 아니지만, 그렇다고 노예라고 할 수도 없다. 영주는 중세의 가장 정상적인 존재가 된다. 그리고 그에 대비되는 존재는 농노가 된다. 이 둘은 갈등과 투쟁을 겪고, 새로운 합으로서 부르주아를 탄생시킨다. 헤겔은 부르주아가 인류 역사의 완성이고 끝이라고 생각했다.

변증법의 역사

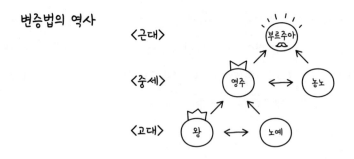

헤겔의 철학을 비판적으로 수용한 마르크스는 변증법에 뒷이야기를 더 첨부해 넣는다. 마르크스가 보기에 부르주아는 역사의 마지막 단계가 아니었다. 그는 부르주아 역시 근대의 정상적인 존재이므로 필연적으로 그에 모순되는 프롤레타리아와 대립할 것이라고 생각했다. 그리고 이 둘이 투쟁해서 결국 미래에는 프롤레타리아가 모든 계급 갈등을 청산할 마지막 계급으로 등장할 것이라고 예언했다.

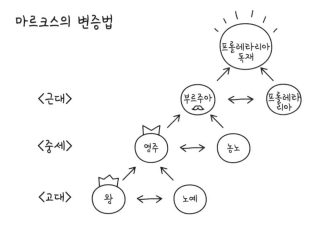

마르크스의 변증법

이 과정은 우리가 앞서 [역사] 파트에서 살펴보았듯 생산수단을 중심으로 서술된다. 각 시대의 생산수단을 소유한 존재는 토지를 소유한 왕에서 장원을 소유한 영주로, 그리고 공장을 소유한 부르주아로 이동했다. 왕과 영주 같은 지배계급이 노예와 농노를 착취했던 것처럼, 부르주아도 프롤레타리아를 착취하고 있다. 이제 남은 것은 프롤레타리아들이 자유로워질 차례다. 그렇게 하기 위해서는 자본가의 생산수단을 빼앗아 그것을 노동의 실제 주체인 노동자가 스스로 관리해야 한다. 생산수단을 특정 계급이 소유하는 것이 아니라 모든 노동자가 공동으로 소유한다면, 더 이상의 권력관계는 형성되지 않고 지배관계도 사라진 이상적인 공산주의 사회가 탄생할 것이다. 이것이 마르크스의 생각이었다.

노동자 입장에서는 매력적이며 설득력 있는 주장이다. 마르크스주의는 20세기 초에 러시아와 동유럽, 아시아 일대를 휩쓸었다. 실제로 노동자들은 힘을 합쳐 자본가들을 몰아내고 생산수단을 국유화했다. 이제 생산수단은 개인이 아닌 국가가 관리했다. 모든 사람은 생산수단이 없는 평등한 관계가 되었다. 이렇게 완전히 새로운 세계를 창조하는 역사적인 실험은 자본주의와 대결하며 소련이 붕괴되기 전까지 이어졌다.

자본가들의 입장에서 공산주의는 자신들이 정당하게 모은 재산을 강탈하고 자신들을 없애려는 악마처럼 보였다. 자본가들은 국가가 자신들의 재산과 권리를 지켜주길 기대했다. 이에 따라 자본주의를 유지하려는 국가에서는 국민이 자본주의와 공산주의 간의 갈등을 선과 악의 문제로 받아들이도록 분위기를 형성해갔다. 자본주의가 자유를 수호하는 선이고, 반대로 공산주의는 개인의 자유를 부정하는 악이라고 국민을 교육하고 설득했다. 이것은 지배자가 자신의 지배를 정당화하기 위해 신을 요청했던 것과 같은 맥락이라고 할 수 있다.

오늘날까지도 '공산당'이나 '빨갱이'라는 단어는 특정인을 비하하거나 혹은 대중으로부터 그 특정인을 고립시키려는 목적으로 활용된다. 한국인에게 이런 단어들은 마음속 깊이 금기의 언어로 자리 잡고 있다. 그것은 6·25전쟁과 북한이라는 특수한 역사적, 정치적 배경 때문이기도 하고, 동시에 교육의 힘이기도 하다. 자본주의 사회는 사회 구성원이 공산주의를 부정적으로 느끼도록 공산주의와 관련된 어휘들을 타자화한다.

그렇다면 이런 생각이 든다. 국가에서 공들여 공산주의를 배척하는 것이라면, 그것은 우리 사회를 보호하는 등 나름의 이유가 있기 때문 아니겠는가? 국가가 적대시하는 것을 우리가 굳이 들쳐보고 알아볼 필요는 없지 않은가? 맞는 말이다. 우리는 우리가 발 딛고 있는 자본주의에 대해 아는 것만으로도 충분하다.

문제는 자본주의 안에서는 그 경계가 보이지 않는다는 데 있다. 자본주의만으로는 자본가와 노동자의 관계가 선명히 드러나지 않는다. 우리가 사회의 경계까지 걸어가 그곳에서 뒤돌아볼 때에야 비로소 우리 사회의 한계를 이해할 수 있다. 공산주의에 대해 알아야 하는 이유는 자본주의의 한계와 실제 의미를 선명하게 관조하기 위해서다. 그렇게 할 때 우리가 살고 있는 자본주의를 지금보다 조금 더 괜찮은 체제로 만들 수 있을 것이다. 공산주의를 이해한다는 것이 공산주의자가 된다는 것을 의미하지는 않는다. 공산주의는 자본주의를 위해서 알아두어야만 하는 체제다. 이 세상에 절대로 알아서는 안 되는 것 따위는 없다.

정리해보자. 공산주의는 쉽게 말해서, 생산수단을 노동자들이 공동으로 소유하자는 이념이다. 그것은 생산수단을 한 개인이 독점할 때 그가 권력을 독점하고, 타인을 지배하고 착취할 수 있기 때문이다. 지배와 피지배의 불평등한 관계를 없애기 위해서는 생산수단을 개인이 독점하지 못하게 해야 한다. 그래서 공산주의 사회에서는 모든 생산수단이 국가에 의해 관리된다.

이런 사회는 어떤가? 생산수단을 개인이 소유할 수 없기에, 모든 사람이 필연적으로 평등할 수밖에 없는 사회. 인류 역사에서 그런 사회를 만들기 위한 실험이 실제로 진행되었고, 논란의 소지는 있으나 일단 실패로 끝난 듯 보인다. 실패의 원인에 대한 해석은 다양하다. 첫 번째로 인간 본성에 대한 과도한 신뢰를 근본 원인으로 지적하는 견해가 있다. 모든 사람이 평등한 사회를 추구할 것 같지만, 실제로 사람들은 그러한 평등을 원하지 않는다는 것이다. 어떤 사람들은 다른 사람과의 차이를 만들기 위해 노력한다. 경제적으로나 정치적으로나 본능적으로 계급과 서열을 중시한다. 다수가 평등을 추구하는 사회라도 소수가 불평등을 추구할 때, 그 사회는 평등한 관계를 유지하기 힘들다. 공산주의는 모든 사람이 평등하고 평화롭게 살고자 한다는 인간 본성에 대한 낙관적이고 불가능한 전제에서 시작했기에 실패할 수밖에 없었다는 것이다.

공산주의 붕괴에 대한 두 번째 해석은 조금 더 근본적이다. 그것은 생산수단의 국유화가 일으키는 문제점에서 찾을 수 있다. 생산수단을 개인이 소유하지 않고 공동으로 소유한다는 주장은 일견 타당해 보이지만, 실제로는 가능하지 않다. 그것은 '국가'라는 개념이 실체라기보다는 추상적인 관념에 가깝기 때문이다. 국가라는 구체적 존재는 어디에도 없다. 국가가 도대체 어디에 있는가? 영토의 한계가 국가인가? 그건 국가의 기능과 영향력을 설명하지 못한다. 그렇다면 국회의사당이나 청와대가 국가인가? 그것도 아닐 것이다. 한 민족이 살고 있는 곳이 국가인가? 이러한 설명만으로는 부족하다. 국가라는 것은 실제로 존재하는 것이 아니라, 개개인의 머릿속에 관념으로 존재한다. 그렇게 관념으로서 존재하는 국가가 생산수단을 소유할 수는 없다. 다시 말해서 국가가 생산수단을 소유한다고 해도, 실제로 그것을 소유하고 결과물을 분배하는 존재는 지극히 구체적인 사람이다. 즉, 국유화된 생산수단을 관리하는 소수가 권력을 획득하게 되는 것이다. 따라서 마르크스주의가 추구하는 모든 노동자에 의한 프롤레타리아 독재는 실현되지 않는다. 국가의 이름으로 국가 전체의 생산수단을 통제하는 절대적 권한을 갖는 독재자가 필연적으로 탄생할 뿐이다.

공산주의 실패의 세 번째 원인은 정부 주도 계획경제의 실패에 있다. 우리는 앞서 자본주의에 대해 논하면서 정부가 시장에 과도하게 개입할 경우 여러 문제가 발생할 수 있음을 보았다. 공산주의는 정부가 전적으로 주도해서 경제 전체를 이끌어가는 체제다. 복잡하고 예민한 시장의 상황을 소수의 인원으로 구성된 정부가 통제하는 것이다. 이것은 다양

한 위험을 수반한다. 판단의 실수, 예측 불가능한 변수 등 계획에서 벗어
난 문제 발생에 대처하기 어렵다. 이러한 중앙집권적 통제는 시장의 왜
곡과 비효율을 낳아 정부 실패로 이어질 수 있다.

공산주의가 실패한 마지막 원인으로는 자본주의의 방해를 들 수 있
다. 자본주의의 가장 큰 과제는 공급량을 해소하는 것이고, 소비를 창출
하기 위해서는 시장의 확대를 필요로 한다. 그런데 공산주의 사회는 자
본주의 사회의 시장이 될 수 없다. 그것은 공산주의가 기본적으로 자본
가의 존재를 인정하지 않고, 폐쇄적인 국가 운영을 하기 때문이다. 지구
상에서 공산주의 국가의 확산 자체가 자본주의 국가들의 위협이 될 수
밖에 없었다. 자본주의와 공산주의는 체제 경쟁과 군사 대립을 지속했
고, 결과적으로 자본주의 국가의 효과적인 공격과 방해가 공산주의 국
가의 몰락을 가져왔다는 것이다.

공산주의와
사회주의의 구분

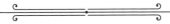

무엇이 공산주의이고 무엇이 사회주의인가

공산주의는 이제 알겠는데, 그럼 사회주의는 무엇인가? 여기서는 잠시 공산주의와 사회주의의 관계에 대해서 살펴보려고 한다. 일반적으로 이 두 체제가 유사하다는 것은 잘 알려져 있다. 다만 정확히 구분하기는 쉽지 않다. 그 이유는 시기마다, 지역마다, 개인마다 이 어휘를 사용하는 방식이 다르기 때문이다. 그나마 가장 적절한 구분 방법을 추려보면 세 가지 정도가 된다.

첫째, 혁명의 주체가 누구냐에 따른 구분이다. 이에 따르면 사회, 경제적 문제를 해결하고 노동자 중심의 세계를 만들어내는 주체를 노동자 스스로로 보는 입장을 공산주의라 한다. 반면 노동자는 실제로 스스로를 극복할 능력을 갖추지 못했으므로 엘리트계급 또는 부르주아들이 스스로의 권리를 내려놓고 노동자의 권리를 보장해나가야 한다는 입장을 사회주의라 한다. 이는 누가 사회를 바꿀 수 있는지에 대한 입장 차이로 공산주의와 사회주의를 구분하는 것이다.

둘째, 수단과 목적의 관계로 구분하는 방법이 있다. 이에 따르면 궁극적인 목표로서의 공산주의 사회는 노동자가 스스로 자신의 권리를 지키며 독재를 하는 사회다. 그런데 현재의 자본주의 체제에서 하루아침에 노동자 중심의 사회로 급격히 변화될 수는 없다. 따라서 과도기적 단계로서 국가와 정부를 대리하는 소수의 정치엘리트에 의해 운영되는 사회가 필요한데, 이를 사회주의라 부르는 것이다. 이 구분 방법은 공산주의를 궁극의 목표로, 사회주의를 과도기 단계로 설정함으로써 두 체제를 구분한다.

셋째, 내포의 관계로 보는 것이다. 사회주의를 국가가 주도하는 계획경제라는 넓은 개념으로 파악하고, 공산주의는 그중에서도 특히 노동자가 주도하는 계획경제라는 측면에서, 사회주의에 포함되는 개념으로 판단하는 것이다.

	사회주의	공산주의
혁명의 주체	엘리트	노동자
혁명의 단계	수단	목표
내포 개념	사회 ⊃	공산
	(온건)	(급진)

이 밖에도 다양한 구분 방법이 있으나, 일상을 살아가기도 바쁜 우리에게는 그 세부적이고 미묘한 차이가 그렇게 중요해 보이지는 않는다. 다만 사회주의가 조금 더 온건한 방식으로 사회를 개혁하려 한다면, 공산주의는 급진적이고 직접적인 방식으로 사회 혁명을 꿈꾼다는 차이가 있음을 기억하면 되겠다. 또 공산주의와 사회주의는 일반적으로 유사한 개념으로 사용되며, 공통적으로 정부 개입에 의해 국가 주도의 경제 발전이 추진되는 사회라는 유사점이 있음을 기억해두자.

역사와의
연계

경제체제는 시대 상황을 반영한다

지금까지 네 가지 경제체제를 알아보았다. 초기 자본주의, 후기 자본주의, 신자유주의, 공산주의. 각각의 경제체제는 시장과 정부와의 관계를 기준으로 구분되었다. 초기 자본주의와 신자유주의는 정부의 개입을 최소화하고 시장의 자유를 추구하는 경제체제이고, 후기 자본주의와 공산주의는 정부의 강력하고 적극적인 개입을 추구하고 시장의 자유를 축소하는 경제체제다. 이러한 경제체제가 어떤 역사적 상황에서 발생하게 되었는지를 알아보는 것은 각각의 체제가 갖는 의미를 이해하는 데 도움이 될 것이다.

우선 근현대의 역사를 다시 정리해보자. 근대는 산업화를 통한 자본주의에서 시작되었다. 자본주의는 공급과잉의 문제를 내포하고 있었다. 공급과잉의 문제를 해결하기 위해 식민지 경쟁이 치열한 제국주의 시대가 도래했다. 제국주의는 제1차 세계대전으로 마무리되었다. 이후 다시 발생한 공급과잉 문제를 해결하기 위해 가격 인하 경쟁이 치열해졌고, 이는 대공황으로 이어졌다.

대공황을 해결하기 위해 어떤 정책이 펼쳐졌는지 세 국가를 통해 알아보았다. 미국은 자본주의를 수정해서 정부가 개입하는 형태를 띠었고, 러시아는 자본주의를 폐기하고 공산화했다. 마지막으로 독일이 전쟁을 통해 문제를 해결하려 했고, 결국 제2차 세계대전을 일으켰다. 세계대전이 끝나면서 시대는 현대로 넘어갔다. 이후 세계는 세계대전의 승전국인 미국과 소련을 중심으로 재편되었고, 냉전을 이어갔다. 90년대 초에 소련이 붕괴되면서 세계는 미국 중심의 새로운 신자유주의 시대를 맞이하게 되었다.

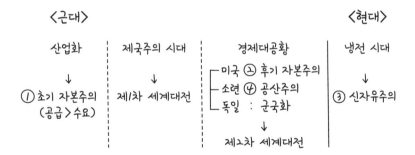

도표를 참고하자. 먼저 산업화가 진행되며 발생한 최초의 자본주의가 ①초기 자본주의다. 다음으로 대공황 이후에 미국이 수정한 자본주의의 모습이 ②후기 자본주의이고, 소련이 선택한 자본주의의 폐기가

④공산주의다. 후기 자본주의와 공산주의의 갈등이 종식되고 자본주의의 독주가 시작된 것이 바로 오늘날의 ③신자유주의 시대다.

　시대와 연계될 때 무엇이 드러나는가? 경제체제가 각 시대의 상황을 적절히 반영하고 있음을 알 수 있다. 우선 ①초기 자본주의는 중세가 끝나고 근대의 시작과 함께 등장하였으므로 당시의 사람들은 자본주의가 무엇인지, 또 그것이 의미하는 바가 무엇인지 이해하지 못했다. 당시의 정부도 마찬가지였다. 정부가 군이 시장에 관여해야 할 필요를 느끼지 못했다. 그래서 초기 자본주의는 정부가 시장을 관망하고만 있는, 시장의 자유가 완벽히 보장되는 모습을 하고 있다. 정부가 어떤 관여도 하지 않으니, 독과점과 빈부격차 문제가 심각할 수밖에 없었다. 또한 규제가 없어 노동자의 인권이나 생존권이 위협받는 일이 비일비재했다.

　이후 ④공산주의 이론이 열악한 노동 환경과 착취를 거부하며 러시아와 동유럽, 아시아를 중심으로 등장했다. 공산주의는 초기 자본주의를 강력히 비판하면서 등장한 까닭에 초기 자본주의와 정반대의 모습을 하고 있다. 초기 자본주의가 정부의 개입 없는 자유 시장을 옹호했다면, 공산주의는 시장의 자유 없이 강력한 정부 주도의 계획경제를 추진했다. 이러한 공산주의의 도전에 맞서 자본주의는 스스로의 문제점을 극복할 필요가 있었다.

　②후기 자본주의는 도전받고 있는 자본주의의 다양한 문제를 동시에 해결하며 등장했다. 우선 독과점과 빈부격차 등 초기 자본주의의 문제점을 정부 개입으로 해결하고자 했다. 다음으로 대공황으로 인한 불황

을 공공사업 추진으로 해결했다. 또 인간의 얼굴을 한 자본주의로 노동자의 권익과 노동 환경을 크게 개선함으로써 공산주의의 공격에 대응했다. 이처럼 후기 자본주의는 정부의 적극적 개입으로 다양하고 복잡한 문제를 해결했다. 시장의 문제점을 극복하기 위해 정부의 개입을 추구했다는 점에서 후기 자본주의와 공산주의는 비슷한 측면을 갖는다.

이후 제2차 세계대전과 냉전 시대를 거치며 경쟁 상대였던 공산주의가 무너지자, 자본주의는 계속해서 인간적인 얼굴을 할 필요가 없었다. 게다가 정부의 개입으로 시장이 왜곡되고 효율성이 낮아지는 문제가 만연해 있었다. 이러한 후기 자본주의의 문제점을 비판하며 초기 자본주의로의 회귀를 주장하는 ③신자유주의가 등장했다. 신자유주의는 공산주의와 후기 자본주의의 강력한 정부 개입을 비판하면서 등장한 까닭에 정부 개입을 최소화하는 자유로운 시장경제를 추구했다.

이 내용을 시장과 정부의 관계에 따라 정리하면 아래와 같다.

① 초기 자본주의 : 시장
② 후기 자본주의 : 시장 < 정부 → 세금 ↑ / 복지 ↑
③ 신자유주의　 : 시장 > 정부 → 세금 ↓ / 복지 ↓
④ 공산주의　　 :　　　　 정부

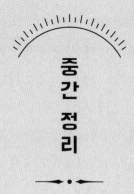

중간 정리

지금까지 경제체제에 대해 알아보았다. 특히 각각의 경제체제가 정부의 시장 개입 여부에 따라 구분됨을 보았다. 시장의 자유를 중시하느냐, 정부의 개입을 중시하느냐의 정도에 따라 체제를 구분하면 다음과 같이 표현할 수 있다.

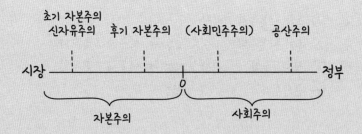

　그런데 이 중 우리가 알아보지 않은 체제가 있다. 사회민주주의, 즉 사민주의다. 이 체제는 사회주의에 뿌리를 두지만, 어느 정도 시장의 자유를 용인하는 체제다. 시장의 자유를 인정하지만 정부의 개입을 추구한다는 점에서 후기 자본주의와 유사하고, 실제로 구분하기도 쉽지 않다. 다만 명백한 차이는 있다. 후기 자본주의의 뿌리가 자본주의라면, 사회민주주의는 사회주의에서 탄생했다는 것이다. 뿌리는 극단적으로 다르지만, 절충적이고 온건하다는 측면에서 서로 닮았다.

우리가 경제체제로서 사회민주주의를 다루지 않은 것은 두 가지 이유에서다. 첫째는 사회민주주의는 경제체제라기보다는 정치체제에 더 가깝기 때문이다. 그래서 이 체제는 [정치] 파트에서 다룰 것이다. 둘째는 사회민주주의가 우리에게 친숙하지 않다는 점에 있다. 한국 사회에서 사회민주주의는 낯설다. 북유럽을 비롯한 많은 유럽 국가가 선택하고 있는 체제인데도 말이다. 어쩐 일인지 한국인에게 경제체제는 두 가지밖에 없어 보인다. 양극단의 자본주의와 공산주의. 한국 사회에서 일반적으로 자본주의라 할 때 그것이 암묵적으로 지시하는 것은 신자유주의고, 공산주의라 할 때 그것이 지시하는 것은 북한의 왜곡된 파시즘 체제다. 경제체제는 종교가 아니고 선악의 문제도 아니다. 옳고 그름의 문제가 아니라 효용과 이익의 문제인 것이다. 어떤 경제체제가 나와 우리에게 더 도움이 되는지를 합리적으로 선택할 수 있어야 한다. 안타까운 것은 한국 사회에서 경제체제는 이념과 종교가 되었다는 것이다. 현 체제를 비판하거나 다른 체제의 가능성을 말하는 이가 이단이 되어 종교재판을 받는 것은 합리적인 현대인의 사회에서 있어서는 안 될 일이다.

지금까지 알아본 네 가지 경제체제 중 오늘날 한국 사회에서 가장 뜨겁게 논쟁되고 있는 두 가지는 신자유주의와 후기 자본주의다. 초기 자본주의가 말하는 완벽한 자유 시장은 존재하지 않으며, 그러한 생각은 하나의 신화에 불과하다는 사실은 이미 널리 알려져 있다. 또한 공산주의 체제를 옹호하는 사람은 한국에서 극소수에 불과하다. 이 극단적인 체제는 오늘날 설득력을 상실했다. 결론적으로 말해서 한국 사회가 선택해야 하는 문제는 오늘날의 한국 사회를 신자유주의의 방향으로 향하게 할 것인가, 아니면 후기 자본주의의 방향으로 향하게 할 것인가에 대해서다. 이 두 체제는 오늘날 '성장과 분배'의 문제로 우리에게 알려져 있다. 이에 대해 알아보자.

성장중심정책과 분배중심정책

결국은 성장과 분배의 문제다

단순한 모델을 생각해보자. A, B, C가 무인도에 불시착했다. 아메리카 노를 파는 A, B, C는 잊어라. 이들은 그들이 아니다. 다시 이야기로 돌아와서, A, B, C는 생김새가 매우 다르다. A는 키가 크고 덩치도 있는 녀석이다. B는 매우 표준적인 키와 몸무게를 갖고 있다. C는 매우 말랐는데, 겉모습만 봐서는 오늘 내일 한다. 셋은 며칠째 굶고 있다. 먹을 것을 찾아 헤매다가 결국 눈이 좋은 B가 높은 산에 올라가서 사과나무가 있는 곳을 발견했다. 셋은 B가 발견한 사과나무를 향해 걸어갔다. C가 뒤처졌지만 어쨌거나 결국에는 도착했다. 사과나무에 도착해서는 가장 힘이 좋은 A가 사과나무를 흔들어서 사과를 얻었다. B와 C는 엄두도 못 낼 일이었다. 사과는 ⓐ, ⓑ, ⓒ 모두 세 개다. ⓐ사과는 매우 크다. ⓑ사과는 중간 크기다. ⓒ사과는 말라비틀어져서 먹을 게 없다. A, B, C는 사과 ⓐ, ⓑ, ⓒ를 나눠 먹어야 한다.

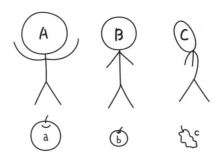

어떻게 나누는 것이 가장 공평하고 합리적인가? B가 말했다.

"공평하게 나눠야 하니까 사과를 모두 세 조각으로 나눈 다음 한 조
각씩 가져가자."

그러자 A가 말했다.

"그건 공평하지 않다. 사과를 따는 일은 내가 혼자 해냈다. 게다가 나
는 덩치도 큰데 C랑 같은 양을 먹는 것은 불공평하다. 내가 ⓐ를 먹겠다.
그리고 사과를 발견한 B가 ⓑ를 먹고, 아무것도 하지 않은 C가 ⓒ를 먹
어야 한다."

그러자 C가 말했다.

"아니다. ⓐ는 내가 먹어야 한다. 너희들은 축적해둔 체지방이 있으니
한동안 버틸 수 있어도 나는 며칠 후에는 아사할 지경이다. ⓐ는 나한테
가장 필요하다."

각각의 주장 중 어떤 주장이 가장 정당한가? 세 가지 주장은 우리가
앞에서 논의한 경제체제와 일면 비슷하다. 너무 단순한 예이긴 하지만,
개별 경제체제가 분배 문제에서 어떤 역할을 하는지 이해하는 데는 적

절하다. 우선 B의 주장은 공산주의적 사고다. 함께 노동하고 함께 똑같이 분배해야 한다는 생각이다. 다음으로 A의 주장은 신자유주의적 사고다. 개인의 노력, 능력, 사회적 기여 여부에 따라 재화를 분배해야 한다는 생각이다. C의 주장은 후기 자본주의나 사회민주주의적인 발상이다. 가장 필요로 하는 이들을 우선적으로 고려해서 분배해야 한다는 생각이다. 사실 후기 자본주의나 사회민주주의라고 해서 가장 필요로 하는 사람에게 실제로 가장 많은 부를 분배하는 것은 결코 아니다. 그런 사회는 가능하지 않다. 다만 이들 사회에서는 사회적 제도를 마련하거나 계층 간의 갈등을 해결하려고 할 때, 가장 소외된 사람들을 우선적으로 고려하는 방향성을 갖는다.

어떤 분배 방식이 가장 합리적이고 정당한지에 대한 논의는 오래된 논쟁거리다. 그런데 여기에 다른 문제가 하나 더 추가된다.

A, B, C가 사과 분배 문제로 논쟁을 하고 있을 때였다. 셋이 둘러앉아 논쟁에 집중하고 있는데, 거대한 그림자가 드리워졌다. 뒤를 돌아본 셋은 기겁할 만큼 놀랐다. A와는 비교도 할 수 없을 만큼 큰 덩치에 무서운 몽둥이를 든 원주민 X가 찾아온 것이다. 알고 보니 여기는 무인도가 아니라 원주민 X가 혼자 살고 있는 섬이었다. X가 말했다.

"사과 내놔라. 그리고 내일부터 너희는 내 노예다. 내일까지 사과를 한곳에 모아두거라."

X가 돌아갔다. A, B, C는 당황했다. X의 노예가 되면 탄광에서 평생

노동해야 하고, 탈출도 어려워질 것이다. 모두 고민하고 있을 때, A가 말했다.

"할 수 없다. 어차피 원주민 X와 대결해야 하니, 내가 사과 ⓐ, ⓑ, ⓒ를 모두 먹겠다. 지금은 먹은 게 없어서 힘을 못 내고 있지만 내가 사과를 모두 먹고 힘을 내면 원주민 X와 충분히 싸워볼 만하다."

C가 말했다.

"싫다. 네가 사과를 모두 먹으나, X가 사과를 모두 먹으나, 나는 어차피 내일이나 모레 굶어 죽을지 모른다. 내일은 내일 일이고, 나는 지금 당장 사과가 필요하다. 일단 우리끼리 사과를 분배해서 먹자."

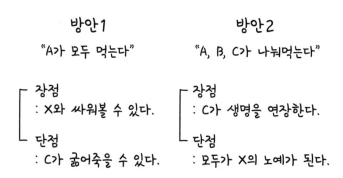

방안1   방안2
"A가 모두 먹는다"   "A, B, C가 나눠먹는다"

┌ 장점   ┌ 장점
│ : X와 싸워볼 수 있다.   │ : C가 생명을 연장한다.
└ 단점   └ 단점
　: C가 굶어죽을 수 있다.   　: 모두가 X의 노예가 된다.

원주민 X로 인해 논의가 조금 달라졌다. 어떻게 하는 게 좋겠는가? 선택 사항을 정리해보자. 〈방안1〉은 A가 사과를 모두 먹고 힘을 내서 전체를 대표해 X와 싸우는 것이다. 그렇게 되면 C는 굶어 죽을지 모르나, X로 인한 위기를 극복할 가능성이 생긴다. 〈방안2〉는 A, B, C가 지금 바

로 사과를 분배해서 먹는 것이다. 그렇게 되면 C는 생명을 연장할 수 있을지 모르나, A, B, C는 모두 X의 노예가 되어 고통스러운 삶을 연명해야 할 것이다. 〈방안1〉은 사회 전체의 성장을 위해 C의 희생을 감수하는 방법이다. 〈방안2〉는 C의 생명을 위해 사회 전체의 성장을 포기하는 방법이다. 어떤 쪽이 더 괜찮은 방법인가?

실제로는 고려해야 하는 사항들이 더 복잡하지만, 이것이 오늘날 논쟁되고 있는 신자유주의와 후기 자본주의의 선택에서의 근원적인 측면이다. 이 이야기에 등장하는 인물들은 각각 우리 사회의 구성요소들을 상징한다. 우선 ⓐ, ⓑ, ⓒ는 사회적 생산물이다. 이러한 사회적 생산물은 A, B, C와 같은 사회 구성 주체들에 의해 만들어진다. 여기서 A는 기업, B는 시민, C는 최소수혜자를 상징한다. 최소수혜자는 다른 사람들에 비해 최소의 혜택을 받는 사람들로, 저소득자, 장애인, 고아, 노약자, 미혼모, 미숙련 노동자 등이 포함된다. 그렇다면 X는 누구인가? X는 세계 시장에서 막강한 영향력을 행사하는 다국적 기업 정도가 되겠다. 이들은 거대 자본력을 바탕으로 국적을 초월해서 경제 활동을 수행하는 초국가적인 주체다. 실제로 우리에게 친숙한 대부분의 기업들은 다국적 기업이다. 코카콜라, 나이키, 맥도날드, 스타벅스 등. 시가총액이 1조 달러에 가까운 기업들로는 마이크로소프트, 애플, 아마존, 구글 등이 있다. 참고로 한국의 국내총생산이 2019년 기준 1조7천억 달러 정도가 된다. 다국적 기업의 자본력과 경영 능력은 국내 기업에 위협이 된다.

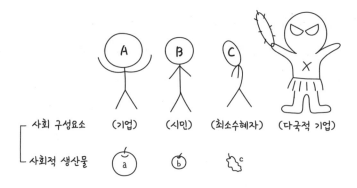

무인도의 A, B, C의 사례가 던지는 질문의 핵심은 이것이다. 다국적 기업의 위협 속에서 국가는 어떤 분배 방식을 선택해야 하는가? A, B, C 가 당신에게 결정해달라고 한다. 당신은 어떤 방안을 선택할 것인가?

우선 A에게 사과를 몰아주어 X에게 맞서게 해야 한다는 〈방안1〉은 신자유주의적 해결책을 대변한다. 이들은 정부가 개입하지 말고 시장의 자율에 맡겨야 한다고 주장한다. 여기서 정부가 개입하지 않는다는 말 은 직접적으로 세금 축소를 의미한다. 물론 세금 축소는 국가 재정을 줄 이고 이에 따라 복지 수준도 낮출 수밖에 없다. 이것은 복지 혜택을 필요 로 하는 사회적 약자들을 도외시하는 것이고, 빈부격차를 용인하는 것 이다. 하지만 사회적으로는 더 큰 이익을 얻을 수 있다. 세금이 줄어들면 부유한 개인이나 기업은 그만큼 사업 확장과 기술 개발에 더 많은 투자 를 할 수 있다. 이것은 기업과 국가의 경쟁력을 향상시킬 것이고 다국적 기업들과 경쟁할 수 있는 토대를 마련할 것이다. 이처럼 국가가 세금을 낮추고 규제를 완화함으로써 시장에 대한 간섭을 줄이는 정책이 '성장

중심정책'이다.

반면 C의 생명이 위급함을 고려해서 C에게 사과를 우선 분배해야 한다는 〈방안2〉는 후기 자본주의적 해결책을 대변한다. 이들은 정부의 적극적 개입을 주장한다. 여기서 정부가 시장에 개입한다는 말은 직접적으로 부유한 개인과 기업의 세금 확대를 의미한다. 물론 높은 세금은 이들의 사업 확장과 기술 투자 의욕을 줄이고, 이로 인한 기업과 국가의 경쟁력을 약화시킬 수 있다. 만약 그렇게 된다면 다국적 기업에 시장을 빼앗기거나 잠식당할 위험을 감수해야 한다. 하지만 사회적으로는 더 높은 가치를 추구하게 될 것이다. 세금이 늘어나면 이를 통해 국가의 재정 상태가 회복되고, 국가는 충분한 재정을 이용해 복지 수준을 높일 수 있다. 이것은 저소득층과 사회적 약자를 도울 것이고, 그들이 다시 사회적 역할과 의무를 수행하도록 이끌 것이며, 궁극적으로 과도한 빈부격차를 줄이게 될 것이다. 이를 '분배중심정책'이라고 한다.

성장 중심 (신자유주의)
· 장점 : 기업·국가 경쟁력 강화
· 단점 : 빈부격차 심화, 사회약자 소외

분배 중심 (후기 자본주의)
· 장점 : 빈부격차 해소, 사회약자 구제
· 단점 : 기업·국가 경쟁력 약화

정리하면, 오늘날 한국 사회에서 논의되는 두 경제체제인 신자유주의와 후기 자본주의는 각각 성장과 분배의 가치를 추구한다. 신자유주의는 기업과 국가가 우선 경쟁력을 갖추게 해야 한다고 주장한다. 국가 전체를 우선 성장하게 해야 한다는 것이다. 이들의 주장에 따르면 복지는 성장이 이루어진 후에 시행해도 늦지 않다. 당장 사회적 약자들의 희생과 빈부격차의 심화를 감수해야 하겠지만.

반면 후기 자본주의는 우선 사회적 약자들의 삶의 질을 향상시켜야한다고 주장한다. 부유한 소수만을 위한 성장보다는 사회 전체의 고른 분배를 우선해야 한다는 것이다. 이들의 주장에 따르면 정당한 분배가성장을 견인할 수 있다. 당장 자본가와 기업의 투자 의욕 감소, 자본 이탈의 위험을 감수해야 하겠지만.

성장 —— 분배
반비례 관계

성장과 분배는 기본적으로 반비례의 관계를 갖는다. 성장을 추구하다 보면 분배가 제대로 이루어지지 않고, 반대로 분배를 추구하면 성장에 문제가 발생한다. 물론 각각의 입장이 다른 입장을 절대적으로 거부하거나 부정하는 것은 아니다. 성장을 주장하는 입장은 우선 성장해야지속적인 분배가 가능하다고 주장하고, 분배를 주장하는 입장은 우선분배가 이루어져야 안정적인 성장이 가능하다고 주장한다. 맞는 말이다. 성장과 분배는 대립되고 모순되는 개념이 아니라 어떤 면에서는 상호 보완적인 관계다.

문제는 시기다. 언제 분배할 것인가? '우선' 분배하자는 입장과 성장 '이후'에 분배하자는 입장의 거리가 너무도 멀어 보인다. 당장 오늘의 삶이 궁핍한 이에게 이후에 찾아올 미래 사회의 성장은 무의미하다. 또한 다국적 기업의 위협에 전력을 다해 대응하는 기업에 분배를 위한 세금 인상은 투자 의욕을 저하시킨다.

한국 사회는 성장과 분배 중 어떤 가치를 우선해야 하는가? 이것은 옳고 그름의 문제는 아닐 것이다. 두 가치는 분명 각각의 장단점을 갖고 있다. 경제, 사회, 윤리적 차원에서 우리가 얻는 것이 무엇이고 잃는 것은 무엇인지 꼼꼼하게 따져본 후에, 서로를 배척하고 적대시할 것이 아니라 적절한 수준에서 합의해야 할 것이다.

이 문제를 정치의 측면에서 다루어보려고 한다. 역사와 경제에 이어 정치를 알아볼 차례다. 우리는 이제 역사적인 배경을 바탕으로 경제체제를 구분할 수 있게 되었고, 경제체제를 중심으로 성장과 분배의 의미를 이해하게 되었다. 이를 바탕으로 정치에 대해서도 쉽고 명료하게 접근할 수 있을 것이다.

최종 정리

경제에 대한 이해는 중요하다. 먹고사는 일 때문만은 아니다. 차라리 여러 체제에 대한 이론적 측면은 생계와는 무관해 보인다. 경제를 이해해야 하는 본질적인 이유는 경제가 역사를 움직이는 토대가 되고, 정치와 사회를 이해하는 근간이 되어서다. 우리는 지금까지 이러한 토대와 근간을 알아보았다. 이제는 정리해볼 차례다.

현실 세계를 이해하는 가장 중요한 분야로서의 경제는 단순하게 두 가지의 입장 대립으로 구분된다. 시장의 자유를 추구하는 입장과 정부의 개입을 추구하는 입장. 시장의 자유는 세금을 인하하고 규제를 완화하는 데 초점을 맞춘다. 그렇게 되면 정부의 역할은 축소되고 복지도 줄어든다. 반면 정부의 개입은 세금을 인상하고 규제를 강화하는 데 초점을 맞춘다. 이에 따라 정부의 역할이 확대되고 복지가 향상된다.

중세가 끝나고 근대가 태동하던 초기에 발생한 초기 자본주의는 시장에 대한 무한한 신뢰를 바탕으로 했다. 시장에는 자기 조절 능력이 있어서 별다른 개입은 필요 없다고 믿었던 것이다. 하지만 경제대공황을 거치며 자유 시장에 대한 불신이 커졌다. 자유 시장은 위험천만해 보였다. 결국 정부가 강력히 개입해서 시장의 문제점을 해결하는 후기 자본주의가 탄생했다. 하지만 20세기 후반에 이르면 정부의 과도한 개입으로 인한 장기 불황은 세계적인 불만을 일으켰다. 결정적으로 정부 개입을 대표하던 소련의 붕괴를 목도하면서, 사람들은 차라리 시장의 자유로 돌아가는 것이 낫겠다고 생각하게 되었다. 그 결과 시장의 자유를 강조하는 신자유주의가 세계를 장악했다.

이 중에서 오늘날 논쟁의 중심에 선 경제체제는 후기 자본주의와 신자유주의다. 어떤 이들은 각 체제의 장단점을 고려할 때, 그나마 복지를 통한 분배를 강조하는 후기 자본주의가 필요하다고 생각한다. 반면 다른 이들은 세금 인하를 통한 성장을 중시하는 신자유주의가 현시점에 필요한 체제라고 생각한다.

현재의 한국을 고려할 때, 당신은 어떤 체제가 우리에게 필요하다고 생각하는가? 어떤 체제를 어떻게 선택할 것인지의 문제에 답하기 위해 우리의 여행은 정치로 들어선다.

정치

보수와 진보
그리고 민주주의

경제체제를 무엇으로 할 것인가

우리는 지적 대화를 위한 교양 여행을 하고 있다. 교양은 넓고 얕은 지식이다. 이러한 지식은 의사소통의 기본 전제가 되고, 사람과 사람이 대화하게 하는 최소한의 공통분모가 된다.

반면 좁고 깊은 지식은 전문적이고 독자적이며 개별적인 지식이다. 이러한 지식은 우리의 전문성이 되어주고, 우리가 행하는 일을 유연하고 효율적이게 해준다. 대부분의 개인은 이미 좁고 깊은 지식을 가지고 있다. 이는 학벌이나 교육 수준과 연관되기도 하지만, 그렇지 않을 수도 있다. 홍보팀에서 일하는 회사원은 회사의 홍보 활동과 요즘의 시장 분위기를 누구보다 잘 알고 있다. 통신업계에서 일하는 사람은 통신산업의 현황과 차세대 통신망에 대한 전망을 갖고 있다. 대학교수는 자신의 연구 분야에 대해 깊이 이해하고 있다. 군인은 자신의 주특기를 일반인은 따라올 수 없을 만큼 숙달하고 있다. 수박을 판매하는 사람은 현재 수

박 시세와 잘 익은 수박 선별 방법을 가장 잘 알고 있다. 이렇게 좁고 깊은 지식은 사람이 성장하면서 자신의 환경으로부터 습득하는 고유하고 독특한 지식이다. 이런 전문 지식들이 각 분야에서 제 기능을 다할 때 사회는 구성원 전체에게 풍요로움과 편리함을 제공한다.

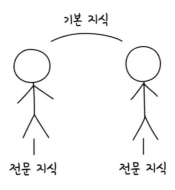

하지만 풍요로움과 편리함만으로 삶을 살아갈 수는 없다. 인간은 삶의 의미와 가치를 이해하기 위해 타인을 만나고 위로받아야 한다. 그렇지만 물리적으로 같은 공간에 있다고 해서 만남이 이루어지는 것은 아니다. 우리는 타인에게 말하고, 타인의 말을 들어야 한다. 그리고 이러한 대화가 이루어지기 위해서는 서로 기본적인 공통분모를 공유해야 한다. 개인적이고 깊은 전문 지식으로는 가능하지 않다. 최소한의 공통분모로서 교양을 공유해야만 한다. 교양은 인문학적인 배경을 의미하며, 구체적으로는 역사, 경제, 정치, 사회, 윤리 등에 대한 기본적인 이해를 의미한다. 그리고 이제 우리는 역사와 경제를 지나 정치로 향하고 있다.

최소한의 교양을 공유하고 있으면서 동시에 전문적이기도 한 수많은 개인은 사실 단순히 두 부류로 나눌 수 있다. 회사원, 대학교수, 군인, 자영업자 할 것 없이 모든 사람이 둘로 나눠지는 것이다.

그 구분의 기준은 보수와 진보의 개념이다. 다시 말해, 세상의 모든 사람은 자신이 그 사실을 이해하건 이해하지 못하건 간에 이미 보수이거나, 진보다. 시대가 어느 때인데 아직도 보수, 진보 타령이냐고 물을 수도 있겠다. 하지만 물음을 던지는 사람도 자신이 그 사실을 스스로 인지하거나 인지하지 못하거나 상관없이 실제로는 보수와 진보 중 하나의 성향을 선택하며 살아가고 있다. 또 어떤 사람은 이렇게 말할 것이다. 자신은 보수도 아니고 진보도 아닌 중립이라고 말이다. 하지만 그러한 사람도 실제로는 자신도 모르는 사이에 하나의 성향을 일관되게 견지하고 있다. 보수와 진보의 구분은 편협한 이분법적 구도가 아니다. 그것은 세상을 보는 방식이며, 개인의 세계관의 표현이다. 자신은 보수도 진보도 아니라는 말은 자신은 어떠한 세계관도 갖지 않는다는 말처럼 불가능한 이야기다.

지적 대화를 위한 넓고 얕은 지식의 세 번째 여행지는 정치다. 정치는 사실 매일같이 이슈가 발생하는 시사적이고 복잡한 분야인 것이 사실이지만, 우리는 쉽고 단순하게 접근할 것이다. 결론부터 이야기하면, 정치란 '경제체제를 무엇으로 할 것인가?'에 대한 논의다. 앞서 알아봤던 경제체제 중 무엇을 우리가 사는 세계에 적용할 것인가에 대한 논의가 정치의 본질이라 하겠다. 선택지는 두 가지다. 하나는 시장의 자유를 주장하는 입장으로, 우리는 이를 '정치적 보수'라 부른다. 다른 하나는 정부의 개입을 주장하는 입장으로, 우리는 이를 '정치적 진보'라 부른다.

정치에 대해 알아보는 출발점으로 보수와 진보에 대한 구분에서 시작할 것이다. 보수와 진보의 개념은 앞서 이해한 경제체제로부터 도출된다. 그리고 이렇게 이론적으로 접근한 보수와 진보의 구분에 뒤이어, 논란의 위험을 감수하고 한국의 각 분야에서 보수와 진보를 실제로 구분해볼 것이다. 이론적, 실제적으로 보수와 진보를 구분한 이후에는 사회에서 보수와 진보를 선택하는 방법으로서의 정치 제도인 민주주의에 대해 알아볼 것이다.

- 논의 순서 -

1. 보수와 진보
   ① 이론적 구분
   ② 현실적 구분

2. 민주주의

보수와 진보의
이론적 구분

당신은 보수인가, 진보인가

질문으로 시작해보자. 당신은 보수인가, 진보인가? 많은 사람이 쉽게 답을 한다. 대답은 네 가지 정도로 정리할 수 있다. ① 보수다. ② 진보다. ③ 중립이다(혹은 사안에 따라 다르다). ④ 모르겠다.

이어서 왜 그렇게 생각하느냐고 물으면, 이러한 답변을 가장 많이 듣는다. 보수라고 생각하는 사람은 자신이 변화보다는 안정을 추구하는 성향이기 때문이라고 말한다. 반대로 진보라고 생각하는 사람은 자신이 새로움과 변화를 추구하는 성향이기 때문이라고 말한다. 중립이라거나 모르겠다고 하는 사람들의 대답은 너무도 다양하니까 건너뛰자. 어쨌거나 자신을 보수 혹은 진보라고 생각하는 사람들의 대답에는 공통점이 있다. '보수'와 '진보'의 개념을 각각 '안정'과 '변화 추구'의 의미로 사용한다는 것이다. 크게 잘못된 것은 아니지만, 너무 막연하고 주관적인 답변이다.

물론 보수와 진보의 개념을 정의한다는 것은 쉽지 않을 뿐만 아니라, 가능하지 않은 일일지도 모른다. 하지만 경제체제와 연계해서 생각해보면 그렇게 막연한 개념도 아니다. 우리는 잠시 후에 경제체제와 연계해서 보수와 진보의 개념을 이해해보고, 이를 기초로 한국 사회의 다양한 집단들을 대략적이지만 구체적으로 구분할 것이다.

다른 질문에서 시작해보자. 당신은 우리가 살고 있는 이 세계가, 물론 여러 문제점들이 있겠으나 그나마 안정적이라고 생각하는가, 아니면 문제가 많고 불안정하다고 생각하는가? 세계라는 어휘 자체가 막연하지만 일단은 추상적인 상태로 남겨두고 답해보자. 당신이 생각하는 세계는 어떤 곳인가?

세계에 대한 관점의 차이는 타인에 대한 평가를 다르게 한다. 세계가 그나마 안정적이라고 생각하는 사람은 사회에 문제가 발생했을 때, 그 문제의 원인이 개인에게 있다고 생각한다. 왜냐하면 사회가 안정적인데 문제가 발생한 것이니, 그 문제는 사회의 잘못이 아니라 사회에 적응하지 못한 개인의 일탈 행위라고 보는 것이다. 반대로 세계가 문제가 많고 불안정하다고 생각하는 사람은 사회에서 문제가 발생했을 때, 그 문제의 원인을 개인이 아닌 사회에서 찾는다. 왜냐하면 사회가 이미 문제를 내포하고 있으므로, 정상적인 개인이라도 그 부조리한 상황 안에서 문제를 일으키게 된다고 보는 것이다.

```
                    (세계관)   (사회 문제)
                  ┌  안정적  ─  개인 책임
  세계에 대한 이해 ┤
                  └  불안정  ─  사회 책임
```

구체적인 예를 들어보자. 90년대 말 한국의 경제 위기 당시에 두 모녀가 카드 빚에 시달리다가 동반자살을 한 사건이 있었다. 딸은 어린아이가 아니고 장성한 성인이었다. 카드 사용 내역에는 생필품뿐만이 아니라 기호품이나 사치품도 일부 포함된 것으로 알려졌다. 이 사건에 대해 두 신문이 다음과 같은 기사 제목을 붙였다. A신문 "비정한 모정 동반자살하다." B신문 "사회가 모녀를 벼랑으로 몰았다." 같은 사건인데도 두 신문이 바라보는 시각은 상반된다. 당신은 어떤 신문사가 사건을 더 정확히 반영했다고 생각하는가? A가 사실에 더 가깝다고 생각하는 사람이라면, 생활고가 있다고 해서 모든 사람이 자살하는 것은 아니라는 점과 카드 사용 내역에 사치품이 들어 있다는 점을 지적할 것이다. 반면 B를 선택한 사람이라면, 어쨌거나 생활고에 처했다는 것은 사회적 구호의 기회가 없었음을 의미한다고 말할 것이다.

A는 동반자살이라는 사건의 책임을 모녀 개인에게서 찾고 있다. 이러한 시각은 현재의 우리 사회가 그나마 정상적이라는 관점을 전제로 한다. 사회가 정상인데 발생한 문제이니, 그 책임은 개인에게 있다는 것이다. 반면 B는 사건의 책임을 사회에 묻고 있다. 사회가 이미 불안정한

상태이니, 그런 사회에서 발생한 문제는 개인이 아닌 사회의 책임이라는 것이다. 이처럼 세계관의 차이는 개별 사건에 대한 상반된 평가로 이어진다.

이에 대해서 어떤 견해가 옳고 그른지 판단할 수는 없다. 서로 다른 시각은 존재하지만, 틀린 시각이란 없다. 나와 다른 견해를 가진 타인의 세계관을 비판하는 것은 무의미하지는 않을지라도 매우 소모적이다.

보충 설명을 하자면, 모녀가 자살했던 당시 사회가 매우 문제적이었던 것이 사실이다. IMF 외환위기의 상황이었고, 위기는 불황과 침체로 이어졌다. 한국이 외환위기를 맞은 것은 과도한 대출을 통한 방만한 기업 경영과 그로 인한 금융기관의 부실이 주요한 원인이었다. 경상수지는 적자가 되었고, 외환보유고는 크게 낮아졌다. 기업들이 줄줄이 도산하고 대규모 실업자가 발생하는 등 혼란은 도미노처럼 이어졌다. 국가 부도 상황에서 정부는 국제금융기구에 구제금융을 신청했다. 국제통화기금인 IMF는 구제금융의 조건으로 국가 재정을 축소할 것, 그리고 기업들의 방만한 경영에 책임을 물어 강력한 구조조정을 단행할 것을 요구했다. 결국 국가는 사회복지를 포기해야 했고, 기업들은 엄격한 구조조정을 시행해야만 했다. 대규모 실업자가 발생했지만 정부는 이를 보호할 수단을 갖지 못했다. 보호받지 못한 가계는 연속적으로 파산했고, 실업자들은 생계를 유지하지 못하고 노숙자로 전락했다.

앞서 [역사]와 [경제] 파트에서 이야기했던 경기침체의 악순환을 기억해보자. 경기침체는 수요를 감소시킨다. 수요가 감소하면 기업과 공장이 문을 닫고, 이 때문에 실업자가 발생한다. 실업자는 다른 측면에서의 소비자이므로 실업자 증가는 소비 감소로 연결되어 다시 사회 전체의 수요를 감소시킨다. 이러한 악순환 속에서 경기는 더욱더 침체된다.

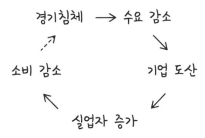

한국의 외환위기 당시에는 악순환의 고리를 끊는 방법이 매우 제한적이었다. 미국은 1929년 경제대공황 당시 대규모 공공사업으로 실업자 발생을 막음으로써 악순환을 막을 수 있었다. 하지만 한국의 경우는 구제금융의 조건 자체가 정부의 긴축재정과 기업의 강력한 구조조정이었으므로, 국가 차원의 일자리 창출이 불가능했다. 할 수 있는 일은 오직 침체된 소비를 진작하는 것뿐이었다. 문제는 국민에게 소비를 할 여력이 없었다는 데 있다. 실업자와 노숙자가 대폭 증가하는 상황에서 소비 활성화는 현실적으로 어려웠다. 그래서 정부는 소비를 활성화하는 방안으로, 신용카드 발급 규제를 완화하기로 했다. 사람들이 불황으로 돈이 없으니 우선은 신용카드로라도 수요를 창출하도록 유인한 것이다. 신용

카드는 결국엔 빚이지만, 악순환의 고리를 끊기 위해 할 수 있는 최선의 방법이었다. 실제로 발급 규제가 완화되어 신용 상태가 좋지 않은 사람들도 쉽게 신용카드를 만들 수 있게 되었다. 사람들은 쉽게 발급받은 수많은 카드를 이용해 소비를 시작했다. 이것은 가시적인 소비 회복으로 이어졌고, 시장을 되살리는 데 어느 정도의 역할을 수행했다. 하지만 모든 사람이 절제력을 갖고 자신을 완벽히 통제할 수 있는 것은 아니다. 빚이라는 것을 알면서도 신용카드 사용을 장려하는 사회적 분위기에 휩쓸려 자신의 여력보다 과도하게 소비하는 사람들이 나타났다. 이들이 빚을 갚지 못하고 파산하는 사회 문제가 발생했다. 이 사태의 본질은 무엇이라고 생각하는가? 그것은 기업의 빚이 가계의 빚으로 전가된 것이었다. 동반자살을 한 모녀도 어쩌면 정부의 정책과 사회적 분위기의 희생양일지 모른다. 따라서 동반자살의 원인을 사회의 책임으로 보는 B의 기사는 일면 타당해 보이기도 한다.

2001년 8월. 한국은 구제금융을 신청한 지 3년 8개월 만에 195억 달러의 차입금을 모두 갚으며 외환위기에서 벗어났다. 그로부터 20년 가까이 지난 지금. 한국은 세계 경제력 상위 10위권의 나라가 되었다. 하지만 청년실업률은 매년 사상 최고를 경신하고 있고, 양극화는 점차 심화되고 있다. 우리는 생각해봐야 한다. 실업과 가난. 그것은 개인의 책임인가, 사회의 책임인가? 오늘 당신 삶의 구체적인 모습은 당신의 책임인가, 사회의 책임인가? 당신이 발 딛고 있는 세계는 어떤 곳인가?

지금 우리는 세계를 바라보는 두 시각을 구분하고 있다. 하나의 시각은 우리가 살고 있는 이 세계가 그나마 최선이며, 비교적 안정적이라는 것이다. 다른 시각은 이와 반대로 세계가 치명적인 문제를 안고 있으며, 불안정하다는 것이다. 이러한 세계관의 차이는 사회에서 발생하는 문제들에 대한 평가를 다르게 함을 확인했다.

그럼 이제 질문을 바꿔보자. 우리가 안정적이다 혹은 불안정하다고 말할 때의 세계란 도대체 무엇인가? 우리의 세계가 무엇인지 구체적으로 알아야 그것이 정상인지 비정상인지 정확히 평가할 수 있을 것이다. 그런데 이 세계에 대해서는 앞서 [역사]와 [경제]를 통해 답을 찾았다. 우리가 살고 있는 세계는 90년대 이후 발생한, 역사상 매우 독특한 경제체제인 신자유주의다. 세계가 안정적인지 그렇지 않은지에 대한 질문은 사실 우리가 살고 있는 이 신자유주의가 안정적인 체제라고 생각하는지 혹은 그렇지 않다고 생각하는지에 대한 질문이다.

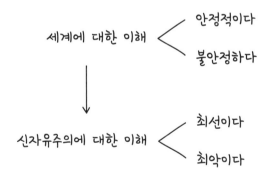

이제 질문을 정확히 정리해보자. 당신은 신자유주의가 비록 문제가 있기는 하지만 그나마 인류가 찾아낸 최선의 체제라고 생각하는가, 아니면 근본적인 문제를 내포한 변화되어야 할 체제라고 생각하는가?

정부의 개입을 비판하고 시장의 자유를 중시하는 신자유주의가 그나마 최선의 체제이므로 계속 유지해야 한다는 입장은 현재의 사회 모습을 그대로 유지하자는 입장이다. 그래서 우리는 이러한 입장을 '보수' 혹은 '우파'라고 한다. 보수란 안정 지향적인 사람들을 말하는 것이 아니라, 구체적으로 신자유주의를 유지하려는 입장을 말하는 것이다. 따라서 아무리 새로운 것과 변화를 추구하는 사람이라고 할지라도 지금의 신자유주의를 옹호한다면 보수에 속한다고 하겠다. 예를 들어, 혁신적인 인물로 많은 사람의 기억 속에 각인된 스티브 잡스는 아무리 변화와 혁신을 추구했다 할지라도 정치적 입장에서는 보수에 포함된다고 할 수 있다. 왜냐하면 그는 신자유주의를 비판하고 저항한 게 아니라 현재의 미국식 자본주의 사회를 최대한 이용하고 활용한 사람이기 때문이다.

이와 반대로 신자유주의를 비판하는 입장을 '진보' 혹은 '좌파'라고 한다. 이들은 시장의 자유를 중시하는 신자유주의의 입장을 비판하고, 정부의 개입이 필요함을 주장한다. 그런데 정부의 개입을 추구하는 입장은 매우 다양하다. 대표적으로는 후기 자본주의와 공산주의가 있다. 사회주의, 사회민주주의도 여기에 포함되고, 아예 산업화나 국가 자체를 비판하는 환경주의자나 무정부주의자들도 신자유주의를 거부한다는 점에서 진보에 포함된다. 이와 같이 신자유주의에 반대한다는 느슨한 공통점으로 인해 진보는 전혀 다른 체제들을 동시에 지칭하게 된다는 점이 흥미롭다. 예를 들어 후기 자본주의는 분명히 시장을 인정하는 자본주의 체제다. 반면에 공산주의는 시장 자체를 인정하지 않는 체제다. 이렇게 이질적인 두 체제는 신자유주의를 비판한다는 공통점 때문에 함께 진보로 지칭된다. 다만 오늘날 일반적으로 진보라 할 때 그것이 지칭하는 것은 후기 자본주의나 사회민주주의다.

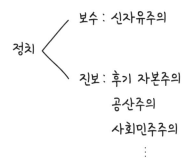

이렇게 후기 자본주의와 공산주의가 동시에 진보로 분류된다는 언어적 문제는 한국 근현대의 비극을 만들어내기도 했다. 김대중, 노무현 전 대통령 등 후기 자본주의자들이 정부의 적극적인 개입을 주장한다는 이유만으로 공산주의자나 빨갱이로 불리기도 한 것이다. 신자유주의를 옹호하고자 하는 개인과 집단에게는 정부의 개입을 주장한다는 면에서 실제로 후기 자본주의가 공산주의와 구분되지 않았을 수도 있다. 하지만 사실 이러한 문제는 순수하게 언어적 혼란 때문에 발생한 문제인 것으로만 보기는 힘들다. 후기 자본주의와 공산주의의 구분이 의도적으로 은폐된 면이 없지 않다. 자신의 재산과 기득권을 유지하고자 하는 사람들은 어떠한 수단과 방법도 가리지 않고 신자유주의를 지켜내고자 하는 것 같다. 그런 집단은 자신의 기득권을 이용해서, 역사적인 맥락에서 한국인이 거부감을 가지고 있는 공산주의를 후기 자본주의와 함께 묶음으로써 대중이 후기 자본주의에 대해 부정적인 감정을 갖도록 유도하는 것처럼 보인다.

그렇다면 도대체 누가 어떤 이유로 그다지도 신자유주의를 지켜내고 싶어 하는가? 이에 대한 대답은 이미 [경제]에서 다루었듯 분명하다. 자본가들이다. 초기 자본주의와 신자유주의는 시장의 자유를 추구한다. 시장의 자유는 정부가 시장에 개입하지 않는다는 것, 직접적으로는 세금을 낮추고 규제를 최소화하는 것을 의미한다. 세금이 낮아지고 규제가 축소되면 정부의 재정이 악화되어 복지정책은 축소된다. 물론 복지가 축소되는 것을 반길 사람은 없다. 다만 세금을 많이 내야 하고 규제의 직접적 대상이 되는 기업과 자본가들은 복지보다는 세금 인하를 추구한다. 왜냐하면 삶의 질이 높은 자본가에게 공공서비스나 복지는 특별히 의미를 갖지 않기 때문이다. 생산수단과 자본력을 가지고 있는 사람은 세금을 내고 싶어 하지 않고, 생산수단을 운영하는 데 규제받고 싶어 하지 않는다. 신자유주의는 자본가와 기업의 이익을 대변한다.

반대로 이러한 신자유주의를 싫어하는 개인과 집단은 누구인가? 당연히 보통의 사람들, 즉 노동자들이다. 노동자, 농민, 서민 등 생산수단과 자본력을 갖지 못한 사람들은 정부가 세금을 높이고 규제를 강화함으로써 복지를 향상해주기를 기대한다. 그래야 자신들의 삶의 환경이 개선되고, 빈부의 격차도 줄어들 것이기 때문이다. 물론 이들도 세금이 높아지는 것을 반기지는 않는다. 하지만 이들에게는 세금 인상보다 복지 확대가 실질적인 이득이 된다.

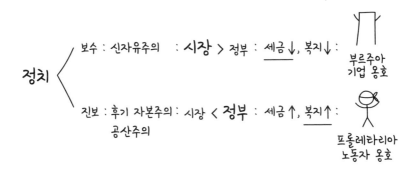

정리하면, 보수는 신자유주의를 옹호하고, 시장의 자유를 추구하며, 세금을 축소함으로써 복지를 축소하려는 입장이다. 그러므로 보수적 견해는 자본가, 기업이 지지한다. 반면 진보는 후기 자본주의나 공산주의를 옹호하고, 시장에 대한 정부의 개입을 추구하며, 세금을 높임으로써 복지를 확대하려는 입장이다. 그렇기 때문에 진보적 견해는 노동자, 농민, 서민 등이 지지한다.

이제 우리는 보수와 진보를 구분하는 기준이 신자유주의에 대한 태도에 있음을 이해했으며, 보수와 진보가 궁극적으로 누구의 입장을 대변하는지도 알게 되었다. 그럼 이렇게 질문해보자. 보수와 진보 중 어떤 정치적 견해가 옳은가? 이에 대한 답변은 불가능하다. 사실 질문 자체에 문제가 있다. 보수와 진보는 옳고 그름의 문제나 선악의 문제가 아니다. 보수와 진보는 각각 장점과 단점을 갖는다. 그리고 그 장점과 단점에 대해서는 이 책의 [경제] 파트에서 다루었다. 당연히 보수의 장단점은 신자유주의의 장단점과 동일할 것이고, 진보의 장단점은 후기 자본주의의 장단점과 동일할 것이다. 기억이 안 난다고? 그렇다면 보수와 진보의 장단점을 경제체제와 연결해서 정리해보자.

우선 보수는 신자유주의와 동일한 장단점을 갖는다. 보수가 집권한다는 것은 앞으로 세금과 복지가 줄어들 것임을 의미한다. 세금이 줄어들면 자본가와 기업의 이익이 높아지기 때문에 이들에 의한 기술과 산업 투자가 활성화된다. 이는 기업과 국가 전체의 경쟁력 강화로 이어지고, 일자리를 창출하며, 결국 우리 사회를 성장하게 할 것이다. 국가와 사회 전체의 성장이 보수의 장점이다. 반면 세금이 줄어들면 정부는 재정이 부족해지므로 사회적 약자들을 위한 복지정책을 시행할 수 없고, 심화되는 빈부격차를 막을 수가 없다. 문제는 복지 축소와 빈부격차 심화가 소외계층의 불만을 일으켜서 결국에는 사회 갈등을 낳는다는 데 있다. 이것이 보수의 단점이 된다.

다음으로 진보는 후기 자본주의와 동일한 장단점을 갖는다. 진보가 집권한다는 것은 앞으로 세금과 복지가 늘어날 것임을 의미한다. 복지의 수준이 높아짐에 따라 사회적 약자들의 삶의 질이 개선된다. 또 빈부격차가 완화되어 사회 갈등이 억제되고 이로 인한 사회적 비용을 줄일 수 있게 된다. 이것이 진보의 장점이다. 반면 세금이 높아지기 때문에 이에 직접적인 부담을 지는 자본가와 기업이 노동과 투자 의욕을 상실할 수도 있다. 이는 기업과 국가의 경쟁력을 낮출 것이고, 시장의 활기를 떨어뜨릴 것이다. 이것이 진보의 단점이다.

확인한 것처럼 보수와 진보의 선택은 어떤 입장이 옳고 다른 입장은 그르다고 단정할 수 없다. 보수와 진보의 선택 문제는 현재의 상황을 고려하여 개인과 전체의 이익에 어느 쪽이 더 부합하는가를 합리적으로 판단해야 하는 문제다. 따라서 현재의 상황과 국면이 크게 변화된다면 진보를 지지하던 사람도 보수를 지지할 수 있고, 반대로 보수를 지지하던 사람도 진보를 지지하게 될 수도 있다.

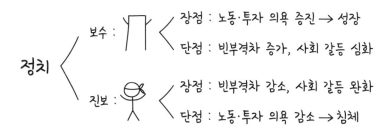

정치 〈
　보수 : 〈 장점 : 노동·투자 의욕 증진 → 성장
　　　　　　단점 : 빈부격차 증가, 사회 갈등 심화
　진보 : 〈 장점 : 빈부격차 감소, 사회 갈등 완화
　　　　　　단점 : 노동·투자 의욕 감소 → 침체

보수와 진보의 선택 문제가 상황에 따른 합리적 판단이라는 데까지 이해했으니, 이제 처음에 제시했던 질문을 다시 떠올려보자. 당신은 보수인가, 진보인가? 이에 대해 논리적으로 가능한 답변은 다음과 같다.

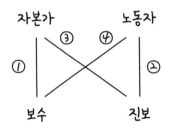

① 내가 자본가이고, 보수를 선택하는 경우
② 내가 노동자이고, 진보를 선택하는 경우
③ 내가 자본가이고, 진보를 선택하는 경우
④ 내가 노동자이고, 보수를 선택하는 경우

각각의 경우를 평가해보자. 우선 ①은 합리적이다. 내가 자본가일 경우 보수는 나의 세금 부담을 줄여줄 것이다. 이에 따라 나의 재산은 보호받는다. 보수는 자본가의 이익을 대변한다. 따라서 이 선택은 타당하다. ②의 판단 역시 합리적이다. 내가 노동자인 경우에 진보는 복지를 통해 나의 이익을 늘려줄 것이다. 또한 자본가와의 빈부격차를 완화해줄 것이다. 진보는 노동자의 이익을 대변한다. ①과 ②는 자신의 이익을 대변해줄 입장을 선택한다는 점에서 매우 자연스러우며 합리적이다.

다음은 상식적이지 않은 ③과 ④를 살펴보자. 우선 ③의 판단은 정의롭다. ③을 선택한 사람은 자본가이므로 일반적으로 높은 교육 환경에서 성장했을 가능성이 높다. 따라서 경제와 정치에 대한 기본적인 이해 능력을 갖췄을 가능성도 높다. 또 실제로 사업을 운영하고 세금을 납부한 경험이 충분할 것이므로 정권 교체에 따른 정책 변화에 익숙할 것이다. 이러한 경제와 정치에 대한 이해를 바탕으로, 보수가 자신의 이익을 대변할 것임을 누구보다도 잘 알고 있을 것이다. 그럼에도 불구하고 진보를 선택했다는 것은 그가 경제가 아닌 또 다른 측면, 즉 윤리적 측면에서 판단했을 것임을 예상하게 한다. 경제적 차원에서는 보수를 선택하는 것이 이익이지만, 자신이 세금을 더 부담하더라도 사회적 약자를 돕는 것이 더 정의롭다고 생각했을 것이다.

마지막으로 ④의 판단은 조금 이상한데, 이 판단은 단적으로 어리석다. ④를 선택한 사람은 생산수단이 없고, 자본가에 비해 가난할 가능성이 높다. 그런데도 자신의 이익을 대변하는 진보 대신, 자본가의 이익을 대변하는 보수를 선택했다. 그것은 자신의 이익을 고려한 경제적 판단도 아니고, 윤리적 판단도 아니다. 가난한 사람이 자신의 이익이 아니라 부유한 타인의 이익을 위한다는 것은 전혀 윤리적으로 보이지 않는다. 아마도 ④를 선택한 이가 있다면, 그는 경제와 정치에 대한 이해가 부족해 누가 자신의 이익을 대변하는지 판단하지 못했기 때문일 것이다. 혹은 정치의 본질이 자신의 이익을 대변하는 입장을 선택하는 것이라는 사실 자체를 모를 수도 있다.

물론 현실 정치는 이렇게 단순하지 않다. 우리가 정치적 입장을 선택하는 데는 다양한 요인이 작용한다. 경제뿐만 아니라 외교, 안보, 교육, 지방 정책, 정치인의 도덕성 등 고려해야 할 사항이 적지 않다. 하지만 차이는 있다. 정치의 본질이 경제체제를 선택하는 문제이며, 구체적으로는 나의 이익을 대변하는 정당을 선택하는 문제임을 이해한 뒤 다양한 측면을 고려하는 사람과, 무엇이 정치의 본질인지 알지 못한 채 자신이 알아들을 수 있는 한 두 개의 부수적인 측면만을 기준으로 정치적 선택을 하는 사람과는 너무도 큰 차이가 있다.

전자의 사람은 집권하게 된 정치권력과 그가 펼쳐나가는 정책에서 일관성을 보지만, 후자의 사람은 혼란을 느끼고 정치인은 다 거짓말쟁이라는 말을 반복하는 사람이 된다.

보수와 진보의
현실적 구분

현실에서 보수와 진보는 어떻게 나타나는가

지금까지 보수와 진보의 개념이 어떻게 구분되는지를 경제체제와 연계해 이론적 측면에서 살펴보았다. 이러한 논의 내용을 바탕으로 현재 한국 사회 내 여러 집단의 정치 성향을 분석함으로써 보수와 진보의 개념이 어떻게 구분되는지 현실적 측면에서 살펴보려 한다. 지금부터의 분석은 근거를 찾기 어렵고 논란의 소지도 많은 주관적 분석이 될 것이다. 그럼에도 불구하고 현실적인 구분을 시도하는 것은, 이 책이 단순히 이론적으로만 정리하기 위한 책이 아니라, 타인과의 대화를 위한 실질적인 지식을 쌓는 데 그 목적을 두기 때문이다. 임의적이고 거친 구분이 추상적이었던 이론을 매우 구체적으로 드러나게 할 것이다.

다만 지금부터의 구분은 다분히 주관적인 판단임을 명심하고, 세부적인 구분은 독자가 다른 사람들과의 지적 대화 속에서 스스로 정립하길 바란다.

경제체제

우선 경제체제와 연계해서 보수와 진보를 구분하면 다음과 같다.

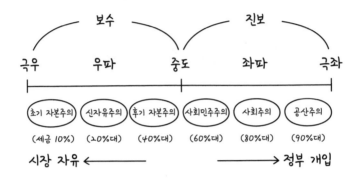

보수와 진보의 궁극적인 차이는 세금과 연결되어 있다. 보수는 세금을 낮추고 복지도 줄이려는 방향성을 갖는다. 이들은 시장의 자유를 추구한다. 이러한 경제적 입장이 초기 자본주의, 신자유주의다. 반면 진보는 점진적으로 세금을 올리고 복지를 늘리려는 방향성을 갖는다. 이들은 정부의 개입을 중시하는데, 사회주의와 공산주의가 이에 해당한다. 극단적으로 초기 자본주의는 세금이 매우 낮으므로 복지는 없다. 반대로 공산주의는 세금이 100퍼센트에 가까운 대신 모든 것이 복지이고 무상이 된다.

초기 자본주의와 공산주의는 너무 극단적인 까닭에 오늘날 주요하게 논쟁되지 않는다. 현대 사회에서 주로 논쟁되는 체제는 그 사이에 있는 신자유주의와 후기 자본주의 그리고 사회민주주의 정도다. 이들은 구체적으로 GDP 대비 대략 20퍼센트, 40퍼센트, 60퍼센트대의 세율을 갖는다. 전 세계의 세율을 단순 비교하는 것은 개별 국가의 세법이 복잡함을 고려할 때 오해의 소지가 있다. 다만 대략적으로 알아보면, 신자유주의를 추구하는 한국, 미국, 일본의 경우 25퍼센트 내외의 세율을 유지한다. 수정 자본주의를 추구하는 영국, 프랑스, 독일의 경우에는 대략 40퍼센트, 사회민주주의를 추구하는 스웨덴, 덴마크의 경우 50~60퍼센트 내외의 세율을 유지한다.

정당

이어서 한국의 정당을 보수와 진보로 구분해보자. 대략적인 구분은 다음과 같다.

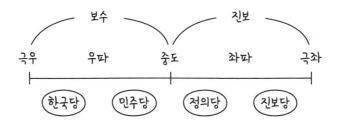

개별 정당의 정치 성향은 경제체제에 대한 입장과 직결된다. 보수 정당이 집권하면 모든 정책은 세금 인하에 초점이 맞춰지고 이에 따라 복지 역시 축소된다. 정부의 개입을 지양하므로 시장의 자유가 보장되고 규제도 완화된다. 이것은 기업과 자본가에게 직접적으로 이익이 된다.

따라서 자유한국당이 집권 정당이 된다는 것은 앞으로 한동안 한국 사회가 세금 인하 및 규제 완화, 복지 축소, 친기업적 정책 증가라는 방향성을 가질 것임을 예측하게 한다. 보통의 노동자와 서민의 삶은 복지 감축과 빈부격차 심화로 더 팍팍해지겠지만, 자본가와 기업은 이익이 증가하고 경영 환경이 개선되어 투자가 활성화될 것이다. 이에 따라 기업 주도의 경제 성장을 기대해볼 수도 있을 것이다.

반면에 진보 정당이 집권하게 되면, 모든 정책은 복지 증진에 초점이 맞춰진다. 세금은 대폭 인상되고 정부가 적극적으로 시장에 개입하여 규제를 강화한다. 이러한 정부 주도의 계획경제와 복지정책은 노동자, 서민, 최소수혜자의 삶을 개선하고 빈부격차를 줄일 것이다. 반면 자본가와 기업은 세금 부담에 고통스러울 것이다. 기업은 기술 투자를 줄이거나 사업 투자를 망설일 것이다. 해외 자본의 투자는 감소하고 국내 자본은 해외로 빠져나갈 것이다. 이에 따라 국가 전체의 이익이 저하될 가능성이 있다.

그렇다면 중도를 주장하는 정당이 집권하면 어떻게 될 것인가? 더불어민주당은 보수 정당보다는 상대적으로 정부의 시장 개입과 복지 증진을 추진할 것이다. 반대로 진보 정당들에 비해서는 시장의 자유를 추구할 것이다. 이것은 한편으로는 자본가와 노동자의 요구를 적절히 조율하는 모습으로 나타날 수도 있지만, 실제 현실에서는 양쪽 모두의 비판 대상이 될 가능성이 높다. 왜냐하면 제도와 정책의 결정에서 모두를 만족시키는 조율이라는 것은 불가능에 가깝고, 결국 어쩔 수 없이 어느 한 쪽의 이익만을 대변해야 하는 경우가 발생하기 때문이다. 이럴 경우에 중도를 표방하는 정당은 보수와 진보 진영 모두에게 거센 비난을 받고 정책의 일관성을 의심받음으로써 대중에게 외면당하기 쉬워진다.

중도를 주장하는 민주당은 현재 한국당에 맞서 진보적 입장과 중도적 입장을 견지하는 것처럼 보이지만, 도표에서 보듯 실제로는 어쨌거나 자본주의를 추구하는 보수 정당이다. 따라서 세계의 보편적인 보수와 진보의 개념을 통해 판단하자면, 민주당은 엄밀히 말해 보수 정당의 위치에 서게 된다. 한국이 전 세계에서 자유주의를 대표하는 국가인 이유가 여기에 있다. 한국의 제1정당이든 제2정당이든, 어쨌거나 누가 집권을 한다 해도 한국은 여전히 자본주의 체제를 유지할 것이기 때문이다.

세계적 관점에서의 일반적인 보수 정당과 진보 정당은 다음과 같다.

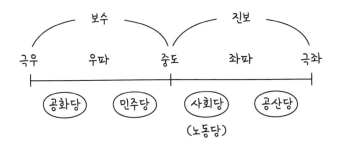

한국의 정당들은 쉽게 정당명을 바꾸고 변화가 극심하기 때문에 그 본질을 놓치기 쉽다. 반면 세계는 네 가지의 보편적이고 정통성 있는 정

당으로 구분된다. 일반적으로 공화당과 민주당은 자본주의 체제를 지향하여 보수적 입장을 갖고, 사회당과 공산당은 사회주의 체제를 지향하여 진보적 입장을 견지한다.

그러므로 만약 어떤 사회가 보수와 진보의 균형을 이룬 나라라고 한다면, 그 나라의 선거는 민주당과 사회당의 싸움 또는 민주당과 노동당의 싸움이 될 것이다. 아니면 공화당과 공산당의 싸움이 되거나. 하지만 보수와 진보의 균형을 이루지 못한 국가들에서는 한쪽으로 치우친 선거가 치러진다. 예를 들어 사회주의 국가에서는 제1당을 두고 사회당과 공산당이 경쟁하고, 철저한 자본주의 국가에서는 공화당과 민주당이 경쟁한다. 한국 사회에서 한국당과 민주당이 경쟁하는 것은 한국 사회가 자본주의 사회임을 보여주는 명확한 근거가 된다. 구체적으로 말하자면 한국당이 집권당이 되건 민주당이 집권당이 되건, 그 모든 정책은 사회당과 노동당이 집권하는 유럽 사회처럼 급진적이거나 진보적이지 않을 것이다. 결과적으로 한국당과 민주당이 경쟁하는 한국 사회는 어찌 되었건 자본가와 기업의 이익이 대변되는 사회이며, 복지 수준이 저조하고 빈부격차가 심화된 국가일 수밖에 없다.

하지만 모든 체제가 그러하듯 단점만 있는 것은 아니다. 기업의 입장에서는 정권이 바뀌더라도 기업의 경영 환경이 예측 가능하므로 안정적인 경영을 유지할 수 있다. 또 과도한 세금과 규제의 걱정이 없으니 투자면에서 매력적인 조건이 된다. 이런 보수적인 정치 현실을 바탕으로 한국의 기업들은 빠르게 성장할 수 있었던 것이다.

비리와 부패의 문제가 아니라 이론적이고 이념적인 측면에서라면 선한 정당도, 악한 정당도 없다. 각 정당은 우리 사회의 특정 계층의 입장을 대변할 뿐이다. 보수 정당들이 자본가와 기업의 이익을 대변한다고 비난할 일은 아니다. 마찬가지로 진보 정당들이 서민과 노동자의 이익을 대변한다고 비난할 필요도 없다. 욕먹고 비난받아야 하는 사람들은 정치인이나 정당이 아니라, 어떤 정당이 자신을 대변하는지 모르고 투표를 하는 사람들이다.

여기서 잠깐 정당의 상징색에 대해서 짚고 넘어가려고 한다. 각각의 정치 이념이나 정당들은 스스로를 상징하는 차별적인 색상을 가지고 있다. 역사적 측면을 고려할 때, 세계적으로 자유주의는 파란색을, 사회주의는 빨간색을 상징색으로 사용해왔다. 그 기원은 프랑스 대혁명에 있다. 프랑스 국기인 삼색기가 파랑, 흰색, 빨강으로 나뉘어 있는 것도 이와 연결된다. 이 삼색기는 절대왕정에 저항한 시민혁명의 정신을 표상하고 있다. 각각의 색깔은 자유, 평등, 우애를 상징한다. 즉, 파랑은 자유, 흰색은 평등, 빨강은 우애인 것이다. 여기서 우애가 뭔가 싶을 수도 있는데, 예전에는 박애라고 번역했던 프래터니티(fraternité)를 말한다. '형제애' '연대' 등의 의미를 갖는다. 이후 공산주의가 빨강을 상징색으로 선택하면서 자연스럽게 자본주의는 자유를 상징하는 파랑을 선택하게 되었다. 색상에 의한 이념 표식은 일반적으로 널리 사용되어왔다.

특히 이러한 상징색이 정확하게 지켜지는 지역은 유럽이다. 영국의

회는 보수당이 파란색을, 진보당이 빨간색을 당의 상징색으로 사용한다. 스웨덴과 핀란드, 노르웨이 등 대부분의 유럽 국가들도 국가마다의 특성에 따라 미묘한 차이를 갖지만, 큰 틀에서 볼 때 자신들의 이념을 당의 상징색을 통해 정확히 드러낸다. 이는 당의 색깔을 정확하게 표현함으로써 그 정당이 어떤 계급의 이익을 대변하고 있는지를 분명히 하는 것이다.

반면 한국, 미국, 일본 등의 자유주의 국가에서는 정당의 상징색이 전통적인 맥락과는 무관하게 사용된다. 대표적으로 미국의 공화당은 빨간색, 민주당은 파란색을 상징색으로 사용한다. 이러한 도식은 2000년 이후에 등장한 것으로, 사실 이렇게 나뉜 특별한 이유는 없다. 일본의 대표적인 보수 정당인 자유민주당은 오랜 기간 녹색을 상징색으로 사용했다. 녹색은 전통적으로 환경과 생태를 강조하는 녹색당의 당색임에도 불구하고 자민당이 녹색을 사용하는 것 역시 어떤 맥락도 없다. 그래서인지 2017년 이후부터 자민당은 미국 공화당처럼 자신들의 상징색으로 빨간색을 주로 사용하고 있다.

한국의 경우에는 30년 가까이 한나라당, 신한국당 등 보수 정당이 파란색을, 민주당이 초록색이나 노란색을 사용해왔다. 하지만 2014년 이후 새누리당이 빨간색으로, 민주당이 파란색으로 당색을 변경한 다음부터 현재까지 당의 상징색이 이어지고 있다. 결과적으로는 미국의 공화당, 민주당과 같은 색깔을 사용하게 된 것이다. 이에 대해 일각에서는 한국의 정당들이 기존의 이미지를 벗고 쇄신하는 모습을 보여주기 위한 것이라고 설명하고 있으나, 이보다는 세계사적인 맥락에서 고려하는 편이 낫겠다.

한국, 미국, 일본은 냉전의 최전선에서 자유주의의 동맹국이었다. 이후 세 국가에서는 공산주의와 공산당에 대한 반감이 거세졌고, 이로 인해 공산주의의 상징색인 빨간색에 대한 콤플렉스를 가지게 되었다. 게다가 실제로 헌법에서 공산당을 정당으로 인정하지 않으니, 아무도 빨간색을 선택하지 않은 것이다. 아무리 빨간색이 남는다고 해도 정치 성향이 분명하지 않은 정당 혹은 실제로 진보적인 정당은 반감이 큰 빨간색을 정당색으로 사용하기 부담스러웠다. 그래서 빨간색은 아이러니하게도 진보로 오해받을 가능성이 전혀 없는 극우 정당이나 우파 정당이 선택할 수 있는 색깔이 되었다. 왜냐하면 자유주의 사회에서의 극우는 빨간색에 대한 콤플렉스가 없기 때문이다. 이것은 마치 가난한 사람은 길거리표 옷을 입는 것에 민감하지만, 부유한 사람은 이에 대해 신경 쓰지 않는 것과 유사하다. 한국 사회에 진정한 의미의 진보 정당이 막강한 영향력을 행사하게 될 때에야, 한국 정당의 상징색은 세계 보편의 색상으로 원위치를 찾게 될 것이다.

언론과 방송

다음으로 언론과 방송을 보수와 진보로 구분해보자. 대략적인 구분은 다음과 같다.

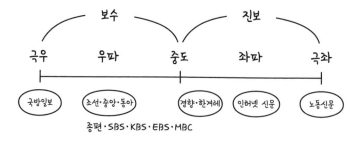

미디어가 객관적 사실을 전달할 수 있는지에 대해서는 의견이 분분하지만, 오늘날은 미디어가 객관적 사실 전달을 넘어선다는 것에 일반적으로 공감하는 분위기다. 단적으로 말해서, 객관적인 언론과 방송이 가능하다는 생각은 허상에 가깝다. 객관적인 미디어는 없다. 이 사실을 전제하고 언론과 방송을 접해야 그나마 객관적인 사실에 근접할 수 있을 것이다.

미디어가 객관적으로 보도하지 못한다는 말의 의미는 두 가지로 생각해볼 수 있다. 하나는 객관적 사실을 전달할 능력이 결여되어 있다는 것이고, 다른 하나는 객관적 사실에 의도적으로 개입한다는 것이다. 전자는 저널리즘의 특성상 정보의 접근이 제한적임을 의미한다. 쉽게 말해서 부족한 정보를 잘못 해석해서 오보를 내는 경우다.

하지만 이것은 의도적인 오보가 아니었다면 그렇게 심각한 문제가 되지는 않는다. 미디어의 보도에 대해 우리가 우려하는 점은 후자에 있다. 미디어가 객관적 사실을 주관적으로 편집하고 해석해서 전달하는 것 말이다.

미디어가 객관성을 잃어버리고 주관적으로 편향될 수밖에 없는 것은 단적으로 수익 구조 때문이다. 언론사와 방송사는 어떻게 유지되는가? 오직 광고 수익을 통해서다. 기업들로부터 광고 송출의 대가를 받아서 수익을 창출함으로써 유지될 수 있다. 수조 원을 투자한 블록버스터 드라마를 우리가 공짜로 볼 수 있는 것, 방송사가 아나운서들과 기자들에게 월급을 주면서도 대중에게 돈을 받지 않는 것은 오로지 광고 때문이다. 오해하면 안 된다. 미디어가 판매하는 것은 드라마나 예능 프로그램이 아니다. 미디어의 고객도 당신이 아니다. 미디어가 판매하는 상품이 당신, 바로 시청자이고, 상품을 구매하는 고객은 기업이다. 기업은 시청률을 사고, 미디어는 시청자를 기업에 판매한다.

사업 유지를 위한 모든 수익이 기업으로부터 나오니, 언론과 방송은 필연적으로 기업의 눈치를 볼 수밖에 없다. 고객은 왕이다. 특히 거대한 재벌그룹은 언론사와 방송사에 가장 중요한 고객이다. 예를 들어 삼성은 70여 개의 계열사를 보유하고 있는데, 그룹의 브랜드 광고부터 전자, 생명보험, 자동차손해보험, 카드, 섬유, 에버랜드 등 수많은 광고를 언론사와 방송사에 맡긴다. 재벌그룹 계열사들의 광고는 언론사와 방송사의 생존에 직결되어 있다. 그런 까닭에 언론과 방송이 재벌그룹의 이익에 반대되는 입장이나 비판적인 내용을 보도하기는 현실적으로 어렵다. 재벌그룹의 비리와 문제점을 들췄다가는 광고 수주는 물 건너간 일이 될 것이다. 그래서 미디어는 재벌그룹의 비리에 소극적인 태도가 되고, 재벌그룹의 성과를 과대포장하게 된다.

또한 진보적인 정부가 세금과 규제를 강화하는 등 기업의 이익에 반하는 제도를 시행하면 누가 시키지 않아도 앞장서서 이를 비판한다. 결과적으로 미디어는 객관적 사실 전달의 의무를 상실하고, 정부의 시장 개입에 반대함으로써 기업과 자본가의 이익을 대변하는 보수적 성향을 띠게 된다. 미디어의 근본적인 이해관계를 파악하지 못하는 사람들 중에는 미디어가 정치권력의 영향을 크게 받는다고 생각하는 사람들이 많다. 물론 그렇게 보인다. TV와 라디오에서는 한국당과 민주당이 싸우고, 보수 정당들과 진보 정당들이 대결하는 모습을 보여주니 말이다. 하지만 본질적으로 미디어를 흔드는 것은 정치권력이 아니라 기업이다. 반대로 미디어가 기업의 이익에 따라 정치권력을 흔들려 한다.

미디어의 이러한 수익 구조의 특성은 한국 사회에서 보수 정당이 지속적으로 승리할 수 있는 주요 요인을 제공한다. 우리가 이미 잘 알고 있듯 대중은 미디어의 영향을 강하게 받는다. 미디어는 정보를 얻는 수단을 넘어 준거의 틀로 작용한다. 자신의 권리와 이익을 대변하는 정당을 선택하는 데 신중하지 않은 대중은, 미디어에서 보여주는 이미지를 토대로 선호 정당을 결정한다. 미디어에 나타나는 정치인의 외모, 편집된 말, 전문가의 평가를 사실로 받아들이고 신뢰한다.

민주주의 초기에 자유와 평등을 강조했던 자유주의자 존 스튜어트 밀은 보통선거권을 두려워해서 자본가는 4표, 노동자는 1표의 투표권을 가져야 한다고 생각했다. 절대다수를 차지하는 노동자에 의해 사회가 필연적으로 공산화되리라 우려했던 것이다. 하지만 1인 1투표제가 시행되는 한국은 공산화되지 않았고, 오히려 오랜 시간을 보수 정당이 집권해왔다. 이런 한국의 상황을 본다면 밀은 당혹스러울 것이다. 그는 미디어의 영향력을 상상하지 못했다. 대중은 생각보다 나약하고 무관심해서 자신의 이익과 권리가 무엇인지 스스로 판단하기 귀찮아한다. 미디어는 그 틈으로 파고들어 대중이 봐야 할 곳을 친절하고 세련되게 가르쳐준다.

미디어의 수익 구조가 근본적인 문제라면, 진보적인 언론과 방송은 정말 불가능한 것인가? 사실 그렇게 볼 수 있다. 언론과 방송이 진보 성향을 띠려면 우선 수익 구조가 재벌그룹에 의한 광고비로부터 자유로워야 한다. 하지만 대형 미디어가 수익 없이 유지되는 것은 현실적으로 불가능에 가깝다. 그 대신 운영 규모가 작은 소규모의 미디어는 진보 성향을 유지할 수 있다. 대표적인 예가 인터넷이 발달하며 등장한 인터넷 언론들이다. 다양한 인터넷 언론들은 기존 언론과 방송에 비해 운영 부담이 적다. 비용이 필요한 물질적 매체를 사용하지 않기 때문이다. 그래서 재벌그룹이나 대기업의 영향력에서 비교적 자유로울 수 있고, 진보적인 견해를 유지할 수 있다.

우리는 미디어의 특성을 알아보았고, 대형 미디어의 경우 수익 구조상 보수 성향을 띠기 쉬움을 확인했다. 반면에 소규모 미디어의 경우 진보 성향을 유지할 수 있음도 알게 되었다. 이제 앞에서 본 도표를 참고해 미디어의 정치 성향을 현실적으로 구분해보자.

우선 언론사의 경우 정치 성향은 일반적으로 잘 알려져 있다. 대표적인 보수 언론인 조선, 중앙, 동아의 언론사 점유율은 50퍼센트대, 발행 부수상으로는 70퍼센트대의 점유율을 가지고 있다. 이에 비해 점유율이 낮은 한겨레, 경향 등은 비교적 진보 성향으로 분류된다.

다음으로 방송사의 경우 분명한 정치 성향을 갖는 곳은 조선, 중앙, 동아를 기반으로 하는 종합편성채널 정도다. 이 중 JTBC는 최근 다른 종편채널들과 달리 비교적 진보적 목소리를 반영하고 있으나, '기업과 노동자의 이익 충돌에서 누구의 이익을 대변하는가'라는 거시적 관점에 근거한다면 보수적 성향으로 분류하는 것이 적합하다.

공중파 채널의 경우 직접적으로 정치 성향을 밝히지 않으므로 방송의 전반적인 논조, 프로그램의 편성과 배치, 프로그램마다의 미세한 편집 방식을 통해 판단해야 한다. MBC는 일반적으로 오랜 시간 다른 공중파에 비해 진보적 성향을 띠어온 것으로 알려져 있다. 반면 SBS는 상대적으로 보수적 성향을 갖는다. 연예와 오락 중심의 방송으로 인식되는 SBS를 보수적 성향으로 판단할 수 있는 근거는 세계관에서 찾을 수 있다. 우리는 앞서 보수와 진보의 구분 기준으로서 세계관에 대해 알아보면서, 보수는 현재의 체제와 상태를 유지하려는 세계관을 가진다는 것을 확인했다. SBS가 연예와 오락 중심으로 방송을 편성할 수 있는 것은 지금을 그나마 안정된 세계라고 전제하고 있기 때문이다. 비정치적 성향이란 존재하지 않는다. 현실의 문제를 집요하게 파헤치지 않는 것, 정치적 사안의 심각성을 강조하지 않는 것은 중립이나 비정치적인 성향이 아니라, 현실의 문제에 구조적으로 접근하지 않는 보수적 세계관이다. 날카로운 풍자와 시사가 배제된 예능은 대중의 말초적인 재미에만 초점을 맞춤으로써 실제의 현실에서 눈을 돌리게 만드는 정치 행위와 같다고 할 수 있다.

20세기에 호르크하이머를 주축으로 결성된 프랑크푸르트학파의 비판 이론은 대중매체의 오락적 기능이 갖는 부정적인 측면을 정확하게 지적했다. 비판 이론에 따르면 미디어의 오락적 기능은 대중에게 사회 체제의 압박을 숨기고 도피하게 기능한다. 미디어의 말초적인 가십거리들이 사회 변화를 가로막는 강력한 기제로 작용한다는 것이다. 그들은 '커뮤니케이션의 내용'이 아니라 '커뮤니케이션의 형태'가 문화를 결정함을 밝혔다. 즉, 미디어의 편성 전반이 비정치적이라면 미디어의 내용이 아니라 형태로 보아 그건 정치적 제스처로 의심해볼 만한 것이다.

대형 미디어의 보수화와 재벌기업 눈치 보기는 일면 정의롭지 않아 보인다. 하지만 보수 성향의 언론과 방송이 항상 부정적인 것만은 아니다. 대기업의 광고를 토대로 미디어가 대중에게 양질의 서비스를 무상으로 제공할 수 있었던 것이 사실이다. 그들은 막대한 자본력을 토대로 복잡한 정보를 체계적으로 엄선하고, 소자본으로는 엄두도 낼 수 없는 볼거리를 제공했다. 대중문화의 질적 향상에 미디어와 기업 간의 공생 구조가 기여했음은 분명하다.

경제주체

일반적으로 경제주체는 가계, 기업, 정부를 말한다. 하지만 이러한 구분만으로는 다양한 사회 현상을 이해하기 어렵다. 우리는 앞서 자본가와 노동자의 두 계급을 구분하였는데, 이 두 주체의 대립 관계로 경제 현상을 파악해야 비로소 사회에서 발생하는 다양한 문제의 원인을 명료하게 이해할 수 있다.

물론 후기 자본주의 이후의 현대 사회를 자본가와 노동자의 대립 구도로 파악하는 것은 구시대적이다. 실제로 오늘날의 기업은 주식회사 형태인 까닭에 일반 노동자라 할지라도 주식시장에서 자유롭게 기업의 주식을 사고팔 수 있고, 한 주를 사더라도 그 회사의 주주로서 권리를 가질 수 있다. 즉, 노동자도 다른 측면에서는 생산수단의 일부를 소유한 자본가일 수 있는 것이다. 오늘날의 주주자본주의 사회에 이르러 자본가와 노동자의 계급 갈등은 이론적 측면에서 해소되었다.

하지만 우리는 안다. 너도 자동차를 가졌고 나도 자동차를 가졌으니 우리 모두는 평등하다는 말이 질적인 차이를 의도적으로 소거함으로써 오류를 발생시키는 것처럼, 같은 주식을 가지고 있더라도 수량에 따라 그 사람의 계급적 지위가 달라진다는 것을 말이다. 자본가와 노동자의 계급 갈등으로 사회를 분석하는 시각은 최신의 자본주의를 살아가는 오늘날에도 유효하며, 매우 실용적이다.

자본가와 노동자 계급은 현실에서 두 집단의 형태로 드러난다. 기업과 노조다. 이들의 정치적 입장 차이는 대략 다음과 같다.

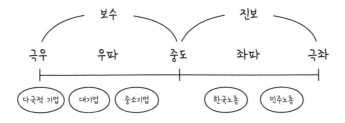

단어는 변해왔다. 자본가와 노동자, 기업과 노조. 하지만 단어의 변화와는 무관하게 노동자가 노동력을 제공하는 대가로 자본가로부터 임금을 받는다는 구조는 동일하다. 또 한 명의 개별 노동자는 한 명의 자본가보다 불리한 입장에 서게 된다는 사실도 동일하다. 사장님과 사원이 독대할 경우 불편한 건 사원이다. 노동자 개인은 자본가나 기업을 상대로 임금을 협상하기 힘들고, 근무 환경 개선이나 휴가 등 무언가를 요구하기도 눈치 보인다. 그런 까닭에 노동자들은 노동조합을 결성한다. 임금을 협상해야 하거나 노동 시간과 노동 환경의 개선을 요구할 때 힘을 모아 단체로 협상에 임하면, 개인으로 협상할 때보다 비교적 유리한 위치를 점유할 수 있기 때문이다. 그래서 노동조합은 자본가와 이해관계가 대립될 때, 협상을 유리한 방향으로 이끌기 위한 실력 행사로서 파업을 한다. 파업은 노동자가 집단으로 노동을 거부하는 행위로, 자본가에게는 단기적인 손실이 된다. 이에 따라 자본가는 파업으로 인한 손실과 노동조합의 요구를 받아들임으로써 발생하는 이익 감소를 비교해서 노동조합에 협상을 요구하기도 하고, 정부에 공권력 투입을 요청하기도 한다.

자본가와 노동자는 사회에서 가장 첨예하게 대립하는, 화해할 수 없는 경제 집단이다. 옳고 그름의 문제와 무관하게, 사회를 자본가와 노동자의 대립으로 구분하는 것은 사회 현상을 명료하게 이해하는 가장 중요하고 근원적인 방법이다. 더 단순하게 말하면, 자본주의 사회의 모든 문제는 자본가와 노동자의 대립에서 발생한다고도 할 수 있다.

보수와 진보의 개념도 정확히는 자본가와 노동자의 이익 대립에서 발생하는 개념이다. 권위와 부에서 앞서 가는 자본가의 목표는 뒤따라오려는 노동자와의 차이를 더 벌리거나 유지하는 것이고, 권위와 부를 가지지 못한 노동자의 목표는 앞서 가는 자본가와의 거리를 좁히는 것이다. 궁극적인 측면에서 노사의 협력이란 존재하지 않는다. 노사가 협력했다고 할 때, 그것의 실제 의미는 노조와 사측 중 누군가는 이익을 얻었고 누군가는 손해를 감수했다는 것이다. 혹시나 노조와 사측이 이익의 절충안을 찾았다 할지라도, 그것은 단기적이고 불안한 적과의 동침일 수밖에 없다. 자본가의 이익을 우선할 것이냐, 노동자의 이익을 우선할 것이냐에 대한 정치적 입장이 보수, 진보 구분의 본질이다.

앞의 도표를 보면 다국적 기업, 대기업, 중소기업 모두 정도의 차이는 있겠지만, 생산수단을 소유한 자본가라는 측면에서 궁극적으로 세금 감소와 규제 완화를 바라는 자본가 집단이다. 이들은 시장의 자유를 추구하는 보수적 입장을 견지한다. 반면 한국노총과 민주노총은 추구하는 방향성이나 그것을 이루기 위한 방법과 수단에 대해 서로 이견을 보인다고 해도, 궁극적으로는 복지 증진과 노동자 계급의 이익을 원하는 노동자 집단이다. 이들은 정부에 의한 강력한 시장 개입을 추구하는 진보적 입장을 추구한다.

이렇게 근원적이고 선명한 대립은 각 집단에 계급적, 심리적, 이념적 친근성을 두는 사람들로 하여금 상대의 존재 자체를 부정하고 맹렬히 공격하게 만들기도 한다. 보수적 입장을 지지하는 사람 중 일부는 노동조합의 파업이 집단 이기주의이며 사회 질서를 와해하는 행위라고 비난하기도 한다. 또 진보적 입장을 지지하는 사람 중 일부는 기업과 사측이 노동자를 착취해서 이익을 독점하며 자본가의 존재 자체가 불합리하고 정의롭지 못하다고 생각하기도 한다. 하지만 이러한 극단적 입장들은 문제의 상황을 도덕적, 윤리적 관점에서만 접근하려 한다는 점에서 문제가 있다. 사측과 노조 중에 선하거나 도덕성을 담보한 집단은 없다. 상반된 방향성에도 불구하고 두 집단의 목표는 일치한다. 자기 집단의 이익을 최대화하는 것이 그것이다. 사측의 최대 목표는 회사의 이익이고, 노조의 최대 목표는 사원의 이익이다. 노사의 문제는 단순히 누구의 이익을 우선할 것인가의 문제인 것이다.

그런데 여기에 앞서 살펴본 미디어의 정치 성향을 연결하면 어떻게 될까? 노사의 문제는 어떻게 보도되고 있을까? 우선 보수 언론과 방송은 사측의 손해와 그로 인한 국가 경제의 위축 가능성, 연관 기업들의 피해를 중점적으로 보도할 것이다. 그에 비해 노조의 파업은 과격하고 폭력적인 영상과 함께, 도로 교통 방해, 시민의 불편함과 연계하여 소개할 것이다. 파업의 이유와 목적은 보도하지 않을 것이다. 반면 진보 언론과 방송은 노사 문제를 전혀 다른 방식으로 다룰 것이다. 열악한 노동 환경과 불합리한 임금, 빈부격차의 심화, 기업 경영의 부패 문제에 주목할 것이고, 정부에 의한 공권력 투입이 얼마나 과격하고 폭력적인지를 집중적으로 보도할 것이다.

만약 보수 언론과 방송만을 접하면서 살아온 사람이라면 그는 자연스럽게 기업의 이익을 옹호하는 것이 옳다는 신념을 가질 것이다. 반대로 진보 언론과 방송만을 접하면서 살아온 사람이라면 기업을 악으로 보고 노조의 이익만을 옹호할 것이다. 문제는 앞서 논의한 바와 같이, 한국에서 가장 강력한 영향력을 행사하는 대형 언론과 방송들이 일반적으로 보수적 성향을 띤다는 데 있다. 기업과 사측에 대한 변호에 반복적으로 노출되고 학습된 대중은 친기업 성향으로 기울어지기 쉽다. 노동자가 다른 노동자의 파업에 대해 막연히 좋지 않은 이미지를 갖는 것, 시민이 파업의 본질보다는 파업으로 인한 불편에 집중하는 것, 이러한 현상은 미디어의 속성을 고려하면 매우 자연스럽다.

사회집단

이 외에 여러 사회집단의 정치 성향도 분류해보자. 우선 군이 극우적인 성격을 갖는다는 것은 매우 당연하고 타당하다. 군은 기본적으로 국가의 현재 모습을 유지하고 지키려는 목적을 갖는다. 현재의 상황을 유지하려는 태도는 전 세계 군의 공통적인 모습이고, 이런 의미에서 전 세계의 군은 기본적으로 보수 성향을 갖는다고 할 수 있다. 만약 군이 현재의 체제를 자의적으로 판단하고 이를 변화시키려는 의지를 갖는다면 그것은 쿠데타로 이어지고, 그 사회의 체제는 쉽게 전복된다. 사회 안정을 위한 군의 보수화는 필요하다.

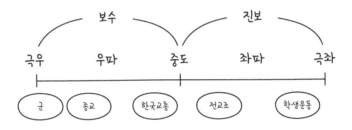

그렇다면 이렇게 질문할 수도 있을 것이다. 북한군도 보수적인가? 보수는 신자유주의를 추구하는 것이라고 하지 않았었나? 그런데 북한은 신자유주의에 반대할 것이니, 북한군은 진보적이어야 하는 것 아닌가? 이에 대한 답변은 보수와 진보의 개념이 고정된 것이 아니라는 데 있다. 보수와 진보의 구분은 현재의 체제에 대한 입장과 직결된다. 현재 체제가 무엇이든 그 체제를 옹호하면 보수가 되고, 그에 대해 반대하면 진보가 되는 것이다. 따라서 북한에서 공산주의를 옹호한다면 보수일 것이고, 개혁과 개방을 추구한다면 진보로 분류될 것이다. 다만 보수와 진보의 개념이 상대적인 것은 사실이지만, 오늘날 일반적으로 사용되는 어휘 사용 방식은 자본주의를 추구하면 보수로, 사회주의를 추구하면 진보로 구분한다.

세계 각 국가의 군이 보수적인 것은 어쩔 수 없는 일이며, 어쩌면 체제를 유지하기 위한 필수 조건이라고 했다. 하지만 한국 사회에서는 문제가 된다. 한국이 징병제를 시행하는 국가이기 때문이다. 모병제 국가와는 달리, 한국은 국민의 절반에 해당하는 남성들이 의무적으로 군 복무를 수행해야 한다. 그리고 젊은 시절의 특정 시간을 통제된 환경 속에서 국가의 안보와 유지, 질서에 대해 교육받는다. 다시 말해, 국가 체제를 인정하고 이를 유지해야 한다는 보수 성향이 지속적으로 주입되는 것이다. 물론 이런 교육이 항상 성공적인 것은 아니다. 왜냐하면 고등교육을 받은 특정 사람들은 군의 성향이 보수로 치우쳐 있음을 어느 정도 이해하고 스스로 판단하기 때문이다. 문제는 고등교육의 기회가 주어지지 않은 대다수의 젊은이들은 균형 잡힌 시각을 배울 기회가 부족했던 까닭에 자연스럽게 보수 성향에 익숙해진다는 데 있다. 이렇게 군에서 보수 성향을 교육받은 국민의 절반은 사회에 나와서도 보수적인 시각을 견지함으로써 사회의 정치 성향을 편향되게 한다.

다음으로 종교는 왜 보수에 위치하는가? 종교를 보수에 배치한 이유도 군을 보수에 배치한 이유와 유사하다. 종교는 그것이 어떤 종교이건 상관없이 기본적으로 그 사회를 안정화하는 역할을 한다. 그리스도교,

이슬람교, 불교 할 것 없이 기본적으로 종교는 해당 사회의 체제를 인정한다. 현재의 체제를 혁명적으로 변화시키고자 하는 종교 교리는 없다. 종교의 공통된 관심사는 자아에 있기 때문이다. 예를 들어 개인이 어떤 문제 상황에 처했을 때, 종교에서 "너에게 문제가 발생한 것은 너의 잘못이 아니라 사회의 문제이니 사회를 바꿔야 한다"라고 가르치는 경우는 없다. 반대로 종교는 개인이 처한 문제 상황을 해결하는 방법으로 자기 내면의 성찰과 반성을 요구한다.

이처럼 문제의 원인을 사회가 아닌 개인에게 돌리는 사고방식은 그 사회의 부조리를 은폐함으로써 대중의 사회적 불만을 잠재우는 역할을 한다. 마르크스가 "종교는 민중의 아편이다"라고 말한 의미를 여기에서 찾을 수 있다. 아편이 개인이 처한 삶의 고통을 허구적 환상으로 회피하게 하듯이, 종교 역시 심리적 안정을 통해 민중이 느끼는 사회적 불만을 해소함으로써 부조리에 대한 저항을 억제하는 역할을 수행한다. 종교는 치열한 실천적 저항으로 사회를 변화시키려는 노력의 가치를 폄하하고, 사후 세계나 내면 세계라는 개인적인 관심사를 부각함으로써, 사회로 향해야 마땅한 정당한 분노를 안으로 삭히도록 만든다.

물론 이것은 종교 전체에 대한 막연하고 일반적인 설명이고, 현재 논란이 되고 있기는 하지만 진보 성향을 띠는 종교운동도 존재한다. 현대 신학에서 해방신학이나 민중신학은 정치·경제 측면에서의 적극적인 사회 변혁을 추구한다. 한국에서도 천주교의 정의구현사제단, 개신교의 전국목회자정의평화실천협의회, 불교의 실천불교전국승가회 등 종교의 사회적 역할을 강조하는 목소리가 이어지고 있다. 이처럼 진보적인 종교운동이 분명히 존재함에도 불구하고 종교를 극우에 배치한 것은, 아직까지는 이러한 종교운동이 소수일 뿐만 아니라 종교의 기본 성향상 해당 종교 내에서의 비판과 억압도 이어지고 있기 때문이다.

예를 들어 20세기 남미의 가톨릭 신학자들을 중심으로 발전했던 해방신학은 예수 그리스도의 가르침을 정의롭지 못한 경제, 정치, 사회로부터의 해방이라는 측면에서 해석했다. 또한 이들은 가난하고 억압받는 자들의 입장에서 신학을 해석하고, 교회가 사회에 참여할 것을 강조했다. 하지만 이러한 사회 정의의 관점에서의 신념은 로마 교황청이 마르크스주의와의 연관성을 우려하는 경고 문건을 발표하면서 현재는 위축된 상태다.

군과 종교를 보수로 분류함으로써 이질적으로 보이는 두 집단이 공존 가능한 이유를 이해할 수 있다. 상식적으로 생각해볼 때, 군과 종교는 공존하기 어려운, 근원적인 측면에서 너무나도 이질적인 집단이다. 군은 합법적으로 적에 대한 사살 행위의 가능성을 담지하고 있는 집단이고, 종교는 살생과 폭력을 인정하지 않는다. 그럼에도 불구하고 군에는 부대마다 종교 시설이 있다. 물론 이에 대해 신앙이라는 이상과 적과의 대립이라는 현실의 괴리가 만든 부자연스러운 현상일 뿐이라고 설명할 수도 있겠다. 하지만 종교와 군이 공유하는 공통의 세계관이 존재하지 않았다면 이러한 공존은 불가능했을 것이다. 종교와 군이 공유하는 공통분모는 그들이 보수 성향을 지향한다는 점이다. 해당 사회의 권력 관계와 기득권을 보호하고 정치, 경제의 체제를 유지하려 한다는 점에서 종교와 군은 이해를 같이한다.

학생운동은 오늘날에 와서 그 영향력이 미미해진 반면 추구하는 이념의 스펙트럼은 매우 다채로워졌다. 변화무쌍하고 다양한 오늘날의 학생운동 전체를 서술하긴 어려우니, 전통적인 학생운동 단체만을 대략적으로 구분해보고자 한다. 전통적으로 학생운동은 NL과 PD로 구분된다. NL은 'National Liberation'의 약자로, 번역하면 '민족 해방' 정도가 된다. 이들은 반미와 통일을 추구한다. PD는 'People's Democratic'의 약자로, '민중 민주' 정도로 해석된다. 이들은 자본주의 반대, 노동 해방을 지향한다. 이 둘의 근본적인 뿌리는 마르크스에 가서 닿는다. 어쨌거나 자본가에 의한 노동자 착취는 잘못되었다는 것이다. 이 문제를 풀어나가는 방법으로써 무엇을 우선적으로 해결할지에 대한 입장에서 차이가 있다. NL은 북한 문제를 먼저 해결해야 한다고 주장한다. 이를 위해서는 통일을 방해하는 미군이 한반도에서 물러나야 한다고 말한다. PD는 그것보다는 노동자의 권리나 인권 문제를 우선 해결해야 한다고 주장한다. 일반인에게는 비슷해 보이고 둘 다 진보라고 불러도 무방하지만, 당사자들은 세부적인 논의들을 두고 대립하기도 하고 갈등하기도 한다. 다만 이제는 NL이건 PD건 대학에서 찾아보기는 쉽지 않다. 대학 캠퍼

스는 이들이 붙이던 사회비판적인 대자보 대신 영어회화 광고와 취업설명회 현수막으로 가득하다. 사회 구조적인 문제를 개인의 노력으로 극복하려는 데 익숙해진 것일까. 요즘 학생들은 착하고 성실해서 안쓰럽고 미안하다.

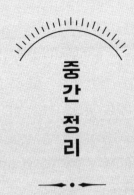

중간 정리

우리는 지금까지 정치에 대해 논했다. 그리고 정치를 이해하기 위해서는 경제체제에 대한 이해가 선행되어야 함을 알았다. 정치는 간단하게 말해서, 우리 사회의 경제체제를 무엇으로 정할 것인가에 대한 물음이었다.

경제체제에 대한 논의부터 상기해보자. 네 가지 경제체제 중 오늘날 논쟁의 중심에 선 것은 신자유주의와 후기 자본주의다. 신자유주의는 시장의 자유를 추구한다. 시장의 자유가 의미하는 것은 구체적으로 세금과 복지 수준을 낮추는 것이다. 세금 인하는 직접적으로 자본가와 기업의 이익이 된다. 반대로 후기 자본주의는 정부의 개입을 추구한다. 세금과 복지 수준을 높이는 것이 목표이며, 그로 인해 노동자와 서민이 이익을 얻는다. 결론적으로 경제체제의 선택에 따라 자본가와 노동자 중 이익을 보는 집단과 손해를 감수해야 하는 집단이 발생한다.

결국 정치는 이 대립하는 두 집단 중에서 누구의 이익을 우선할지를 선택하는 문제라고 할 수 있다. 어떤 이들은 자본가와 노동자의 이익이 충돌한다면 우선 자본가의 이익을 보호해야 한다고 생각한다. 이러한 정치적 견해를 보수라고 한다. 반면 다른 이들은 노동자의 이익을 우선해야 한다고 생각한다. 이러한 정치적 견해를 진보라고 한다. 따라서 보수와 진보는 어떤 계급의 이해를 우선하는지, 어떤 계급의 이해를 우선으로 하는 경제체제를 선호하는지에 대한 입장이라고 하겠다.

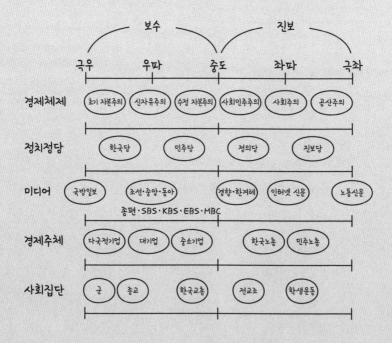

이론적 측면에서 구분한 보수와 진보 개념을 토대로 오늘날 한국 사회의 다양한 집단들을 현실적으로 구분해보았다. 분류는 정당, 미디어, 경제주체, 사회집단에 따라 이루어졌다. 전체 내용을 종합하면 앞의 도표와 같다.

　　세상은 둘로 구분된다. 세계는 이분화된 세계다. 보수는 언제나 보수끼리 협력하고, 진보는 언제나 진보끼리 협력한다. 이들은 항상 동일하고 일관된 목소리를 내며, 그런 까닭에 거의 모든 사회 문제는 이들의 대립 관계를 전제하고 파악해야 그 본질을 쉽게 이해할 수 있다.

　　이제부터는 이슈가 되고 있는 실제 사회 문제가 보수와 진보의 관점에서 어떻게 이해되는지를 구체적으로 알아보려고 한다.

FTA,
무상급식, 민영화

보수와 진보를 실제 현실에 적용해보자

사회 문제를 이해하기 위해서는 개별 사건들을 심도 있게 분석할 필요가 있지만, 이와 동시에 그 사건에서 대립하는 주체들을 보수와 진보로 구분함으로써 구조를 파악할 필요도 있다. 여기에서는 개별적인 사건의 심도 있는 분석은 배제하고 거시적인 구조를 파악하는 연습을 해보려고 한다. 한국 사회뿐만 아니라 비슷한 내용으로 세계적으로 논쟁되는 세 가지 이슈인 FTA, 무상급식, 민영화에 대해서 알아보자.

FTA 문제

FTA는 자유무역협정으로, 국가 간에 무역 거래를 할 때 관세를 낮추거나 폐지하는 제도를 말한다. 누가 FTA에 찬성하고 반대할지 분석해보자. FTA는 관세, 즉 세금에 대한 논쟁이며 궁극적으로는 세금을 낮추려는 제도다. 세금이 낮아지면 필연적으로 복지가 낮아진다. 세금이 낮아지면 자본가와 기업에 이익이 되고, 복지가 낮아지면 노동자와 서민에 불이익이 된다. 따라서 FTA에 대해 보수는 찬성하고 진보는 반대하게 된다. 우선 보수 정당은 이에 찬성하고 추진하려 할 것이다. 보수 언론은 FTA의 장점을 부각하고, 기업의 수출이 확대되어 국가 경제에 이익이 될 것이라는 내용을 중심으로 보도할 것이다. 실제로 다국적 기업과 대기업을 포함한 대다수의 기업과 자본가가 이로 인한 직접적인 이익의 대상이 된다. 군이나 종교에서 이에 대해 언급하거나 입장을 발표한다면 FTA가 장기적인 관점에서 국가의 이익에 도움이 된다고 말하게 될 것이다.

반대로 진보 정당은 FTA에 반대하고, 이를 저지하려 노력할 것이다. 진보 언론은 소규모 기업이나 소상공인의 경우 거대 자본력을 바탕으로 한 외국계 기업과의 경쟁에서 도태될 것임을 강조할 것이고, 직접적인 피해 대상인 농민들의 열악한 상황과 그들의 피해를 중심으로 보도할 것이다. 정부의 개입이 축소되고 시장의 자유가 확대되므로 노동자와 서민이 장기적인 관점에서 직접적인 피해 대상이 된다. 이에 따라 노동계와 학생운동 단체의 거센 반대가 진행될 것이다.

무상급식 문제

무상급식이란 국가 재원으로 학생들에게 무상으로 급식을 제공하는 제도를 말한다. 누가 무상급식에 찬성하고 누가 반대하겠는가? 분석해보자. 무상급식은 복지에 대한 문제다. 이는 국가 재정에 부담으로 작용한다. 재정 부담은 세금 인상으로 이어진다. 세금 인상은 기업과 자본가의 손해와 부담을 증가시킨다. 결과적으로 무상급식은 보수는 반대하고 진보는 찬성하는 문제가 된다. 보수 정당은 무상급식 정책을 거부할 것이다. 보수 언론은 무상급식이 발생시키는 과도한 재정 지출에 초점을 맞출 것이고, 이로 인한 세수 증가가 결국 국민의 부담으로 돌아온다는 내용을 중점으로 보도할 것이다. 기업은 대놓고 입장을 밝히지는 않겠지만, 언제나 그렇듯 보수 정당과 언론을 지원함으로써 자신들의 부담을 줄이는 방향으로 사회의 방향을 몰아갈 것이다. 군과 종교가 이에 대한 입장을 발표한다면, 국가 재정의 부담이 심히 우려된다는 내용이 될 것이다.

이와는 반대로 무상급식에 찬성하는 집단은 복지의 직접적인 수혜 대상인 사회적 약자와 서민이 될 것이다. 이들의 입장을 대변하는 진보 정당이 무상급식 제도를 강력히 추진할 것이다. 진보 언론에서는 무상급식을 찬성하는 입장과 사회 윤리적 측면에 초점을 맞출 것이고, 빈곤층 학생들이 실제로 급식을 통해 혜택을 받고 있는 모습을 중점적으로 보도할 것이다. 노동계와 학생운동 단체가 여기에 동조할 것이다.

민영화 문제

민영화는 국가가 소유하고 관리했던 생산수단을 민간 부문에 매각하거나 위탁하는 것을 말한다. 통신, 의료, 철도, 도로, 전기, 수도, 공항, 항만 등의 분야가 이러한 논의의 대상이 된다. 정부의 개입을 줄이고 시장의 자유를 늘리는 정책이라고 하겠다. 정부의 개입이 줄면 세금과 규제가 축소되는 것이고, 이와 함께 복지도 축소된다. 세금 축소는 자본가와 기업의 이익이 되고, 복지 축소는 노동자와 서민의 손해가 된다. 결국 보수는 민영화에 찬성하고, 진보는 반대한다. 민영화의 추진 자체가 보수 정당을 통해 진행되고, 보수 언론은 공공기관의 방만한 운영과 비효율을 중점으로 보도함으로써 이에 대한 근거를 마련해줄 것이다. 민영화의 실제 주인공인 자본가와 대기업이 이를 인수하려 할 것이고, 시장의 자유화에 군과 종교는 지지하는 입장을 가질 것이다.

반면 진보 정당은 이에 반대할 것이다. 진보 언론은 민영화가 가져올 전기, 통신, 철도, 항공, 의료 비용 상승에 대해 대대적으로 보도하고, 국민의 생존과 직결된 서비스는 시장의 논리를 따라서는 안 된다는 주장을 제시할 것이다. 노동자와 서민의 비용 부담이 커지는 일이므로 직접적인 반대 집회가 개최될 것이고, 노동계와 학생운동 단체가 이를 지지할 것이다.

사회에서 발생하는 특정 사안에 대해 이해하기 위해서 신문을 보고 정보를 검색하는 것은 실제 그 사안의 본질을 이해하는 데는 큰 도움이 되지 않는다. 사회 문제를 보수와 진보로 구분하지 못하고, 자본가와 노동자의 대립으로 구분하지 못하고, 시장의 자유와 정부의 개입 간의 갈등으로 구분하지 못하고, 세금의 인상과 인하의 관점에서 보지 못하는 사람은 세상이 혼란스럽고 복잡하며 어렵다.

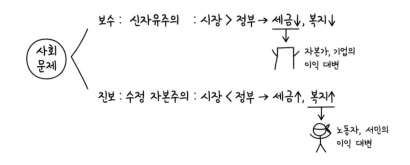

    물론 현실은 복잡하다. 실제 사회는 예상치 못한 외부 효과들이 끊임없이 상황에 영향을 미치기 때문이다. 하지만 분명한 것은 위와 같은 거시적 구분과 분석이 사회의 대립을 이해하는 명확한 틀로 작용한다는 것이다. 세계는 생각보다 단순하다. 세계를 이해하기 위해 반드시 개별적인 사례 하나하나를 모두 분석해야 하는 것은 아니다. 세계를 양분하는 거시적인 안목을 가지고 있을 때, 당신 앞에 쏟아지는 복잡한 현실 문제들로부터 도피하거나 외면하지 않고 이에 맞서 스스로 판단하고 평가할 수 있는 힘을 얻게 될 것이다.

보수/진보에 대한
축구 경기의 비유

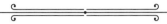

보수와 진보의 한판, 당신은 누구를 응원하겠는가

당신이 사회 문제를 이해하려 한다면, 사회에는 단 두 개의 팀이 있어서 이 두 팀이 선명한 의견 차이를 기준으로 서로 대립하고 있음을 염두에 두면 된다. 이 두 팀의 이름은 각각 보수, 진보다. 보수와 진보를 축구 경기에 비유해보자.

광활한 축구 경기장에서 파란색 유니폼을 입은 보수 팀과 빨간색 유니폼을 입은 진보 팀이 축구를 한다. 보수 팀의 선수들은 열한 명인데 공격수는 다국적 기업, 대기업, 중소기업 이렇게 셋으로, 모두 거인이다. 특히 다국적 기업은 키가 너무 커서 얼굴이 구름까지 닿은 까닭에 잘 보이지 않는다. 대기업은 잘생기고 덩치가 산만 하지만, 그 덩치에도 불구하고 날렵하고 빠르다. 중소기업은 조금 작은 거인인데 평범하다. 수비수는 보수 미디어들로, 목소리가 크고 잘생겼다. 골키퍼는 보수 정당으로, 덩치가 크고 골을 잘 막기로 소문이 났다. 공격수와 수비수의 눈치를 많이 보는 것으로도 소문이 났다는 게 문제다.

　반면 진보 팀은 좀 안쓰럽다. 공격수와 수비수를 합쳐서 천 명 정도 되는데, 하나같이 말도 안 되게 작고 왜소하고 굼뜨다. 진보 팀의 공격수들은 대부분 노동자다. 이들은 인원이 많고 가끔은 잘 뭉쳐서 보수 팀의 공을 빼앗기도 하지만, 곧 서로 의심하고 공을 패스하지 않아 불신과 혼란으로 우왕좌왕할 때가 많다. 수비수는 진보 미디어들로, 목소리가 작고 검소하게 생겼다. 골키퍼는 진보 정당으로, 덩치가 작은데 능력이 좋고 많이 배운 것으로 알려져 있으나, 자기분열적인 특성이 있어서 혼자 말하고 혼자 답하고 혼자 심각해하는 동안 골을 못 막을 때가 많은 것으로 소문이 났다.

　응원석을 가득 채운 무수히 많은 관중은 대부분 진보 팀의 선수들과 외모가 매우 닮았다. 사실 진보 팀의 선수들과 관중의 관계는 지인, 친구, 가족이다. 그런데 재미있는 건 진보 팀의 지인들, 친구들, 가족들인데도 불구하고 절반 정도의 관중은 잘생긴 보수 선수들의 팬이 되어 보수 팀 응원석에 가서 응원을 한다는 것이다. 진짜 보수 팀의 관중은 보수 진영에 잘 마련된 로열석에 있다는데, 소문만 무성할 뿐 실제로 그들을 본 사람은 없다.

　경기가 시작되면 가관이다. 거대하고 발 빠른 보수의 꽃미남 거인 공격수들이 공을 드리블하며 믿기지 않는 속도로 진격하는 동안, 거인의 발에 진보의 선수들이 밟혀 죽는다. 우왕좌왕 혼돈과 비명 속에서 아비

규환이 펼쳐지는데, 진보의 수비수들이 반칙이라고 아무리 소리를 질러도 목소리가 작아 잘 들리지 않는다. 관중석에서 보면 진보 수비수들이 뭔가 흥분해서 소리를 지르고 있는 듯한데, 그 모습만 작게 보일 뿐 별로 관심이 안 간다.

더 큰 문제는 관중에게 있다. 진보 쪽 관중이건, 진보 쪽 지인들이면서 보수 쪽 응원석에 앉은 관중이건, 축구에는 별 관심이 없다. 자기가 앉은 좌석을 지키려고 서로 경계하고 옆 사람을 의심할 뿐이다. 어떤 관중은 1분마다 일어나서 자신의 좌석을 물수건으로 깨끗하게 닦고 마른 걸레로 다시 닦기를 반복한다. 어떤 관중은 자신이 앉은 좌석이 앞자리에 해당하고 특별히 좋은 자리에 해당한다며 주변 사람들에게 자랑하기 바쁘다. 어떤 관중은 옆 사람과 대화하기에 바쁜데, 관중 중에서 누가 선수들이 죽어가고 있다고 소리 지르면, 왜 경기장에서 시끄럽게 구느냐며 소리를 지르는 사람이 무례하고 재수 없다고 생각한다. 관중석의 가장 뒤쪽에 앉아서 경기장이 잘 안 보이는 사람들은 그나마 좌석이 생긴 것에 위안하며, 졸거나 유일하게 보이는 거인 공격수들의 모습만을 가끔 보고 있다. 이들은 경기장이 안 보이므로 경기를 하는지 잘 모르며, 그저 잘생긴 보수 공격수들이 잘생김을 뽐내며 앞으로 걸어가고 있는 줄만 안다.

보수 팀 거인 공격수가 골문 앞에 서서 슛을 할 모양이다. 진보 팀은 아직도 아비규환이다. 진보 팀 수비수들은 지쳤다. 마지막으로 믿을 수 있는 건 골키퍼인데, 진보 팀 골키퍼는 뭔가 혼자 심각하다. 골대 가운데 서서 무엇인가 계속 중얼거리며 왼손으로 오른쪽 뺨을 때리고 반대로 해보기도 한다. 보고 있는 것만으로도 흥미롭다. 보수 팀 공격수가 결국 슛을 하고, 골은 심심하게도 골문 안으로 멋지게 꽂힌다. 경기가 정말 재미없다. 보수 팀 수비수들은 공격수의 멋진 세리머니를 위해 경기장을 이미 잘 꾸며놓았다. 오늘의 주인공인 공격수들이 자신의 진영으로 돌아와 멋지게 세리머니를 하고, 수비수들은 박수를 치고 환호성을 지른다. 수비수들은 응원석이 무관심하면 직접 응원석으로 올라가 박수를 치고, 다시 급하게 내려와서 환호하기를 반복한다.

진보 진영은 골을 먹은 후가 더 흥미롭다. 골이 먹혔다는 소문이 돌자 그때까지 무관심하던 관중은 분노하기 시작하면서 경기장에다 물병을 던지고 선수들을 욕한다. 경기장 내의 선수들 간에도 서로 싸우고 헐뜯는 시간이 벌어진다. 최종 책임을 무능한 골키퍼가 지기로 했는데, 혼자 말하고 싸우고 심각했던 자아분열적인 골키퍼가 갑자기 정신을 차리고 정중한 태도로 돌변해서 선수들과 관중에게 사과를 한다. 그러곤 이름을 한번 바꿔보겠다고 말한다. 관중도 그게 정말 책임을 진 건지 아닌 건지 헷갈리지만, 뭐 특별히 다른 방법도 없으니 그러려니 하면서 또 자기 좌석에 관심을 쏟는 일로 돌아온다.

뭔가 해결된 것 같다고 숨을 돌리는 사이, 저 멀리서 보수 팀 공격수들이 다시 공을 몰고 달려오기 시작한다.

우리는 지금 정치에 대해서 알아보고 있다. 그리고 정치를 이해하기 위한 첫 번째 단계로 보수와 진보를 구분해보았다. 이제부터는 두 번째 단계로 민주주의에 대해서 알아볼 것이다. 앞서 경기장의 선수들에게 관심을 가졌으니, 이제 응원석의 관중에게로 관심을 돌릴 차례다. 민주주의는 관중에 대한 이야기다.

민주주의

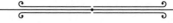

민주주의는 어떻게 독재를 탄생시키는가

정치 견해로서의 보수와 진보를 알아보았다. 이제 궁금한 건 이것이다. 우리 사회가 보수와 진보 중 어떤 이념의 방향을 따르도록 만들어야 할 것인가? 정답은 없다. 개인의 경제 상황과 신념에 따라 개인이 선택하면 될 것이다. 우리가 이야기해보려는 것은 하나의 사회를 보수 혹은 진보로 만드는 방법에 대한 것이다. 이제부터 보수와 진보를 결정하는 방법으로서의 민주주의에 대해 알아보려고 한다.

우선 이렇게 묻자. 민주주의가 무엇인가? 이 질문에 대해 많은 사람이 쉽게 답한다. 민주주의는 민중이 주인인 정치체제라고 말이다. 옳은 답변이다. 그렇다면 민주주의의 반대말은 무엇인가? 이 질문에 대해서는 답변이 다양하다. 그중에 가장 많이 나오는 답변이 공산주의다. 아무래도 한국인의 마음속에는 북한이라는 절대적 타자가 뿌리 깊게 거주하고 있는 듯하다. 민주주의의 반대말이 공산주의라는 생각은 기본적으로 다음과 같은 사고 절차를 거쳐 도출된 것이다.

"민주주의의 반대말이 뭐냐고? 민주주의는 우리인데… 그런데 우리는 남한이고, 그럼 반대말은 북한이겠네. 북한의 체제는 공산주의니까 민주주의의 반대말은 공산주의다."

정말로 이와 같이 생각했는지 아닌지 확인할 길은 없지만, 어쨌거나 안타깝게도 북한 역시 민주주의다. 북한의 정식 명칭은 '조선민주주의인민공화국'이다. 실제로 그들이 민주주의인가 아닌가는 여기서 논하지 말자. 우선은 그들 스스로가 추구하는 정치체제는 민주주의라니까 그런가보다 하고 넘어가는 것이 좋겠다.

그렇다면 다시 묻자. 민주주의의 반대말은 무엇인가? 답부터 말하면, 독재와 엘리트주의다. 공산주의의 반대말은? 그것은 앞서 논의한 대로, 자본주의다. 민주주의, 독재주의, 엘리트주의, 자본주의, 공산주의. 무슨 주의가 이리도 많은가 싶겠지만, 차근차근 구분해보자. 민주주의와 엘리트주의는 정치체제에서 대립되는 개념이고, 자본주의와 공산주의는 경제체제에서 대립되는 개념이다.

정치 : 민주주의 ⟷ 엘리트주의
(독재주의)

경제 : 자본주의 ⟷ 공산주의

우리가 알아보고자 하는 것은 정치체제의 두 측면인 민주주의와 엘리트주의를 구분하는 것이다. 결론부터 말하자면, 민주주의는 다수에 의해 의사가 결정되는 정치 방식이고, 엘리트주의 혹은 독재주의는 소수에 의해 의사가 결정되는 정치 방식이다. 즉, 두 체제의 차이는 의사결정에 참여하는 주체의 수에 있다.

어떤 의사결정 방식이 더 좋은가? 당연히 독재주의는 악이고, 민주주의는 선이라고 생각하는가? 사실 '어떤 정치체제가 더 좋은가?'라는 질문은 적절하지 않다. 물론 민주주의는 오늘날 대부분의 국가가 채택하고 있는 검증된 정치체제이고, 특히 한국의 경우에는 많은 이의 희생을 대가로 얻은 값진 결과물이다. 하지만 이론적인 측면에서 볼 때, 특정 정치체제는 선이고 다른 정치체제는 악이라고 단정 지을 수는 없다. 우리가 앞서 경제에 대해 논하며, 경제체제는 선과 악의 문제가 아니라 합리적 선택의 문제라고 했던 것과 마찬가지로, 민주주의와 엘리트주의 역시 어느 쪽도 완벽할 수 없으며, 둘 다 장단점을 가진 불완전한 체제라고 할 수 있다. 우리는 각각의 장단점을 고려해서 각 체제의 특성을 이해해보려 한다.

민주주의의 장점과 단점을 알아보기 전에, 우선 개념을 정리해야 할 부분이 있다. 현대 민주주의는 대의제의 형태를 띠고 있다. 모든 시민이 정치에 직접 참여하는 것이 아니라 정치 전문가 집단이 시민의 의견을 대리해서 결정하는 것이다. 그러면 대의제는 민주주의인가, 변형된 엘리트주의인가? 이에 대해서는 지금까지도 논쟁 중이지만, 우리는 우선 대의제도 민주주의에 포함하려 한다. 엘리트주의 혹은 독재주의는 권력의 근거를 자기 스스로에게서 찾는 반면 대의제는 권력의 근거가 시민, 대중에게 있기 때문이다. 대의원들의 의사가 시민의 입장을 반영하지 못하고 괴리될 때가 있는 것이 사실이지만, 어쨌거나 그들에게 권한을 부여해준 것은 시민이다. 의사결정 권한을 가진 사람의 수에 따라서 다음과 같이 정리할 수 있다.

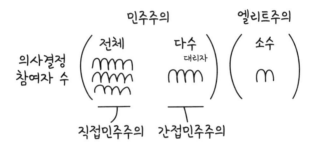

민주주의의 장단점에 대해 알아보자. 민주주의의 장점은 시민들이 자신의 이익에 따라 직접 의사결정에 참여한다는 것이다. 개개인의 의사를 직접적으로 확인하므로 사회 구성원 모두의 의견을 종합할 수 있다는 매력을 갖는다. 물론 이런 비판이 가능하다. 현대 민주주의가 대의제라면 실제로는 개개인의 의사가 개별 사안에 제대로 반영되지 못하는 것이 아닌가? 타당한 비판이다. 각각의 시민이 사회에서 발생하는 모든 의사결정에 참여하지 않으므로 시민의 뜻이 개별 사안마다 반영될 수는 없다. 쉽게 말해서 국가 정책을 결정할 때, 그 결정은 국회의원들끼리 알아서 하지, 당신에게 하나하나 물어보지 않는다는 것이다.

다만 거시적 관점에서는 당신의 의사가 정책 결정에 하나하나 반영된 것이나 다름없다. 그것이 가능한 건 앞서 알아보았듯 세계가 이분화된 세계이기 때문이다. 세상에는 무수히 많은 다양한 사건이 있지만, 거칠게 묶는다면 본질적으로는 선명히 구분되는 두 가지 대립 관계밖에 없다. 보수와 진보. 당신이 보수 정당을 선택한다면, 그것은 대리자 한 명을 뽑아준 것이 아니라 경제체제로서의 신자유주의, 시장의 자유 확대, 세금 인하, 복지 축소, 자본가와 기업의 이익, 국가 경제의 성장, 치열한 경쟁을 선택한 것이다. 마찬가지로 당신이 진보 정당에 투표한다면, 그것은 진보 정치인 한 명을 선출한 것이 아니라 후기 자본주의, 정부의 개입 확대, 세금 인상, 복지 확대, 노동자와 서민의 이익, 빈부격차 해소, 경쟁 지양 및 협력적 분위기 형성을 선택한 것이다.

민주주의의 본질인 투표는 반장을 뽑듯이 정치인 한 명을 선출하는 것이 아니다. 그것은 한국 사회의 방향을 선택하는 것이며, 직접적으로 내가 살아갈 내일의 모습을 스스로 결정하는 권한을 부여받은 것이다. 대의원도 사람인지라 개인의 취향과 판단, 신념을 고려해서 입법안을 제출하겠지만, 한국은 정당정치이기 때문에 개인의 정치적 견해보다는 정당의 방향성이 더 강하게 작동한다. 논란의 여지는 있겠지만 단순하게 이야기해본다면, 투표를 하기 위해 개별 정치인의 삶을 알아보는 노력을 기울일 필요는 없다. 그 대신 현시점에서 나의 이익을 대변해주는 정당이 보수인지 진보인지, 그리고 그러한 선택이 갖는 사회적 의미가 무엇인지 구분할 줄 아는 시야를 갖는 것이 자신과 사회 전체를 위해 더 도움이 된다.

자신이 살아갈 미래를 타인이 아니라 자기 스스로 선택하는 체제. 이 체제가 민주주의이고, 이러한 민주주의의 이념은 이론적인 측면에서 볼 때 가장 이상적이고 감동적인 체제가 된다.

하지만 현실적인 측면으로 넘어오면 부정적인 면을 너무도 쉽게 확인할 수 있다. 변변치 못한 사람들로 이루어진 두 사회 A, B에서 발생할 수 있는 민주주의의 문제점을 살펴보자.

우선 A사회는 귀가 매우 얇은 사람들로 이루어져 있다. 그들은 다른 사람들의 이야기에 쉽게 호도되며 사회적 분위기에 잘 휩쓸린다. 다른 사람들이 즐거워하면 같이 즐거워하고, 다른 사람들이 분노하면 같이 분노한다. 누군가 욕을 먹고 있으면, 솔직히 왜 그런지 모르지만 같이 욕하는 편에 선다. 스스로 판단하는 것을 주저하는 이들은, 혹시나 자신의 판단이 틀려서 누군가에게 놀림을 받는 것보다는 다수의 판단에 자신의 판단을 맞춤으로써 안정감을 얻는 편을 택한다. 그런데 A사회에 소수의 달변가들이 나타난다. 이들은 스스로 확신에 차 있고 대중이 무엇을 봐야 하는지를 알려준다. 별 볼 일 없는 A사회의 사람들은 달변가들의 판단에 쉽게 동조된다. 어차피 모든 책임은 그들에게 있고 자신은 동조만

하는 것이니, A사회의 사람들은 달변가들을 신뢰하고, 결국 그들을 대표로 선출한다.

물론 소수의 달변가들이 기대만큼 뛰어나고 정의로우며 덕이 있는 사람이라면 문제가 크지 않을 수도 있다. 하지만 이들이 가진 신념 자체에 문제가 있다면, 혹은 이들이 사실은 자신의 이익을 추구하는 그저 보통의 사람들이라면 문제는 커진다. 어떤 문제가 발생하는가? 소수의 달변가들은 대중의 지지를 기반으로 자신이 믿는 바를 실현하기 위해 권력을 남용하기 시작할 것이다. 어차피 명분이 있고, 설명만 잘한다면 판단 능력이 결여된 대중은 다수의 분위기에 편승해 계속해서 자신들을 지지할 것이기 때문이다. 여기서 민주주의의 첫 번째 문제점이 발생한다. '선거를 통해 선출된 독재자'가 그것이다.

또 다른 사회 B를 생각해보자. 이 사회는 교육열이 매우 높다. 그런 까닭에 B사회의 구성원들은 평균적으로 가방끈이 길다. 이들은 자신의 이익을 최대화하려는 합리적인 사람들로, 부를 축적하는 방법을 알고 있으며, 이를 위해 최선의 노력을 기울인다. 하지만 사회의 재화는 한정되어 있으므로 합리적 개인들은 치열한 경쟁 상황에 처하게 된다. 개인은 자기계발에 몰입하고 관련 분야의 스펙과 커리어를 쌓기 위해 삶의 모든 시간을 할애한다. 외국어와 경영, 경제, 재테크에 대한 공부는 필수다. 이들은 성실한 사람들이기에 아무리 노력해도 다른 사람을 따라잡을 수 없으면, 더 노력하지 않는 마음가짐이 문제인 것만 같아서 자기계

발서도 읽어보고, 스트레스를 극복하기 위해 힐링 관련 공부도 해본다. 이 사회에서는 기득권을 획득한 사람도 불안하기는 마찬가지다. 치열한 경쟁 속에서 자신이 언제 도태될지 모르고, 지금까지 쌓아왔던 성공이 어느 한순간에 무너질지 알 수 없기 때문이다.

자신의 경제적 이익만을 최우선으로 고려하는 B사회의 구성원들은 사회 전체의 이익은 크게 고려하지 않는다. 저소득자나 소외계층을 생각할 겨를이 없다. 그들은 경쟁에서 도태된 결과이므로 그들의 처지는 어떤 면에서는 정당하다고 믿는다. 그래서 B사회의 구성원들은 자신의 재산과 부를 지켜줄 수 있는 대리자를 희망한다. 일단 자신에게 조금이라도 불이익을 줄 것 같은 대리인은 명쾌하게 거부한다. 이 사회에서는 부자가 되는 세상, 성장하는 경제, 세금 인하를 약속하는 대리인만이 다수의 지지를 받아 선출된다. 경제 성장과 부를 추종하는 다수에 의해 경쟁에서 소외된 소수의 다른 견해는 받아들여지지 않는 사회. 민주주의의 두 번째 문제점이 발생한다. '다수의 독재'가 그것이다.

민주주의의 문제점 ⇒ 독재 발생

① 선거를 통한 독재자의 탄생

② 다수의 독재

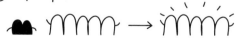

민주주의는 필연적으로 독재를 만들어낸다는 문제점을 갖는다. 다만 그 독재의 방식이 다를 뿐이다. A사회의 독재는 어리석은 다수가 '독재자를 선출'하는 경우다. 대표적인 사례는 제2차 세계대전 당시 독일의 히틀러다. 그는 쿠데타를 통해 독재자가 된 것이 아니다. 대중의 열렬한 지지를 통해 선출되었고, 이후에 스스로 총리와 대통령의 지위를 겸임하는 총통이 됨으로써 독재자가 되었다. 물론 당시의 독일인이 교육을 받지 못했거나 어리석은 사람들이었기 때문은 아니었다. 경제적 위기 상황에서 독일인은 스스로의 합리적, 윤리적 판단을 보류했고, 집단의 이기심에 판단을 양도함으로써 자신의 책임을 회피하고자 했다. 그들은 대중 전체라는 분위기에 숨어 암묵적으로 독재자의 탄생에 동조했던 것이다.

반면 B사회의 독재는 독재자에 의한 독재가 아니라 '다수에 의한 독재'의 상황이다. B사회에서 자신의 경제적 이익만을 추구하는 개인들은 하나의 정치 세력처럼 행동한다. 경제 성장과 발전 외의 정치 담론은 거부하고, 세금 인하나 규제 완화처럼 단기적이고 직접적인 이익만을 추구하는 것이다. 여기에서 소수에게 발생하는 인권 침해나 권리 박탈은 고려되지 않는다. 반대로 소외된 소수의 권리를 주장하는 사람이 등장하면 그 사람은 세상 물정을 모르는 사람이거나 다른 의도를 가진 위선자로 치부된다. B사회처럼 물질적 가치를 최우선으로 고려하는 다수의 개인은 물질적 가치를 최우선으로 고려하는 독재 정부를 낳는다. 그리고 이 사회는 다시 물질적 가치를 최우선으로 고려하는 개인을 키워낸다. 이 연결고리를 끊는 것이 불가능하진 않겠지만, 오랜 시간이 걸릴 것임은 비교적 분명해 보인다.

영국인이 중산층의 기준으로 '자기주장과 신념을 가질 것' '약자를 돕고 강자에 저항할 것' '페어플레이를 하고 부정과 불법을 거부할 것'을 제시한 반면, 한국인은 '부채 없는 30평대 아파트' '월 급여 500만 원' '중형차 이상 소유'를 제시한 것은 잘 알려져 있다. 당신이 경제적 성공을 인생의 최대 가치로 삼고 있는 것은 어쩌면 당신의 욕망 때문이 아니라 우리의 정치 문제일 수도 있다.

아이러니하게도 독재가 발생할 수 있다는 문제점은 다수결이라는 민주주의의 형식적 측면만을 고려할 때 거의 필연으로 보인다. 따라서 민주주의의 문제점이 발생하지 않게 하기 위해서는 형식적 측면과 동시에 내용적 측면이 보강되어야 한다. 민주주의는 단순히 형식적 다수결을 의미하는 것이 아니라, 민주주의 정신이라는 내용적 측면까지 함께 고려되어야 하는 것이다. 다양한 의견 수렴 과정과 공정한 절차가 보장되고, 각 구성원이 소수의 의견에 귀 기울이는 관용의 태도가 전제되어야만 이상적인 형태의 민주주의가 비로소 가능할 것이다.

독재,
엘리트주의

독재와 엘리트주의는 나쁜 것인가

지금까지 민주주의의 장점과 단점을 정리했다. 장점은 시민 스스로가 자신의 미래를 직접 선택할 수 있는 가장 이상적인 체제라는 것이었고, 단점은 민주주의 정신이 결여된 상태에서의 형식적 민주주의가 독재를 발생시킨다는 것이었다.

민주주의

- 장점 : 시민 스스로 자신의 미래를 선택

- 단점 : 독재의 가능성

　　　　1) 선거에 의한 독재자 선출
　　　　2) 다수의 독재

민주주의의 문제점은 사실 하나의 원인에서 기인한다. 의사결정의 주체인 다수가 정치적 결정을 할 수 있는 역량과 준비가 부족하다는 것이다. 극단적으로 표현해서 어리석은 사람들에 의해 이루어지는 정치, 고대 그리스 철학자들은 이를 '중우정치'라 부르며 경계했다. 중우정치는 다수의 어리석은 민중에 의해 사회의 방향이 결정되는 정치적 실패를 말한다. 소크라테스는 민주주의의 어리석음과 그로 인한 위험성을 강력히 주장한 대표적인 인물이다. 그는 아테네 시민에게 그들이 추구하는 민주제가 중우정치로 몰락할 것임을 경고했다. 소크라테스가 말했다고 다 맞는 것은 아닐 것이다. 하지만 분명한 것은 민주주의가 소중한 정치체제인 것만은 사실이지만, 분명 한계와 문제점을 갖는 불완전한 체제인 것도 사실이라는 점이다.

대신 소크라테스와 그의 제자 플라톤은 이상적인 정치 형태로 스파르타의 엘리트주의를 제시했다. 엘리트주의는 사회의 중심이 엘리트라고 보는 견해의 총칭이다. 역사적으로 등장했던 귀족제, 과두정치, 독재, 참주제, 전제정치가 모두 여기에 속한다. 그 이름이 어찌 되었건 소수에 의해서 정치적 결정이 이루어진다는 점에서 동일하다.

엘리트주의는 근본적으로 두 가지를 전제한다. 첫 번째는 사회가 권력과 능력을 가진 엘리트와 이를 가지지 못한 일반 대중으로 구분되는 것이 사실이며, 이들 사이에 자연스럽게 지배와 피지배의 관계가 형성된다는 것이다. 두 번째는 이렇게 엘리트가 사회를 지배하는 것이 대중의 이익에도 부합한다는 것이다. 이러한 판단은 기분은 좀 나쁘지만, 어쩌면 구체적인 현실에 부합하는 것 같기도 하다. 엘리트는 자신의 잠재력과 가치를 전면적으로 실현할 개인적 능력과 환경적 여건을 갖추고 있다. 반면 일반 대중은 개인적으로 잠재 가치를 갖지 못했거나 처해진 환경상 능력을 펼칠 여건을 갖추지 못하고 있다. 현실이 그렇다고 할 때, 능력과 여건을 갖춘 엘리트에게 사회를 맡기는 것이 사회 전체의 이익을 증가시키고, 이것이 결국 대중 전체의 이익으로 돌아오게 된다는 것이다. 이렇게 보면 현대 사회도 엘리트주의 사회처럼 보인다. 실제로 사회는 능력 있고 학벌 좋은 소수의 정치, 사회, 경제 엘리트에 의해서 움직이고 있으니 말이다. 특히 국회의원들은 정치 엘리트로서 사회의 모든 의사결정을 담당하는 것처럼 보인다.

물론 이러한 유사점에도 불구하고 현대 대의제 민주주의는 엘리트주의와 근본적인 면에서 차이가 있다. 그것은 정치권력의 정당성을 누구로부터 얻는지에 대한 차이다. 민주주의는 구성원 중에 엘리트가 존재하는지의 여부와는 무관하게 선출되는 정치권력의 정당성이 시민으로부터 나온다. 시민에게 특정 정치인을 대리자로 뽑거나 뽑지 않을 권리가 있는 것이다. 반면 엘리트주의는 이론적 측면에서 볼 때, 통치자의 정당성이 시민으로부터 나오지 않는다. 엘리트의 정치적 정당성은 엘리트 스스로에게서 나온다. 그럴 수밖에 없다. 엘리트주의의 관점에서 생각해보면, 대중은 무기력하고 비합리적인 존재여서 자신의 이익을 대변할 대리자를 선출할 능력이 부재하기 때문이다. 따라서 그들의 손에 대리자를 선출할 권한을 넘겨주는 것은 위험한 행동이다.

엘리트주의를 이상적인 정치제도로 생각한 소크라테스는 정치에서 절대적 진리를 찾고자 했다. 오늘날의 현대인은 다양한 목소리와 관점이 중시되어야 한다는 점을 알고 있지만, 소크라테스는 그러한 다양한 목소리를 좋아하지 않았다. 그것은 당시 아테네가 언변과 말솜씨로 세상을 농락하는 소피스트들로 가득했기 때문이다. 소크라테스는 수많은 궤변과 거짓 속에서 절대적이고 보편적인 하나의 진리를 찾으려 했다. 이러한 진리에 대한 추구는 철학에서는 절대주의로, 정치에서는 엘리트주의로 나타났다.

소크라테스의 신념은 그가 살던 고대 그리스 시대의 역사와 얽히며 그를 위기에 처하게 했다. 당시는 그리스 지역의 패권을 두고 두 도시국가인 아테네와 스파르타가 오랜 전쟁을 치른 직후였다. 아테네는 민주제를 대표했고, 스파르타는 엘리트주의를 대표했다. 펠로폰네소스 전쟁이라고 알려진 이 길고 잔인했던 싸움은 결국 기원전 404년, 아테네의 패배로 끝나게 되었다.

원래 아테네는 관용의 도시였지만 전쟁을 거치며 시민은 스파르타에 대해 뿌리 깊은 반감과 적대감을 갖게 되었다. 문제는 소크라테스가 스파르타와 연관되어 보인다는 점이었다. 그가 설파하고 다니는 사상이 그러했고, 실제로 그의 제자들 중 일부가 전쟁 중에 친스파르타 행위를 했었기 때문이다.

결국 아테네인은 이 말 많은 70세의 노인을 법정에 서게 했다. 직접적인 죄목은 신성 모독과 청년들에게 불온한 사상을 퍼뜨린 것. 즉, 풍기문란과 국가보안법 위반이었다. 소크라테스는 시민이 모인 법정에서 자신을 변론할 기회를 얻었지만, 도리어 배심원들의 화를 돋우며 사형을 선고받게 되었다. 자신을 쇠파리에 비유하며, 굼뜨고 거대한 말인 아테네를 깨우는 일을 한 것뿐이라고 아테네 시민의 문제점을 비판했던 것이다. 사형을 선고받았지만 소크라테스는 친구들과 제자들의 도움으로 충분히 도망칠 기회가 있었다. 하지만 자신의 철학적 신념을 지키기 위해 그는 당당히 독배를 받았다.

소크라테스가 독배를 드는 그 슬픈 자리에 그를 열렬하게 따르던 귀족 집안의 제자가 있었으니, 그 사람이 서구 철학의 궁극적 시작으로 불리는 플라톤이다. 플라톤은 분노에 휩싸였다. 아테네 사람들에게도 물론 화가 났겠지만, 그가 분노의 대상으로 삼았던 것은 민주제였다. 소크라테스의 죽음은 민주주의가 어리석은 사람들에 의해 얼마나 파행적이 될 수 있는지를 적나라하게 보여주는 살아 있는 근거가 되었다. 어리석은 사람들이 모여 세상에서 가장 지혜로운 인물인 소크라테스를 죽인 것이나 다름없으니 말이다. 이후 플라톤은 민주주의를 중우정치, 폭민정치라 불러 그 한계를 명확히 했다. 폭민정치는 난폭한 민중이 이끄는 정치를 뜻한다.

이렇게 파행적인 민주주의의 대안으로 플라톤이 제시한 정치체제는 '철인정치'였다. 이것은 지혜와 덕을 갖춘 사람에 의해 통치되는 정치 형태다. 여기서의 철인은 '지혜를 사랑하는 사람'이라는 뜻으로, 철학자를 의미한다. 그리고 철학자란 오늘날의 의미처럼 철학과 박사 과정을 나온 사람이라는 협소한 의미가 아니라, 지혜를 사랑하는 사람이라는 넓은 의미를 갖는다. 플라톤은 사회를 농민계급인 생산자, 군인계급인 수호자, 통치자인 철인 왕으로 구분하고, 지혜를 사랑하는 덕이 있는 자에 의한 절대적 통치를 꿈꿨다.

현대인은 민주주의가 당연히 최선의 정치체제라고 알고 있다. 오늘날 독재주의나 엘리트주의를 주장하는 사람은 비정상적인 사람으로 보이며, 단지 사회에 불만이 많은 사람으로 여겨진다. 사실 이는 우리가 자유민주주의를 최선의 가치로 평가하는 국가에서 탄생한 이유가 크다. 정규 교육은 객관적인 사실을 전달하려는 목적을 가지고 있는 것이 사실이지만, 이와 동시에 국가의 이념과 가치를 교육하는 역할도 수행한다. 공산주의 국가인 중국에서는 공산주의를 최선의 가치로 교육하고, 중세의 기독교 사회에서는 정규 과목에 성경 공부를 포함시켰다. 자본주의와 민주주의를 추구하는 한국의 정규 교육에서는 당연히 자유민주주의를 최선의 가치라고 전제한 교육이 이루어진다.

교육을 통해 개인이 민주시민으로 양성되는 것은 잘된 일이겠지만, 그로 인해 엘리트주의나 독재주의는 잘못된 체제라는 선입견을 가지고

대하는 것은 정치에 대한 이해를 넓히는 데 도움이 되지 않는다. 소수에 의한 정치체제도 어떤 면에서는 긍정적인 측면이 있다. 만약 소수의 권력자가 지혜롭고 뛰어난 까닭에 대중보다 합리적이고 공평하게 판단할 수 있다면 말이다. 현대의 예측 불가능하고 불확실한 상황에서의 결정을 그들에게 맡기는 것이 사회의 성장과 개인들의 이익을 위해서 최선의 방법이 될 수도 있을 것이다.

다만 독재주의, 엘리트주의는 치명적인 한계를 갖는다. 그것은 잘 알려진 것처럼 소수에 의한 정치는 최고 권력자를 쉽게 타락하게 만든다는 데 있다. 불완전하고 갈등이 끊이지 않는 체제임에도 불구하고 현대 사회에서 민주주의가 채택되고 유지되는 것은 인류가 역사적 경험을 통해 소수의 독재가 얼마나 치명적인 문제와 한계를 드러내는지 확인했기 때문이다. 고대와 중세의 절대군주 아래서 백성은 노예였으며, 근현대에 등장한 독재자들, 독일의 히틀러, 소련의 스탈린, 중국의 마오쩌둥, 북한의 세습적 독재자들은 개인의 실책과 부패로 민중을 폭력적인 상황에 처하게 만들었다.

독재와
민주주의 비교

지금 우리에게 필요한 정치체제는 무엇인가

정치적 의사결정 방식의 두 측면인 민주주의와 엘리트주의에 대해 알아보았다. 이제 두 체제를 비교해봄으로써 어떤 체제가 우리에게 더 필요한지 알아보려 한다. 이쯤에서 물어보자. 만약 우리가 도덕적으로 부패하지 않은 가장 뛰어난 통치자를 선출할 수 있다고 가정한다면, 그럼에도 불구하고 민주주의를 지지해야 할 이유가 있을까?

위대한 철학자인 플라톤은 뛰어난 통치자에 의한 독재가 가능하다고 생각했다. 하지만 그가 이러한 생각을 할 수 있었던 것은 당시의 국가 개념이 지금과는 달랐기 때문일 수도 있다. 사실 고대의 도시국가 폴리스는 현대의 한국처럼 복잡하고 거대한 근대적 의미의 국가는 아니었다. 차라리 전통적인 사회 공동체였다고 볼 수 있다. 당시 아테네의 인구는 대략 30만 명이었는데, 이 중에서 시민은 일부에 불과했다. 즉, 건너 건너 다 아는 사람들로 이루어진 사회로, 정치적인 삶과 윤리적인 삶이 엄밀히 분리되기 어려웠다. 따라서 당시 그리스인이 개인의 삶에서 윤리적으로 사는 사람이 공동체도 윤리적으로 운영할 수 있을 것이라고 믿는 것은 자연스러웠다. 착한 친구가 반장도 잘할 것이라고 생각하는 것과 비슷하다.

여기서 윤리적인 사람이 의미하는 건 덕이 있는 사람이다. 덕은 규정하기 애매하지만 '인격적 올바름' 정도로 생각하자. 여기에 더해 고대 그리스에서는 '덕'과 '지혜'가 구분되지 않았다. 즉, 지혜로운 사람은 덕이 있는 사람이고, 덕이 있는 사람은 곧 올바른 사람이었다. 플라톤이 철인 정치를 말했던 것은 철인의 의미 자체가 지혜와 덕이 일치된 사람이기 때문이었다. 이러한 인격자가 사회를 올바르게 운영할 수 있으리라고 생각했던 것이다.

만약 현대 사회에서도 인격과 지혜를 갖춘, 절대 부패하지 않고 사회를 성장시킬 수 있는 사람을 선출할 수 있다고 한다면 그에게 모든 정치적 의사결정을 맡기는 것이 좋지 않을까? 이에 대해서는 여러 의견이 가능할 것이다. 하지만 우리가 앞서 논의했던, 경제체제의 구분과 정치에서의 보수/진보의 구분을 고려해본다면, 완벽하고 이상적인 엘리트를 선별할 수 있다고 하더라도 체제로서의 엘리트주의는 명백한 한계를 갖는다는 점을 쉽게 알 수 있다.

결론적으로 말해서, 현대 사회에서 이상적인 개인에 의한 독재와 엘리트 정치는 실현될 수 없다. 이상적인 개인이 없어서인가? 그런 것이 아니다. 아무리 이상적인 개인을 찾아냈다고 해도 이상적인 정치는 불가능하다. 왜냐하면 근현대 자본주의 사회에서 이상적인 정치라는 것이 애초에 없기 때문이다. 앞서 정치에 대해 논하며, 정치란 경제체제를 무엇으로 선택하는지에 대한 문제임을 확인했다. 따라서 완벽한 경제체제가 없는 한 완벽한 정치체제도 없다. 경제체제는 어쩔 수 없이 특정 집단의 이익을 대변하게 되며, 그만큼 다른 집단의 이익을 희생시킨다. 자본가의 이익이 우선되면 노동자의 이익이 줄어들고, 반대로 노동자의 이익이 우선되면 자본가의 이익이 줄어들 수밖에 없는 것이다. 자본가와 노동자의 이익을 모두 우선한다는 것은 논리적으로 불가능하다. 만약 자신은 이 두 계급의 이익을 모두 증진시킬 수 있다고 주장하는 정치인이 있다면 그는 '자본가와 노동자의 이익'이라는 어휘를 다른 방식으로 사용하고 있거나, 거짓말쟁이다. 세금을 낮추는 동시에 복지를 높이는 일이 논리적으로 불가능하다고 할 때, 자본가의 이익과 노동자의 이익을 모두 고려하겠다는 것은 거짓말이다.

이상적 개인에 의한 이상적 정치는 실현 불가능하다. 독재자나 민주주의자나 어쩔 수 없이 특정 집단의 손을 들어줄 수밖에 없고, 이로써 필연적으로 소외되고 희생되는 집단이 생긴다. 모두를 만족시킬 이상적인 정치는 없다. 따라서 이상적인 독재자, 엘리트는 불필요하다. 정치에서 요구되는 것은 뛰어난 인물이 정답을 선택하는 것이 아니라, 이익에서 충돌하는 이해당사자들이 대화와 협의를 통해 이견을 조율할 절차가 마련되는 것이다. 따라서 이익의 직접적인 당사자가 정치에 직접 참여할 여건을 마련한다는 점에서 민주주의는 엘리트주의의 비현실성을 압도한다.

그래서 독재주의와 엘리트주의가 현실화되었을 때, 사회 전반에 심각한 문제를 발생시킨다. 첫째, 특정 계급의 이익을 반복적으로 대변함으로써 그것이 자본가이건 노동자이건 이익 분배에서 배제된 다른 집단의 불만을 고조시킨다. 둘째, 엘리트주의는 스스로의 완전무결성을 유지하기 위해 정책에 불만을 가진 집단을 필연적으로 억압한다. 셋째, 이런 억압이 대중에게 알려지는 것을 막기 위해 권력자는 정보를 은폐하거나 왜곡한다. 넷째, 정보의 은폐와 왜곡이 드러나는 것을 숨기기 위해 반대로 국민에게 조작한 정보를 사실인 양 과장해서 교육한다. 마지막 다섯째, 이러한 지속적인 교육을 받으며 성장한 편협한 사람들이 성인이 되었을 때, 그들 스스로가 사회의 합리적인 선택을 방해하게 된다. 결국 사회는 병든다. 실제로 이러한 사회가 있는가? 어떤 이들은 북한이나 중국을 생각할 것이고, 어떤 이들은 남미나 쿠바를 떠올릴 수도 있다. 또 다른 이들은 한국의 근현대를 생각할 수도 있겠다. 어쨌거나 독재자나 소수 엘리트에 의한 이상적인 사회는 허구인 것만은 사실인 듯하다.

자유민주주의,
공산주의, 사회민주주의

경제와 정치는 어떻게 결합되는가

지금까지 정치체제로서의 민주주의와 엘리트주의에 대해 알아보았다. 이제 이 둘을 경제체제와 연결해보자. 기본적으로 하나의 정치체제는 하나의 경제체제와 연결된다. 가능한 조합은 아래에서 보듯 네 가지다.

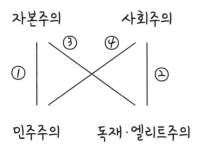

익숙한 조합부터 살펴보자. 우선 ①은 경제체제는 자본주의, 정치체제는 민주주의를 선택한 사회다. 이를 자유민주주의라 한다. 자유민주주의에서의 '자유'는 신자유주의에서의 '자유'와 마찬가지 의미로, 시장에서의 자유다. 자유민주주의는 인간의 자유를 추구해서 자유민주주의이고, 북한은 인간의 자유를 인정하지 않기 때문에 체제 이름에 자유를 붙이지 않는 것이 아니다. 현대 사회에서 자유라고 할 때, 그것은 거의 언제나 자본의 자유, 시장의 자유를 의미한다. 즉, 자유민주주의는 기본적으로 시장경제를 추구하는 동시에, 정치적 의사결정 방식이 다수가 참여하는 민주주의 체제인 것이다. 대표 국가로는 한국, 일본, 미국이 있다.

다음으로 익숙한 조합은 ②다. 우리에게 이 사회가 익숙한 것은 가까이에 북한이 있기 때문이다. ②는 경제체제는 공산주의, 정치체제는 독재주의를 선택한 사회다. 이 사회는 공산독재주의라고 부르지 않고, 그냥 공산주의라고 지칭한다. 사실 공산주의나 사회주의가 독재의 형태만 띠는 것은 아니기 때문에 이를 단순히 공산주의라고 부르는 것은 혼란의 여지가 있다. 다만 일반적으로 그렇게 지칭하므로 우리도 독재적인 공산주의를 그냥 공산주의라고 부르기로 하자. 이렇게 부르는 것이 크게 문제 될 것도 없다. 그것은 엄밀히 말해 공산주의는 실제로 민주적 절차를 인정하지 않기 때문이다. 이상적인 공산주의 이론에 따르면, 정치적 의사결정에 참여할 수 있는 집단은 오직 생산수단을 소유하지 않은 노동자 집단뿐이다. 그래서 공산주의를 '프롤레타리아 독재 사회'라고도 한다. 이러한 사회 형태는 과도기 단계로, 모두가 평등한 공산주의 사회로 나아가기 위한 중간 단계다.

노동자가 독재하는 사회가 공산주의라는 측면에서, 오늘날의 북한은 공산주의라 부르기 어려운 사회가 되었다. 왜냐하면 노동자에 의한 정치 형태도 아닐뿐더러, 90년대 중후반에 '선군정치'라고 해서 사회의 핵심 계층으로 군을 중시하는 정치체제로 변모했기 때문이다. 군이 정치와 경제뿐 아니라 교육, 문화, 예술 등에 이르기까지 전 영역을 총괄한다. 그런 까닭에 개념 분류상 노동자가 중심이 아닌, 군인이 중심이 된 북한 사회를 더 이상 공산주의 사회라 지칭하기 어렵다. 국가가 경제를 엄격하게 통제하고 있고, 개인보다 국가를 앞세우는 권위적인 모습을 띠고 있으니, 통제경제의 파시즘 체제 정도로 이름 붙이는 것이 적절하다. 어쨌거나 느슨하게 묶어 경제적으로는 공산주의, 정치적으로는 독재주의를 추구하는 대표 국가는 소련, 중국, 북한이 있다.

다음으로 살펴볼 조합은 ③이다. 경제체제는 자본주의를 추구하지만, 정치체제는 독재의 형태를 띠는 사회다. 그럼 이 체제 이름은 자유독재국가인가? 생각해보면 논리적으로 가능하지 않은 조합처럼 보이기도 한다. 만약 아직도 자유주의에서의 '자유'를 억압받지 않고 자유롭게 행동할 수 있다는 의미로 생각한다면, 자유주의적 독재국가는 가능하지 않아 보일 것이다. 하지만 앞서 논의했듯 자유주의에서의 자유는 시장의 자유라는 한정적인 의미를 갖는다. 다시 말해서 자유주의적 독재국가는 실제로 가능하다. 그리고 이 체제를 계획경제 사회라고 부른다. 이러한 국가 형태는 사실 우리 사회와 밀접하게 연관되어 있다. 왜냐하면 한국의 60~80년대 군부독재 시기가 바로 이러한 체제였기 때문이다. 박정희, 전두환 정권에서의 정치체제는 군부독재를 시행하면서도 경제 정책은 자본주의를 추구하는 방향에서 진행되었다. 이 체제는 국가가 시장의 방향을 제시하고 지원하는 계획경제의 모습을 띤다. 하지만 정부가 시장에 개입한다고 해서 군부독재 시기를 후기 자본주의나 사회민주주의 체제로 볼 수는 없다. 군부정권의 시장 개입은 산업을 육성하고 기업이 활동할 수 있는 여건을 마련하기 위한 제한적인 개입이었기 때문이다. 정부가 시장에 개입해서 세금을 인상하고 규제를 확립함으로써 사회 전체의 복지를 추구한 적극적인 개입이 아니었던 것이다. 따라서 이러한 군부정권의 시장 개입은 시장에 대한 국가의 간섭이라기보다는 국가에 의한 시장 투자라고 보는 것이 더 적절할 것이다. 정리하면, 한국 현대사의 군부정권은 시장 확장을 추구한 자본주의적 독재정권이었다. 물론 이러한 체제의 성과에 대해서는 아직까지도 의견이 분분하다. 그 평가에 대해서는 이 책에서 직접적으로 다루지 않는다. 다만 우리는 경제와 정치에 대해서 이해하게 되었으니, 판단은 이를 바탕으로 각자가 해야 할 것이다.

마지막 조합은 ④다. 경제적으로는 공산주의, 사회주의를 지향하고 정치적으로는 민주주의를 추구하는 사회 형태다. 이러한 체제가 사회민주주의, 즉 사민주의다. 앞서 살펴본 체제와 비교하면 우리에게 가장 낯선 체제다. 이 체제가 우리에게 낯선 것은 한국 역사에서 직접적으로나

간접적으로 접한 경험이 거의 없기 때문이다. 사민주의는 자본주의와 공산주의 대립의 역사를 경험한 한국인에게는 받아들이기 꺼림칙한 체제였다. 왜냐하면 6·25전쟁 이후 한국인에게 공산주의, 사회주의는 트라우마가 되었기 때문이다. 민족의 정신에 남은 외상은 전후부터 오늘에 이르기까지 우리의 잠재의식에서 작동하며 한국의 방향성에 지대한 영향을 미쳤다. 한국인은 공산주의와 관련된 모든 것을 거부하고 은폐하기에 급급했다. 그것은 어찌 보면 자기 자신을 보호하기 위한 방어기제로서 정당했다고도 할 수 있다. 이러한 역사적 배경이 있다 보니, 비록 유럽에서 주요한 사회체제로 인정되고 있다 하더라도 사민주의를 받아들이기가 쉽지 않았던 것이다.

그렇다면 정말 사민주의가 공산주의와 이념적인 토대를 같이할까? 답부터 말한다면, 그렇지 않다. 앞에서 설명했듯이 공산주의는 기본적으로 노동자들에 의한 독재만을 인정한다. 부르주아의 정치 참여는 인정하지 않는다. 하지만 사민주의는 기본적으로 자본가의 존재를 인정하고, 그들이 스스로의 이익을 대변하기 위해 정치에 참여하는 것을 인정한다. 그러다 보니 사민주의자들은 공산주의자들에 의해 변절자로 비판받아왔다. 경제체제의 이념적인 스펙트럼에서 중간에 위치해 있다 보니 오른쪽에서는 왼쪽이라고 욕하고, 왼쪽에서는 오른쪽이라고 욕하는 것이다.

실제로 사민주의 사회에서는 보수 정당과 진보 정당이 공존한다. 자본가의 이익을 대변하는 정당도 있고, 노동자의 이익을 대변하는 정당도 있다. 그리고 이렇게 다양한 정당들은 자유롭게 경쟁하며, 민주적인 절차에 따라 국민에게 선택받는다. 따라서 사회민주주의 국가는 정권이 바뀔 때마다 자본주의 색채가 상대적으로 강해지기도 하고, 공산주의 색채가 강해지기도 하는 것이다. 그 기준이 되는 것은 세금이다. 세금을 낮추거나 높임으로써 복지의 수준을 조율하며 사회를 균형 있게 유지해나간다.

　사민주의 체제가 전제하는 것은 시민의 합리성에 대한 신뢰다. 다시 말해서, 시민이 국가의 현재 상황을 고려해서 성장과 분배, 시장 자유와 정부 개입, 세금 축소와 복지 확대 중 개인과 사회에 이익이 되는 가치를 합리적으로 판단할 수 있다고 전제하는 것이다. 부러운 사회다. 우파와 좌파가 공존하고 합리적 시민에 의해 넓은 스펙트럼 안에서 사회의 방향이 선택되는 사회. 한국전쟁 이후 가려지고 은폐되어 자본주의 외의 체제를 경험해보지 못한 한국인은 이해하기 힘든 사회다. 우리는 체제가 선악의 문제인 것처럼 교육받아왔다. 자본주의는 선이고 공산주의는 악이라고 말이다. 하지만 사민주의 사회의 사람들은 우리가 가지고 있는 체제에 대한 선악 개념을 이해하기 힘들 것이다. 그것은 그들에게 자본주의와 공산주의가 선택과 조율의 문제이기 때문이다.

　합리적인 시민에 의해 합리적으로 체제가 선택되는 이상적인 사민주의는 현재 유럽의 많은 국가가 채택하고 있다. 특히 북유럽의 부유한 국가들은 오랜 역사만큼이나 성숙한 사민주의를 유지하고 있다. 대표 국가로는 스웨덴, 덴마크, 핀란드, 노르웨이 등이 이에 해당한다.

물론 이상적으로 보이는 사회민주주의 체제에도 문제점이 있다. 핵심적인 비판은 두 가지다. 첫째는 국가 채무의 증가다. 이론적 측면에서 사회민주주의는 사회주의나 공산주의에 가깝기 때문에 복지 지출이 크고 세금 부담이 높을 것이다. 이것은 국가 재정을 악화시키고 노동과 투자 의욕을 감소시켜 전반적인 경기침체를 발생시킬 수 있다. 하지만 실제로는 그렇지 않다. 단적인 예로 사회민주주의 전통을 유지하는 스웨덴과 신자유주의의 한국을 비교해보면, 스웨덴은 GDP 대비 29퍼센트의 복지예산을 사용하지만 1인당 GDP는 5만 4천 달러인 반면, 한국은 GDP 대비 8퍼센트의 복지예산을 사용하지만 1인당 GDP는 3만 달러 정도다. 이 자료가 말해주는 것은 복지 지출이 더 많아도 더 부유할 수 있다는 것이다. 그렇다면 어떻게 복지 지출이 큰데도 부유할 수 있을까? 이에 대한 답변이 사민주의를 비판하는 두 번째 근거가 된다.

사민주의의 두 번째 문제점은 북유럽 사민주의 국가들이 보여주는 평균적인 부유함은 사민주의 때문이 아니라, 유럽 전체의 환경과 역사 때문이라는 것이다. 유럽은 근현대 시대에 제국주의 국가들이었고, 아프리카, 남미, 아시아의 광대한 지역을 식민지화했었다. 이러한 역사적 측면에서의 부의 축적은 유럽 전역에 혜택을 미쳤고 현재 사민주의 국가들의 경제력의 배경이 되었다. 또한 환경적 자원과 유럽이라는 거대한 소비시장에 포함되어 있었기 때문에 북유럽 국가들은 안정적인 경제 성장을 바탕으로 과감한 복지정책을 추진할 수 있었던 것이다.

이러한 배경을 고려할 때, 한국의 복지 현황을 유럽과 단순 비교해서 한국에도 사민주의 같은 과감한 복지가 필요하다고 주장하는 것은 타당하지 않을 수 있다. 역사와 환경상 맥락의 차이를 소거한 후 오늘의 복지 현황만을 단순 비교하는 것은 무리가 있다.

지금까지 네 가지 사회 형태를 알아보았다. 이것은 경제체제의 두 측면인 자본주의와 공산주의, 정치체제의 두 측면인 민주주의와 엘리트주의의 조합에 따라 나눠졌다. 네 가지 사회 형태 중 오늘날 현실적으로 논의의 대상이 되는 체제는 '자유민주주의'와 '사회민주주의' 두 가지다. 오늘날의 세계 시민은 독재주의나 엘리트주의처럼 소수에 의한 정치 결정 방식은 선호하지 않는 것 같다. 정치적으로는 민주주의를 선택하되 시장의 자유를 추구하는 자유민주주의와 정부의 적극적 개입을 추구하는 사회민주주의 중 선택의 기로에 있는 것이다. 우리가 앞서 정치를 정의할 때, 정치란 '경제체제를 무엇으로 할 것인지에 대한 논의'라고 정의한 근거가 여기에 있다.

마찬가지로 오늘날 한국 사회에서의 정치 논쟁의 핵심도 '자유민주주의와 사회민주주의의 방향 중 어디로 향할 것인지에 대한 논의'라고 하겠다.

민주주의의 형식적 급진성과 현실적 보수성

우리는 왜 보수화되어가는가

자유민주주의든 사회민주주의든, 민주주의는 일단 오늘날 최선의 의사 결정 방법인 듯하다. 여기서는 민주주의의 급진성에 대해 좀 더 이야기 해보자. 민주주의는 '가능성'의 체제다. 이 말은 민주주의가 고정된 사회를 제시하지 않는다는 것을 의미한다. 민주주의는 단일한 사회체제를 강요하지 않는다. 어떤 사회를 선택할 것인지에 대해 항상 열려 있다. 민주주의 절차는 시민이 원하기만 하면, 자본주의, 공산주의, 사회주의를 가리지 않고 모든 선택을 가능하게 한다. 그래서 어떤 면에서는 이러한 급변 가능성이 민주주의를 불완전한 체제인 것처럼 보이게 만들기도 한다. 한편으로는 맞는 말이다. 하지만 상황에 따라 자신의 모습을 손쉽게 변화시킨다는 점에서 반대로 더 안정적인 체제일 수도 있다. 예를 들어 세계 경제가 위기에 처했을 때 사회 구성원들은 국가의 성장을 위해서 세금을 축소하는 보수 정당에 표를 던질 수 있고, 세계 경제가 다시 호황으로 돌아섰을 때 진보 정당에 표를 던져서 복지를 확대할 수도 있다. 체제의 모습이 고정되지 않고 유동적인 까닭에 급변하는 외부 환경에 유연하게 대처할 수 있는 것이다. 그래서 민주주의는 유연하고 동시에 안정적이다.

민주주의가 사회의 모습을 얼마나 쉽게 변화시킬 수 있는지 예를 들어보자. 만약 다음 대선과 총선에서 노동당이나 사회당 등의 진보 정당이 집권한다면 우리 사회의 모습은 정말 급격하게 변화할 것이다. 우선 부유층과 기업의 세금이 인상될 것이고, 이를 바탕으로 복지가 확대될 것이다. 의료 혜택이 강화되고, 무상 교육이 확대될 것이다. 부동산에 대한 투기 규제가 강화되고 종합부동산세가 높아져 부동산 가격이 안정되거나 낮아질 것이다. 또한 최저임금이 향상될 것이고, 대학 등록금은 낮아질 것이다. 더 나아가 이러한 과감한 복지정책은 사회 분위기를 근본적으로 바꿔놓을 것이다. 빈부격차가 줄어들고 경쟁 중심의 분위기가 완화될 것이다. 경쟁보다는 협력이 강조되고, 학벌에 대한 경쟁이 완화되며, 사교육 문제가 어느 정도 해소될 것이다. 사회 전체의 분위기는 경쟁과 성공보다 협력과 삶의 질을 강조하는 모습으로 변화할 것이다.

이처럼 시민에 의해서 다음 정권이 진보 정당으로 하루아침에 바뀐다면 사회는 지금과는 정말 다른 모습으로 급변할 것이다. 정치적 체제로서 민주주의는 내일의 사회 모습을 급격하게 변화시킬 잠재력과 가능성을 내포하고 있는 것이다.

그런데 이렇게 급진적인 변화 가능성을 가졌으면서도, 왜 우리가 살고 있는 사회의 모습은 실제로는 급격하게 변화하지 않는 것일까? 아마도 오늘이나 내일이나 우리 사회는 특별히 달라지지 않고 비슷한 체제를 유지하고 있을 것이다. 실제 사회는 생각보다 급변하지 않는다. 이론적으로는 하루아침에 사회를 변화시킬 충분한 가능성을 가진 민주주의 체제인데도 말이다.

이유는 단순하다. 대다수의 사람이 사회의 급격한 변화를 거부하기 때문이다. 앞의 예를 다시 생각해보자. 진보 정권이 집권하여 하루아침에 사회가 바뀌면 모두가 만족할 것인가? 복지 혜택을 받고 세금을 적게 내는 사람들은 당연히 행복할 것이다. 하지만 세금이 증가하면 자본가와 기업은 불만스러울 것이다. 그것은 실제로 복지에 대한 비용을 지불하는 주체가 바로 이들이기 때문이다. 물론 소수의 자본가나 경영자들의 기분이 좋고 나쁘고는 중요한 문제가 아니다. 진짜 문제는 이들이 투자나 기업 운영의 의지를 상실하게 된다는 데 있다. 세금이 증가해서 자기 이익이 줄어들고, 정부의 규제로 기업을 마음대로 경영할 수도 없을 뿐만 아니라, 경영 악화에도 불구하고 고용한 사람들을 마음대로 해고하지 못한다면 이 나라에서 기업을 운영할 이유가 없다. 자본가와 기업은 세금이 낮고 규제가 적어서 사업하기 좋은 국가로 이전할 것이다. 또 해외 자본도 세금을 피하고 투자 대비 수익을 높일 수 있는 다른 국가로 빠져나갈 것이다. 결과적으로 이 사회의 일자리는 그만큼 줄어들고, 그

손해는 다시 국민에게 돌아올 것이다. 이렇듯 예상되는 결과를 우려하는 많은 사람이 진보 정권이 집권하는 것에 강력히 저항한다.

급격한 사회 변화의 가능성에도 불구하고 민주주의 사회가 쉽게 변화하지 않는 이유가 여기에 있다. 이익 추구에 대한 견해가 다른 다양한 사람들이 공존하는 까닭에 민주주의는 팽팽한 줄다리기를 하듯 쉽게 변하기 어려운 상태에 놓여 있다. 그래서 사회는 어제도 오늘도, 아마 내일도 지금과 비슷한 모습을 유지하게 될 것이다.

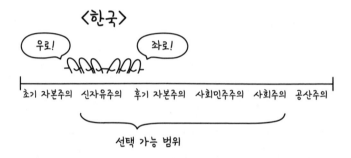

그런데 생각해보면 이상하다. 민주주의가 잘 변하지 않는다는 것은 알겠는데, 왜 한국은 하필이면 신자유주의 부근에 멈춰 있는 것일까? 아무리 부유층과 기업의 혜택을 받는 사람들이 있다고 하더라도 그들은 소수일 뿐, 대부분의 시민은 직접적인 이해관계가 없다. 쉽게 말하면, 대다수의 사람들은 자신이 부유층과 재벌이 없어도 잘 살 수 있다고 생각하는 것이다. 게다가 한국의 민주주의는 1인 1표제다. 사장도, 사원도, 국회의원도, 선생님도, 대학생도, 노동자도 후보와 정당을 선택하기 위한 투표권은 하나일 뿐이다. 그렇다면 상식적으로 생각해볼 때, 그것의 옳고 그름을 떠나서, 사회는 부유한 1퍼센트의 사람들에게 유리한 체제가 아니라 가난한 99퍼센트의 사람들에게 유리한 체제로 고정되어 있어야 하는 게 아닐까? 구체적으로 사회주의까지는 아니더라도 사회민주주의나 후기 자본주의 정도까지는 말이다. 하지만 현실의 한국 사회는 오랜 시간 재벌과 기업에 유리한 신자유주의의 모습을 하고 있고, 보수 정당이 막강한 주도권을 쥐고 있다. 이것은 조금 이상하다. 우리가 민주주의 사회에 살고 있는데도 말이다.

이에 대해서는 이미 앞에서 간략히 다루었다. 정리해서 결론만 제시하면, 우선 ① 역사의 문제가 있었다. 공산주의나 사회주의 체제와 적대 관계를 형성했던 경험 말이다. 트라우마는 우리로 하여금 최대한 우측으로 도망치게 했다. 다음으로 ② 교육의 문제가 있었다. 한 사람의 교육은 두 가지 방식으로 이루어진다. 하나는 정규 교육이고 다른 하나는 미디어를 통한 교육이다. 문제는 학교에서의 교육이나 미디어를 통한 교육이나 동일하게 보수적 측면을 띤다는 것이다. 정규 교육에서 교육의 방향성을 결정하는 사람들은 사회의 기득권이다. 기득권의 세계관이 교육의 방향성에 영향을 미칠 수밖에 없다. 또한 미디어를 통한 교육은 대형 언론과 방송이 수익 구조의 한계상 기업의 이익을 대변한다는 측면에서 보수성을 강하게 유지할 수밖에 없다. 마지막으로 ③ 대중의 비합리성이 원인이 된다. 대중은 자신의 입장을 대변하는 정당이 무엇이고 어떤 정치·경제 체제가 자신의 이익을 보장하는지 구분하지 못한다. 민주주의의 문제점이었던 중우정치가 현실적으로 발생하고 있는 것이다. 그렇다면 왜 대중은 비합리적인 선택을 하는가? 그것은 대중의 역사적 경험과 편향된 교육 때문이다. 다른 세계, 다른 체제에 대한 과장된 공포가 민중의 의식 저변에 뿌리 깊게 내재하게 된 까닭이다.

한국의 보수 성향의 원인

① 역사적 경험
② 교육의 문제
③ 대중의 비합리적 선택

하나의 사회는 신자유주의가 될 수 있고, 후기 자본주의가 될 수도 있으며, 사회민주주의가 되거나 사회주의가 될 수도 있다. 사회가 신자유주의를 선택했다고 해서 이를 비난할 수 없으며, 사회주의가 선택되었다고 해서 마찬가지로 이를 비난할 수 없다. 비난의 대상이 되어야 할 것은 '체제' 자체가 아니라 '체제 선택의 합리성'이다. 사회 구성원 전체가 특정 권력의 의도적인 영향에서 벗어나 객관적인 사실을 바탕으로 자신의 이익에 따라 경제체제를 선택했다면, 민주주의에서는 그것이 신자유주의든 사회주의든 비판할 수 없다. 다만 특정 집단에 의해 의도적으로 정보가 은폐되고 변형되어 대중에게 주입된 채 대중이 자신들의 현재 이익과 괴리된 체제를 선택한 것이라면, 그것이 신자유주의가 되었든 사회민주주의가 되었든 그 정보 은폐의 주체는 강력하게 비판받고 처벌받아야 한다. 왜냐하면 부도덕하며 비윤리적인 것은 특정한 경제체제가 아니라, 그 특정한 경제체제가 선택되도록 의도적으로 작용하는 권력이기 때문이다. 한국 사회에서 무엇이 부도덕하고 비윤리적인지는 이 책의 뒷부분 [윤리] 파트에서 자세히 다루도록 하자.

하지만 한국 사회의 보수화 성향이 특정 권력층의 의도적 작용이었다고 해서 대중이 비판으로부터 자유로워지는 것은 아니다. 아무리 교육과 미디어를 이용한 권력층의 작용이 있었다고 해도, 대중의 이익이 반영되지 않는 경제체제를 끝내 유지하고 있다는 아이러니의 가장 직접적인 책임은 대중에게 있다. 대중 스스로의 비합리성에 대한 책임은 대중 스스로가 져야 한다.

최종 정리

우리는 정치에 대해 논했다. 정치는 한마디로 어떤 경제체제를 선택할 것인가에 대한 문제였다. 같은 의미로, 어떻게 분배할 것인가에 대해서 결정하는 일이라고도 할 수 있다. 초기 자본주의, 후기 자본주의, 신자유주의 혹은 사민주의, 공산주의 중 우리는 선택할 수 있으며, 이러한 선택에 따라 사회의 부와 재화가 분배된다.

경제체제의 선택은 정치적 이념으로서의 보수와 진보로 구분할 수 있었다. 우선 보수는 초기 자본주의와 신자유주의로의 방향성을 의미한다. 이러한 방향은 시장의 자유를 중시하고, 정부의 개입을 거부한다. 여기서 정부의 개입이란 세금과 규제를 말하고, 이를 거부한다는 것은 세금 인하와 규제 완화를 의미한다. 이것은 자본가와 기업에 직접적인 이익이 되는 동시에, 투자와 노동 의욕을 높임으로써 경제를 성장하게 한다. 우리 사회의 구성 주체인 자본가와 기업의 이익을 대변해주는 이러한 정치적 입장을 보수라 한다.

반면 진보는 후기 자본주의와 사회민주주의, 공산주의로의 방향성을 의미한다. 이들 체제의 양태는 현격하게 다르지만, 시장의 자유보다는 정부의 강력한 개입을 강조한다는 측면에서 유사하다. 정부 개입은 세금 인상과 규제 강화로 이어지고, 이는 복지 지출이 늘어나게 한다. 노동자와 저소득자, 소외계층의 삶의 질이 직접적으로 개선되고 빈부격차가 완화되어 사회 갈등은 감소한다. 우리 사회의 구성 주체인 노동자와 서민의 이익을 대변해주는 이러한 정치적 입장을 진보라 한다.

보수 정당이 정권을 잡으면, 그 사회의 방향은 시장의 성장이 된다. 반대로 진보 정당이 정권을 잡으면, 그 사회는 정부에 의한 분배로 방향을 잡는다. 그렇다면 누가 이러한 방향을 결정하는가? 그것은 크게 두 가지다. 소수의 엘리트에 의한 결정과 다수의 시민에 의한 결정. 엘리트주의와 민주주의는 모두 긍정적인 측면과 부정적인 측면을 동시에 갖는다. 이상적인 측면에서 엘리트주의는 사회에 이익이 되는 방향으로 신속한 의사결정을 할 수 있다는 장점이 있다. 하지만 현실적으로는 부패의 문제가 발생할 가능성이 매우 높다. 자신과 주변인의 이익만을 추구하거나, 자신의 권력 유지에 반대되는 집단을 억압하는 문제가 발생할 수 있는 것이다. 또한 현대 사회에서 엘리트가 선택할 수 있는 옳은 정책이란 애초에 존재하지 않는 것일 수도 있다. 오늘날의 사회 문제는 옳고 그름의 문제가 아닌, 이익 대립에서의 절충의 문제이기 때문이다. 이러한 현실적인 문제로 현대 국가는 일반적으로 독재를 거부하고 민주주의를 추구한다.

민주주의는 평등한 개인들이 자신의 이익에 부합하는 정당과 경제체제를 선택하는 정치 형태다. 이익의 당사자들이 직접 의사결정을 한다는 측면에서 가장 불만이 적고 안정적인 정치결정 방식이다. 하지만 민주주의도 문제가 있다. 그것은 독재가 발생할 수 있다는 것이다. 대중은 선거를 통해 독재자를 선출할 수도 있고, 혹은 다수가 자신의 이익을 위해 합리적인 소수의 의견을 묵살하는 다수의 독재가 발생할 수도 있다. 또한 한국의 현실적 민주주의는 역사적 경험이나 정규 교육과 미디어에 의한 학습으로 사회를 보수화 방향으로 강화한다는 문제점이 있었다.

우리는 지금까지 보수와 진보, 민주주의와 독재에 대해 알아보았다. 한국은 민주주의 사회이고 시민은 주인으로서 선거를 통해 보수와 진보를 선택할 권한을 가졌다. 모든 책임은 시민에게 있는 것이다. 그래서 지적 대화가 필요하다. 자신의 이익을 대변하는 정당을 선별하는 시야를 갖지 못한 사람에게 그 선별 방법을 알려주는 사람이 필요하다. 모든 정치는 썩었다면서 자신의 정치적 무관심을 정당화하는 사람에게, 정치적 무관심은 가능하지 않다는 사실을 알려줄 사람이 필요하다. 실제로는 보수 정당에 표를 던졌으면서도 집권한 보수 정당이 서민의 이익을 대변하지 않는다면서 열을 내는 사람에게, 무엇이 잘못된 것인지를 알려줄 사람이 필요하다. 그리고 당신이 바로 그 사람이어야 한다. 지적 대화는 분명 '놀이'지만 나의 이익을 위한 심오한 놀이다. 스포츠, 연예, 이성 문제, 상사 뒷담화도 분명히 재미있는 대화놀이일 수 있으나, 경제와 정치에 대한 조금은 심오한 대화놀이야말로 우리가 살고 있는 사회를 조금은 더 살 만하게 만들어주는 유용한 놀이다.

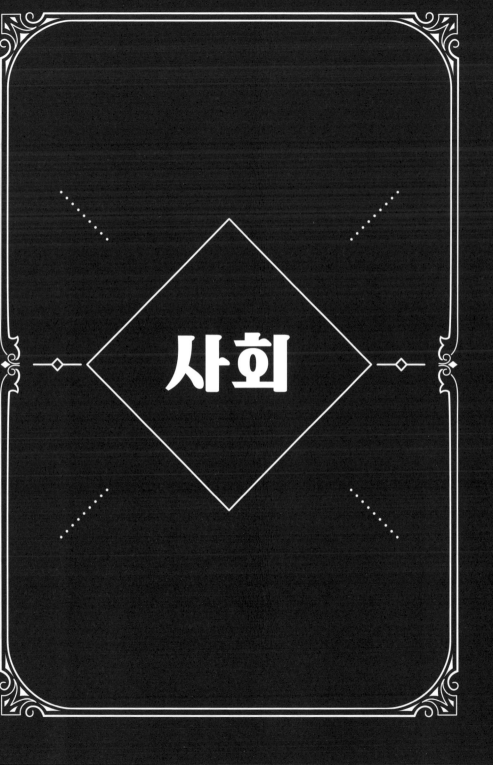

사회

개인과
사회

역사, 경제, 정치가 사회에 미치는 영향

지적 대화를 위한 우리의 여행은 역사, 경제, 정치를 지나 사회에 이르렀다. 여행지들을 돌아보며 우리가 알게 된 것은 이 분야들이 고립된 섬이 아니라는 사실이었다. 길과 길은 이어지고, 길 위로 사람들이 만나고 교류했다. 이 세상 그 어떤 것도 홀로 존재하지 않으며 서로 기대고 연결되어 있다는 석가모니의 가르침처럼, 교양과 인문학의 모든 분야는 깊게 연결되어 있고 서로 영향을 주고받는다. 우리는 얽히고설킨 길을 따라 이제 사회의 문 앞에 섰다. 발을 들이기에 앞서 지금까지 둘러본 여행지의 발자취를 정리해보자.

역사는 누가 어떤 생산수단을 소유했느냐에 따라 전개되었다. 생산수단을 가진 사람은 권력을 소유했다. 고대에는 왕이 토지를 소유했고, 중세에는 왕과 영주가 장원을 소유했다. 근대가 되어서는 부르주아가 공장과 자본을 소유했다. 자본주의가 탄생한 것이다. 근대부터 현대까지의 역사는 자본주의가 유지되며 발전한 역사였다. 공급이 수요보다 많다는 자본주의의 특성은 공급량을 해소하기 위한 국가 간 경쟁을 불러일으켰다. 이러한 경쟁은 식민지 정책과 제1차 세계대전으로 이어졌다. 하지만 공급과잉 문제는 해결되지 않았고 결국 시장 실패로 대공황이 발생했다. 경제 위기 상황에서 독일은 제2차 세계대전을 일으켰다. 종전 후에는 전쟁의 최대 수혜국인 미국과 소련에 의해 세계가 자유 진영과 공산 진영으로 양분되어 체제 경쟁이 계속되었다. 하지만 90년대 초 소련이 붕괴하면서 공산주의는 실패한 체제로 판결이 났고, 오늘날 세계는 미국 중심의 신자유주의 체제가 되었다.

역사가 우리에게 보여준 사실은 역사의 하부 구조가 경제라는 것이었다. 생산수단과 공급과잉이 역사의 수레를 움직이는 추동력이었다. 우리가 경제를 이해해야만 하는 이유가 여기에 있었다. 이에 따라 두 번째 여행지는 자연스럽게 경제가 되었다. 경제의 핵심은 네 가지 주요 경제체제를 구분하는 것이었다. 초기 자본주의, 후기 자본주의, 신자유주의 그리고 공산주의. 초기 자본주의는 근대의 태동과 함께 시작했다. 대공황 이후에는 초기 자본주의의 문제점을 극복하며 후기 자본주의와 공산주의가 등장했다. 이 두 체제는 초기 자본주의의 문제점을 극복하려 했다는 공통점을 갖지만, 후기 자본주의가 자본주의의 문제점을 수정해서 자본주의 체제의 존속을 연장한 반면, 공산주의는 자본주의 자체를 폐기했다는 점에서 차이가 있었다. 두 체제는 냉전 체제하에서 경쟁했지만 소련의 붕괴와 함께 공산주의가 몰락하면서 세계는 미국식 자본주의 체제로 재편되었다. 이후 신자유주의가 등장하면서 세계는 오늘에 이르게 되었다.

역사를 통해 그 기원을 확인한 네 가지 경제체제는 시장에 대한 정부의 개입을 기준으로 분류할 수 있었다. 초기 자본주의와 신자유주의는 시장을 중시했다. 정부의 개입을 줄이고, 시장의 자유를 추구한 것이다. 반면 후기 자본주의와 공산주의는 정부를 중시했다. 정부가 적극적으로 개입해서 시장의 문제점을 해결하려 한 것이다.

정부의 시장 개입이 직접적으로 의미하는 것은 세금이었다. 정부 개입은 세금 인상으로 나타났고, 이를 통해 복지가 향상되었다. 이러한 정책은 자본가와 기업의 투자 의욕을 줄이고, 노동자와 서민의 복지 혜택을 늘렸다. 반대로 시장 자유는 세금 인하로 나타났고, 이로 인해 복지가 축소되었다. 이러한 정책은 자본가와 기업의 이익을 증가시키고 노동과 투자 의욕을 높이지만, 노동자와 서민이 경제적 이익에서 소외되고 빈부격차가 심화되었다.

그래서 경제체제를 선택하는 문제는 궁극적으로 계급 간의 이익 대결로 이어진다. 자본가와 노동자의 이익은 대립한다. 누군가 이익을 얻으면 다른 이가 손해를 본다. 이에 대해 어떤 사람은 자본가와 노동자의 이익이 대립한다면 어찌 되었건 자본가의 이익이 우선되어야 한다고 주장한다. 이러한 입장을 정치적인 보수라고 한다. 반면 어떤 사람은 노동자의 이익이 우선되어야 한다고 주장한다. 이러한 입장을 정치적인 진보라고 한다.

이처럼 정치는 사회의 부를 어떻게 분배할 것인가, 즉 누구의 이익을 우선시할 것인가에 대한 결정이라 하겠다. 그리고 이런 결정을 하는 주체가 누구인지에 따라 민주주의와 엘리트주의를 구분했다. 현대 사회에 이르러 이러한 결정을 하는 주체는 시민이었다. 시민은 자신의 이익과 사회의 이익을 고려해서 사회의 방향성을 결정하는 주체였다. 하지만 현실적으로는 시민이 자신의 이익에 따라 합리적으로 선택하지 못하고 역사의 경험, 정규 교육, 미디어의 노출에 의해서 보수화된다는 사실도 알게 되었다.

이제 우리가 여행할 분야인 사회는 한국의 역사, 경제, 정치를 기반으로 형성되어 구체적인 일상을 살아가는 개인의 삶에 깊은 영향을 미친다. 이번 파트에서는 두 가지를 알아볼 것이다. 하나는 우리 사회의 모습이고, 다른 하나는 그 속에 놓인 개인이다. 우리는 개인과 사회에 대해서 알아보려 한다.

개인주의와
집단주의

개인과 사회의 이익이 충돌할 때 누구의 편에 설 것인가

'개인'은 '사회' 속에서 산다. 이 두 주체, 개인과 사회는 너무나도 긴밀하게 연계되어 있다. 개인은 사회 없이 존재할 수 없고, 사회 역시 개인들의 집합인 까닭에 개인 없이는 존재할 수 없다. 두 주체가 특별한 문제 없이 공존한다면 좋겠으나, 구체적 상황 속에서는 여러 갈등 상태에 놓이게 된다.

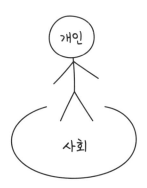

개인의 권리와 사회의 이익이 대립하는 경우는 끊임없이 발생한다. 이에 대해서는 두 가지 견해가 있다. 어떤 이들은 개인의 권리와 사회의 이익이 대립한다면 어쨌든 개인의 권리가 우선적으로 보호되어야 한다고 생각한다. 이 견해를 개인주의라고 한다. 이러한 주장의 근거는 사회라는 개념이 실제로 허구라는 점에 있다. 사회라는 건 존재하지 않는다. 그것은 단순히 개인들의 총합일 뿐이다. 우리가 '사회'라고 말할 때, 그 실체는 무엇인가? 우리 동네가 사회인가? 국가가 사회인가? 어떤 사람에게는 세계가 사회일 수도 있다. 사회라는 어휘는 범위를 규정할 수 없으며 실체를 갖지 않는 언어적 가상이라는 것이다. 우리는 종종 언어로 표기할 수 있으면 그것이 실제로 존재한다고 착각한다. 어떤 면에서 '사회'라는 단어가 그러하다.

개인주의 : 개인의 총합 = 사회
집단주의 : 개인의 총합 < 사회

반면 다른 이들은 개인의 권리와 사회의 이익이 대립한다면 당연히 사회의 이익이 우선되어야 한다고 생각한다. 이 견해를 집단주의라고 한다. 이들은 사회가 허구가 아닌 실체라고 본다. 사회는 개인들의 총합 이상이다. 이것은 가시적이고 실질적인 영향력을 행사한다. 사회 없이 존재하는 개인이란 가능하지 않고, 개인의 존재 의미는 언제나 사회 안에서 규정된다. 따라서 사회라는 전체의 이익과 존속을 위해서라면 개인에 대한 권리 침해는 어느 정도 정당화될 수 있는 것이다.

당신은 어떻게 생각하는가? 개인의 권리와 사회의 이익이 충돌한다면 누구의 편을 드는 것이 정당하다고 생각하는가? 다음의 사례를 토대로 판단해보자.

사례1

A도시는 국가의 수도로, 산업, 군사, 정치, 문화의 모든 측면에서 국가의 중추적 역할을 수행한다. 국가 총생산량의 절반 이상을 담당하는 이 도시에 위기가 찾아왔다. 역대 유례가 없는 홍수가 났는데, 엄청나게 불어난 물이 10분 후에 A도시를 덮친다는 것이다. 홍수가 덮친다면 인명 피해가 예상되지만, 높은 건물이 많으므로 인명 피해는 어느 정도 피할 수 있을 것 같다. 하지만 막대한 재산 및 시설 피해는 피할 수 없다. 산업 활동이 한동안 정지될 것이고, 안보상 중요한 시설들이 물에 잠길 것이다. 이는 A도시만의 피해를 넘어 국가 전체의 손실로 이어질 것이다.

그런데 A도시의 피해를 막을 수 있는 방법이 극적으로 알려졌다. A도시를 향해 밀려오는 홍수가 반드시 거쳐야 하는 길목이 있는데, 그 길목의 댐을 폭파하면 홍수의 물길을 돌릴 수 있다. A도시는 전혀 피해를 입지 않을 것이다. 다만 작은 문제가 하나 있다. 댐이 폭파되면서 바뀌는 물길의 방향에 작은 시골 마을이 하나 있다는 것이다. 그 시골 마을을 이제 B시골이라고 부르자.

B시골은 50여 가구가 모여 있는 마을로, 주로 노인들이 거주하는 농

촌 마을이다. B시골로 홍수가 덮치면 재산 피해는 크지 않겠지만 인명 피해가 클 것이다. 현실적으로 대피시킬 수 있는 시간적 여유가 없기 때문이다. 더 큰 문제는 알고 보니, 당신이 이 문제를 결정할 국가의 최고 권력자라는 것이다. 당신은 댐을 폭파하자는 제안을 수락할 것인가, 거부할 것인가? 당신이 선택할 수 있는 선택지는 두 가지뿐이다.

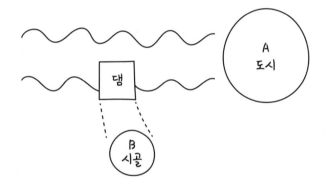

당신은 선택의 도움을 받고자 비상안보회의를 소집했다. 시급한 사안인 만큼 거의 모든 장관이 모였다. 당신이 말했다.

"아무래도 폭파해야겠지."

그러자 총리가 대답했다.

"각하, 폭파하면 안 됩니다. 우선 A도시는 물질적 피해가 발생하지만, B시골은 100여 명의 인명 피해가 발생할 것이기 때문에, 국가에 의한 살인이라는 시민과 야권의 거센 비난을 피할 수 없을 것입니다. 또 여론이 악화되어 이번 총선에 불리하게 작용할 수 있습니다. 게다가 정치적인 이익을 떠나서 실제로 국민 개인을 선택적으로 살해하는 행위입니다. 윤리적인 측면에서 용납할 수 없으며, 대통령 임기가 끝난 후에 이에 대한 책임을 면하기 어려우실 수도 있습니다."

들고 보니 도저히 폭파할 수가 없다. 당신이 대답했다.

"그럼 폭파하지 않는 것으로…."

말을 다 마치기도 전에 국방부 장관이 소리쳤다.

"지금처럼 국가 전체의 미래와 안보가 걸려 있는 상황에서 정치적, 도덕적 비난을 피해보고자 댐 폭파를 미룬다면, 이것은 민족과 국가에 대한 배신 행위입니다. 지금 A도시 입구에 국방부가 위치하고 있는데, 홍수로 가장 먼저 국방부 전체가 완전히 침수될 것입니다. 그러면 국가 안보 전체가 마비되고, 우리는 무방비 상태에 놓입니다. 대립하고 있는 X국가의 침입도 완전히 배제할 수 없는 상황입니다. 게다가 정부가 국가 전체의 이익을 고려해야 하는 이때에 몇몇 개인의 희생을 감수하지 않는다면, 이것은 국민이 정부에 부여한 우리의 의무를 다하지 않고 책임을 회피하는 처사가 될 것입니다."

회의를 괜히 소집했다는 생각이 든다. 두 가지 입장이 대립하고 있다. 총리는 전체의 이익보다 우선 고려해야 할 것으로 개인의 권리를 지목한다. 반면 국방부 장관은 전체의 이익을 고려해야 한다고 주장한다.

당신은 어떤 선택을 할 것인가? 결정했는가? 결정했다면 다음 사례에 대해서는 어떤 선택을 할 것인지도 생각해보자.

사례2

Z씨는 스무 살의 건강한 청년이다. Z씨의 마을에는 열 명의 병자들이 살고 있다. 이들은 어린아이부터 노인에 이르기까지 나이나 질병이 모두 다르다. 생명이 위독한 이들도 있고 그렇지 않은 이들도 있다. 어느 날 병자들은 자신들이 완치될 수 있는 의학적 사실을 우연히 알게 되었다. Z씨의 장기를 빼내어서 이식하면 열 명 모두 완치될 수 있다는 것이다. 물론 Z씨는 죽겠지만 말이다. 마을 주민들이 Z씨를 찾아가서 말했다.

"네 장기 떼러 왔어."

Z씨가 대답한다.

"나는 당신의 말을 이해할 수 없다. 장기에는 나의 영혼이 깃들어 있으며, 이십여 년을 나의 정체성과 함께 성장한 기관들이다. 나의 장기에는 나의 정성과 노력과 시간이 모두 녹아들어 있으며, 앞으로의 나의 삶에 필수적이다. 장기를 떼어 가는 일은 있을 수 없고, 이해할 수도 없는 일이다."

이 상황에서 Z씨를 희생시켜서 열 명의 환자가 완치되게 하는 것은 정당한가? 당신은 어떻게 생각하는가?

[사례1]과 [사례2]에 대한 평가는 다를 수 있다. 일반적으로 가장 많이 나오는 선택은 [사례1]에서는 댐을 폭파해서 A도시를 구해야 한다는 것, [사례2]에서는 Z씨에게서 장기를 적출해서는 안 된다는 것이다. 하지만 이러한 선택은 전체의 이익과 개인의 권리 중 무엇이 우선되는가를 기준으로 파악할 때, 일관되지 못한 대답이다. 사실 이 두 사례는 구조적인 측면에서 차이가 없다.

	전체의 이익	개인의 권리	인위적 개입
[사례1]	A도시	B시골	댐 폭파
[사례2]	환자들	Z씨	장기 적출

우리는 세 가지 중 하나를 선택해야 한다.

(1) 전체의 이익을 우선하는 입장 : A도시와 환자들을 보호해야 한다.

(2) 개인의 권리를 우선하는 입장 : B시골과 Z씨를 보호해야 한다.

(3) 두 사례가 논리적으로 동일한 구조가 아니라는 근거 제시.

사실 이 중 (3)은 불가능해 보인다. 정도의 차이는 있을지 모르지만 두 사례는 전체의 이익을 위해 인위적으로 개입함으로써 개인의 권리를 침해하려 한다는 점에서 동일하기 때문이다. 따라서 우리가 실제로 선택할 수 있는 건 (1)이나 (2)다. (1)과 같은 입장을 집단주의라고 하고 (2)와 같은 입장을 개인주의라고 한다. 이제 개인주의와 집단주의에 대해 자세히 알아보자.

이기주의와
전체주의

전체주의는 개인이 비윤리적 행위에 눈감게 한다

개인주의와 집단주의의 개념은 다음과 같다. 개인주의는 국가나 사회보다 개인이 어떤 식으로든 우선한다는 관점이다. 반면 집단주의는 개인보다는 국가나 사회가 더 우선한다는 관점이다. 두 입장은 어떤 것이 옳고 그른지 따지기 어려운 주관적 신념의 측면을 갖는다. 사실상 상호 논박되지 않는다. 다만 개인마다 차이가 있겠지만, 일반적으로 개인주의는 서구에서 지지되어왔고, 집단주의는 동양에서 지지되어왔다.

개인주의와 집단주의는 그 자체로는 문제가 없다. 그러나 각각이 극단화되었을 때는 부정적인 측면을 발생시킨다. 개인주의가 극단화되면 이기주의가 되고, 집단주의가 극단화되면 전체주의가 된다. 이기주의는 개인의 이익을 위해 전체의 손해를 감수하려는 사고방식이다. 전체주의는 반대로 국가, 전체를 위해서는 개인의 손해를 감수할 수 있다는 사고방식이다.

개인주의 ————→ 이기주의
　　　　　　　극단화

집단주의 ————→ 전체주의
　　　　　　　극단화

　이기주의와 전체주의 모두 부정적이기는 하지만, 이기주의는 사실상 큰 문제가 되지 않는다. 왜냐하면 사회 안에서 개인이 이기적으로 행동할 경우 사회는 그 행위를 처벌하거나 그 개인에게 불이익을 줌으로써 이기적 행위가 타인에게 표출되는 것을 억제하기 때문이다. 사회는 개인의 이기적 행위를 통제할 수 있는 충분한 힘과 시스템을 갖췄다. 따라서 아무리 이기적인 개인이라도 자신의 이익을 보호하기 위해 이기성을 직접적으로 표출하기 어렵다. 정말 문제가 되는 것은 전체주의다. 국가나 사회가 전체의 이익을 위해 특정한 개인들을 희생시키려고 마음먹는다면 개인은 도저히 이를 막을 방법이 없다.

　실제로 인류는 근현대 기간 동안 사회가 전체주의 모습을 띠는 경우에 얼마나 폭력적이고 공포스럽게 행동하는지를 충분히 경험했다. 대표적으로 독일의 나치즘, 이탈리아의 파시즘, 일본의 군국주의, 냉전 시대의 공산주의 체제는 전체를 위한다는 명목으로 무수히 많은 사람을 희생시켰으며 사회를 폭력의 광기 속으로 몰아넣었다. 이러한 역사적 맥락 때문에 '전체주의'라는 용어는 그 자체로 부정적으로 사용된다. 앞서 우리는 다양한 개념들에 대해서 알아봤는데, 어떤 개념도 그 자체로 부정적이지 않았다. 예를 들어 신자유주의, 공산주의, 생산수단, 보수, 진보, 엘리트주의 등 모든 개념은 항상 가치중립적이다. 그 자체로서 좋거나 나쁜 개념은 없다. 그런데 예외적으로 전체주의만은 언제나 부정적인 용어로 사용된다. 쉽게 말해서 '전체주의'는 욕이다. 연습해보자. 우리 사장님은 전체주의적이다. 우리 교수님은 전체주의적이다. 그 대통령은 전체주의자다.

역사적인 측면에서 전체주의를 조금 더 알아보자. 전체주의가 탄생한 배경은 근대 자본주의 시기의 경제 대공황부터다. 우리는 앞서 [역사] 파트에서 이를 해결하기 위한 세 국가의 노력을 알아보았는데, 미국은 정부가 시장에 개입하는 수정 자본주의로, 러시아는 시장을 폐지하고 정부가 강력히 경제정책을 추진하는 공산주의로 이를 해결하려 했다. 이 외에 특별한 해결책을 모색하기 어려웠던 국가들은 전체주의적인 모습으로 변모해갔다. 뒤에서 자세히 다루겠지만, 이것은 일반적인 모습이다. 경제 위기는 필연적으로 사회를 전체주의화한다.

이탈리아에서도 대공황이 경제를 위기로 몰아넣자, 강력하고 배타적인 국가 중심의 체제를 강조하는 무솔리니가 등장해서 파시스트당을 만들었다. 이 파시스트들의 이념을 '파시즘'이라고 하는데, 이 용어는 이탈리아어 파쇼(fascio)에서 유래한다. '결속' '단결' '묶음' 등의 뜻이다. 이후 파시즘은 극단적인 전체주의를 상징하는 단어로 지금까지 널리 사용되고 있다. 그런데 사실 무솔리니는 파시즘의 개념을 처음으로 사용한 사람이지만, 그의 이념과 사상은 잘 알려져 있지 않다. 우리도 무솔리니라는 이름은 많이 들어봤지만 그가 독재를 한 것 외에는 잘 알지 못한다. 그것은 실제로 무솔리니의 이념이 규정되어 있지 않았기 때문이다. 그는 사회주의 정책을 옹호하기도 하고 자본주의 정책으로 이념을 급선회하는 등, 일관된 정책을 추진하지 못했다. 그런데 이에 대해서는 자신도 잘 알고 있었던 것 같다. 그는 파시즘에 대해서 '파시즘은 고정된 신념 체계라기보다는 권력을 장악하기 위한 방법'이라고 말하기도 했다. 실제로 정확한 이념을 갖지 않았기 때문에 다른 독재자들처럼 인종차별을 내세우거나 세계대전에 적극적으로 참전하지도 않았다. 정확한 신념과 행동이 부재했던 까닭에 우리 기억에 그 내용은 남아 있지 않다.

반면 전체주의자로서 우리의 기억에 가장 강렬하게 남아 있는 인물은 히틀러다. 오스트리아에서 태어난 그는 원래는 화가 지망생이었다. 화가가 되기 위해 비엔나로 가서 미술학교에 응시했지만 두 번 연속 불합격하고 그는 분노했다. 이에 대한 평가는 다양하지만, 당시 예술의 분위기가 히틀러의 화풍과 어울리지 않았다는 설명이 일반적으로 알려져 있다. 당시의 유럽, 특히 예술과 천재들의 도시였던 비엔나에서는 사물의 모습을 묘사하는 고전주의 화풍보다는 화가의 내적인 표현 능력을 통해 사물을 과감하게 왜곡하고 해석하는 표현주의, 야수파 식의 그림이 인정받았다. 하지만 히틀러는 풍경이나 건물을 세밀하게 묘사하는 고전주의 화풍을 고집했고, 그의 이러한 특성이 화가의 꿈을 이루기 어렵게 만들었다. 결국 히틀러는 화가로서 펼쳐보지 못한 미적 재능을 정치에 활용했다. 자신의 왜소하고 보잘것없는 외모를 강렬한 이미지로 바꾸기 위해 콧수염을 특이하게 깎고, 머리 스타일을 바꿨다. 나치당의 상징인 하켄크로이츠라는 갈고리십자가 모양을 직접 디자인하기도 했으며, 그 당시에는 잘 알려지지 않았던 자신에게 스포트라이트를 비추게 해서 비범한 시각적 이미지를 만들어내기도 했다. 정권의 이념을 시각화하거나 대중을 선동하는 데 탁월했던 히틀러와 나치 정권은 전체 속에서만 개인이 비로소 의미를 갖는다고 주장하며, 개인의 의미를 축소하고 국민의 생활에 강력히 개입했다.

대공황이 유럽을 강타할 당시, 독일은 엄청난 전쟁배상금과 경기침체로 만성적인 가난에 찌들어 있었다. 이때 히틀러는 자신이 경제를 살리겠다면서 등장했다. 그의 주장을 요약하면 세 가지 정도다. ①경제를 살리겠습니다. ②실업자에게 일자리를 마련해주겠습니다. ③베르사유 조약을 깨고 전쟁배상금을 더 이상 물지 않겠습니다. 경제를 살리겠다는 정치인들의 주장은 그때나 지금이나 크게 변하지 않는 것 같다. 우리가 주목해야 하는 것은 그가 여기에 하나의 사상을 더 첨가했다는 것이다. 히틀러는 이렇게 연설했다. "나는 나의 조국만을 받들 것입니다. 오직 하나. 나는 독일만을 생각합니다." 히틀러의 인기는 빠르게 치솟았고 그는 위기를 벗어나기 위해 독일 민족이 하나로 뭉쳐야 함을 강조했다. 히틀러의 이념은 독일인에게 녹아들었다. 독일인은 민족 전체의 이익과 순수성을 지키기 위해서는 소수의 희생을 감수할 수 있다고 믿게 되었다. 결국 그들은 유대인, 집시, 장애인을 수용소에 보냈고, 600만 명의 민간인을 학살했다.

전체주의는 독립적으로 자생하는 하나의 이념이라기보다는, 사실 경제 위기가 발생시키는 병리 현상으로 보인다. 그렇지 않던가? 아무리 평범하고 선한 개인이라 하더라도 경제적인 어려움 앞에서는 괴물이 될 수 있다. 그러할진대, 특히 전체를 아우르는 국가적 차원에서의 경제 위기라고 한다면 사람들은 그것을 해결해주겠다고 약속하는 괴물의 등장에 침묵하거나 암묵적으로 동조한다. 국가의 이름으로 독재를 하건, 외국과 전쟁을 벌이건, 유대인과 집시를 잡아가건, 사회주의자와 노동조합을 탄압하건, 대중은 크게 개의치 않는다. 왜냐하면 그 일은 내가 한 게 아니라 독재자가 한 것이고, 경제 회복을 위해서 전체가 함께 동조한 것이기 때문이다. 이에 대한 책임은 나에게 없다. 전체주의는 개인을 사회 안의 작은 일부분으로 가치 절하함으로써 개인의 도덕적 부채를 대신 해결해준다.

개인의 독립된 가치를 잘 알고 있는 현대인은 전체주의를 끔찍한 체제로 느낀다. 그래서 근대의 독일인과 이탈리아인, 러시아인, 일본인이 전체주의에 동조했던 것을 소수의 악마들에 의한 비일상적이고 특수한 사건이라고 생각한다. 자신은 이것과 무관하다고 느끼는 것이다. 하지만 전체주의는 거시적이건 미시적이건 우리 안에서 매우 쉽게 발현되는 일반적인 태도다. 내가 소속된 집단이 위기에 처해 있고, 이를 해결해줄 급진적인 인물이 등장하면 개인은 이에 쉽게 동조된다. 그 해결 방안이 비윤리적이라 하더라도 자신에게는 책임이 따르지 않으므로, 대놓고 지지하지는 못하지만 내심 이를 반기게 되는 것이다. 다시 말해 우리는 거대한 전체 속에서 자신의 존재 가치가 절하되는 것에 무의식적으로 위안받는다.

이것은 집단따돌림의 원리와 유사하다. 전체가 비윤리적으로 행동할 때 내가 거기에 가담할 수 있는 것은, 그 비윤리적 행위의 직접적 책임이 내가 아니라 전체에 있기 때문이다. 혹시 나중에 선생님한테 걸려서 교장실로 불려간 다음 학부모와 선생님이 모인 자리에서 크게 혼나게 된다면, 집단따돌림에 가담했던 학생들은 하나같이 이렇게 말할 것이다. 나는 같이 있기는 했지만 여기서 큰 역할을 담당하지는 않았다, 나는 그저 따라다녔을 뿐 중요한 인물이 아니었다고 말이다.

전체는 나의 이익을 위해 강력하게 행동하지만, 나에게는 책임이 없는 매력적인 체제가 전체주의다. 전체주의는 개인이 전체의 비윤리적 행위에 눈감게 한다.

자연권

전체주의에서 개인을 구하는 법

앞서 개인주의와 집단주의가 극단화될 경우의 문제적 상황으로서 이기주의와 전체주의를 살펴보았다. 그리고 이기주의는 사회 안에서 큰 문제를 일으키지 않지만, 전체주의는 역사의 맥락 속에서 폭력적인 국가의 모습으로 등장했음을 보았다. 그래서 전체주의의 폭력으로 물든 근현대의 역사를 경험한 인류는 전체주의에서 개인을 구하는 방법에 대해 고민하게 되었다. 질문으로 정리하면 다음과 같다.

"전체주의 국가에서 어떻게 개인을 보호할 것인가?"

국가가 전체의 이익을 앞세워 나의 권리를 침해하려고 할 때, 국가의 압도적인 힘과 능력 앞에서 나는 어떻게 내 권리를 보호할 수 있을 것인가? 사실 아무리 생각하고 고민해도 답이 없다. 국가 전체는 막강하고 개인은 나약하므로, 국가가 법과 공권력과 친정부적 미디어를 앞세워 나의 권리를 침해할 때, 나는 그것을 막을 방법이 전무하다.

실질적 방법이 전무한 상황에서 그나마 인류가 찾아낸 것이 '자연권'이다. 자연권은 천부적 권리, 즉 하늘이 부여해준 권리로서 국가라 하더라도 침해할 수 없는 절대적이며 배타적인 권리다. 여기서 하늘이 의미하는 것은 모호하기 그지없다. 대략적으로는 신을 의미하는 것 같은데, 니체에 의해 신의 죽음이 선고된 근현대 이성의 시대에 텅 빈 하늘이 권리를 부여한다는 표현은 너무도 문학적이다. 다만 하늘의 의미는 '세속적인 국가를 초월하는 무엇'이라는 의미 정도가 되겠다. 어쨌거나 이렇게 모호한 초월적 권위에 의지하고 있으므로 실질적 영향력은 없으나, 자연권은 그나마 전체의 폭력에 대해 우리가 내세울, 유일하고 근본적인 보호막이라고 할 수 있다.

자연권은 프랑스 대혁명 당시의 인권선언에서 비롯되었는데, 현대에 와서는 대부분의 국가의 헌법에 명시되어 있다. 우선 프랑스 인권선언 제2조에는 "모든 정치 조직의 목적은 인권의 옹호에 있으며, 인권은 자유·재산·안전 및 압제에 대한 반항의 권리를 보호하는 데 있다"라고 제시되어 있다. 한국 헌법 제10조에도 "모든 국민은 인간으로서의 존엄과 가치를 가지며, 행복을 추구할 권리를 가진다. 국가는 개인이 가지는 불가침의 기본적 인권을 확인하고 이를 보장할 의무를 진다"라고 명시되어 있다.

자연권에 대한 해석은 국가마다 미세하게 다를 수 있는데, 기본적으로는 어떠한 경우에도 침해받을 수 없는 절대적 권리로 서너 가지를 제시한다. 생명, 재산, 자유가 대표적이다. 즉, 국가는 어떠한 특수한 상황에서도 절대로 나의 생명을 침해할 수 없고, 어떤 상황에서라도 나의 재산을 침해할 수 없으며, 나의 자유를 절대로 침해할 수 없는 것이다. 자연권에 따르면, 독일은 경제 파탄에서 회복하기 위해 그리고 독일 민족의 부활을 위해 유대인의 생명과 재산을 침해할 수 없으며, 그들의 자유를 억압해서도 안 된다. 만약 우리가 국가 전체의 위기 상황을 앞세워 절대적 권리인 자연권과 인권을 조금이라도 양보하기 시작한다면, 국가가 개인의 권리를 침해하는 것을 막을 마지노선은 사라지고 말 것이다.

물론 자연권은 하나의 외침이고 그렇게 하자는 주장일 뿐, 국가가 이에 대해 귀 기울이지 않는다면 현실적으로 지켜지지 않을 가능성이 매우 높다. 다만 특정 국가가 이러한 자연권과 인권을 극단적이고 폭력적인 방법으로 침해할 때에는 국제기구나 타국이 정치적, 경제적, 군사적 압력을 행사하기도 한다.

하지만 이러한 국제적 개입 역시 한계를 갖는다. 그 한계란 첫째, 외부 세계의 압력이 가해지려면 충분한 명분이 충족될 때까지 극단적이고 가시적인 자연권과 인권에 대한 탄압이 지속되어야 한다는 것이다. 따라서 미시적이고 일상적이며 소규모로 진행되는, 국가에 의한 빈번한 폭력은 막을 수 없다.

둘째, 국제기구의 외압이 정당하지 않을 수 있다는 것이다. 국제기구가 절대적으로 정의롭고 특정 국가의 이익을 대변하지 않는다는 것이

명백할 때에야 외압이 정당화될 수 있는데, 실제 국제기구의 구조상 소수 선진국의 이익만을 대변한다는 문제가 있다. 유엔은 190여 개 국가의 민주적인 의사결정 방식에 의해서 작동하는 기구가 아니다. 현실은 핵무기를 대량 소유한 상임이사국 다섯 나라의 만장일치제로 움직이는 기구다. 미국, 러시아, 영국, 프랑스, 중국의 다섯 개 상임이사국 중 하나라도 반대 의사를 개진하면 국제적 행동이 불가능하기 때문에 유엔은 이념 문제를 다루는 데는 극도로 무능력하다. 또한 이 다섯 선진국 전체의 이익이 될 때만 세계 전체라는 이름으로 구체적인 행동이 일어나므로 국제기구는 정의와 윤리가 아닌 힘의 논리를 기준으로 움직인다. 즉, 정의와 도덕의 이름으로 개인의 자연권을 보호해줄 권력 집단은 지구상에 존재하지 않는다.

지금까지 우리는 전체주의로부터 개인을 보호할 수 있는 유일한 방법으로서 자연권에 대해 알아보았으며, 이 자연권의 실효성이 의심스럽다는 것을 살펴보았다. 다만 실효성의 여부와는 무관하게 자연권은 개인의 권리를 위한 마지막 보루이며, 결코 양보할 수 없는 최소한의 권리인 것만은 분명한 사실이다.

전체주의와
세금

부유층의 세금을 높이는 것은 전체주의적 폭력인가

우리는 개인주의와 전체주의에 대해서 알아보았다. 그리고 전체주의가 언제든 재현될 수 있는 부도덕하고 위험한 체제임을 이해했다. 그런데 이러한 결론에서 곤란한 주장이 도출될 수 있다. 자본가 A씨는 다음과 같은 주장을 한다.

"부유한 소수에게 누진세를 부과하는 것은 가난한 다수에 의한 전체주의적 폭력은 아닌가?"

이 질문에는 우리가 앞서 다루었던 경제, 정치, 사회의 담론들이 종합적으로 내포되어 있다. 두 종류의 세계가 있다. 시장의 자유를 중시하고 세금을 낮춰 자본가의 이익을 최우선하는 보수와, 정부의 개입을 추구하고 세금과 복지를 높여 노동자의 이익을 최우선하는 진보. 그런데 이 중 진보는 보수에 비해 윤리의 측면에서 일반적으로 더 큰 지지를 받는다. 왜냐하면 진보가 고려하는 대상 자체가 노동자, 저소득자, 서민, 최소수혜자 등 자본가에 비해 사회적으로 약자이기 때문이다. 약자를 고려하는 담론은 대부분 윤리적 토대 위에서 존재의 근거를 보장받는다. 쉽게 말해서 사람들은 진보가 인권을 보호하는 이타적이고 윤리적인 사유체계라 생각하는 것이다.

이를 전제하고 생각을 조금 더 이어가 보자. 이러한 보수와 진보의 담론이 민주주의와 연계되면 어떻게 되는가? 이론적 측면에서는 진보가 권력을 장악하는 데 더 유리한 배경이 제공된다. 그것은 우리가 잘 알고 있듯, 자본가는 항상 소수이고 노동자는 다수이기 때문이다. 1인 1표가 주어지는 민주제 사회에서는 진보가 언제나 유리한 입지를 차지한다. 수적 우위에서 집권한 진보 정권은 지속적으로 노동자들의 권리와 이익을 대변하게 된다.

그렇다면 노동자의 권리와 이익은 무엇인가? 그것은 부유층의 세금 인상과 그를 통한 복지 확대다. 즉, 민주제 사회에서 대다수를 차지하는 노동자는 소수의 부유층에게 막대한 세금을 부과하는 법안을 통과시킬 수 있는 힘을 가진 것이다. 반대로 소수의 자본가는 중과세의 불안과 위협에 일상적으로 놓이게 된다. 여기서 문제가 발생한다. 그것은 세금이 직접적으로 개인의 소득과 재산에 부과된다는 데 있다.

우리가 앞서 논의한 자연권과 전체주의의 개념을 여기에 적용해보자. 절대적으로 보호해야 할 자연권의 세부 요소 중에는 분명히 재산권에 대한 보장이 포함되어 있다. 우리는 이렇게 물을 수 있다. 국가의 일방적인 세금 부과는 재산권, 즉 개인의 자연권에 대한 침해가 아닌가? 게다가 현재의 세금 제도는 부자에게 더 많은 세금을 부과하는 누진과세다. 다수의 노동자 계급의 이익을 위해 소수의 부유층의 재산권이 침해되는 전체주의적 폭력이 발생하고 있는 것이다. A씨의 주장은 이러한 사고방식의 전개 위에 서 있다.

결론적으로 전체주의의 부도덕성과 자연권의 침해 관점에서 볼 때, 그동안 윤리의 측면에서 우위를 점했던 진보의 견해는 실제로는 전체주의적 폭력성을 담고 있는 위험한 견해가 되는 것이다. A씨의 주장에 대한 당신의 생각은 어떤가? 당신을 대신해서 B씨가 나섰다.

B : 뭐냐, 그 궤변은! 당신도 사회의 일원이니까 사회의 의무를 다해야 하는 것 아닌가? 세금은 모든 사회의 구성원이 동의한 합의다!

A : 당신 말에는 두 가지 문제점이 있다네. 첫 번째는 당신이 말한 사회적 의무를 모두가 지는 건 맞지만, 왜 내가 더 많은 의무를 져야 하느냐는 것일세. 누구나 동일한 혜택을 받는데 부자에게 더 높은 세율을 적용하는 건 공평하지 않네. 두 번째로 모든 사회 구성

원이 동의했다고 하는데, 나를 비롯한 소수의 부유층은 거기에 합의한 적이 없네. 다수를 차지한 당신들이 다수결을 앞세워 강행한 거지.

B : 사회적 합의라는 것이 만장일치는 불가능하고, 어쩔 수 없이 다수의 의견을 반영하는 것이 당연하지 않은가? 어쨌거나 사회 전체가 동의했으니, 이건 우리 사회의 룰이다. 이 룰을 따르기 싫다면 당신이 떠나면 된다.

A : 지금 그 말에서 당신들의 본질인 전체주의적 견해가 잘 드러난다네. 나는 평생을 이 나라에서 최선을 다해 일하고 정당하게 경쟁하며 지금의 부를 축적했네. 나의 모든 기반은 여기에 있는데, 당신들은 자신들이 만든 법을 지킬 것을 강요하면서, 그에 대한 협박으로 추방을 권고하는 것 아닌가. 소수 약자의 약점을 쥐고 다수의 이익을 얻어내려 하는 전체주의적 폭력의 전형이라고 할 수 있지.

B : 당신은 당신 혼자 노력해서 부를 축적했다고 하는데, 그건 잘못된 생각이다. 당신이 부를 축적할 수 있었던 건 사회가 도왔기 때문이다. 노동자가 당신을 위해 일하고, 소비자가 당신의 물건을 소비해서 당신이 부를 쌓은 것이 아닌가? 혼자 부를 쌓았다는 것은 사회의 도움을 고려하지 못한 것이다.

A : 뭔가 잘못 생각하고 있는데, 당신들은 나를 위해 일하거나 나를 위해 소비한 적이 없네. 나는 노동자가 노동한 대가로 정당하게

계약된 급여를 지불했고, 소비자의 돈을 강탈한 것이 아니라 소비의 대가로 정당하게 그들이 원하는 제품과 서비스를 제공했지. 이건 서로가 자신의 이익을 위해 스스로 선택했던 일이지, 내가 강요한 것도, 당신들이 희생한 것도 아닐세.

B : 사회에는 어렵게 사는 사람들이 있다. 당신에게는 얼마 되지 않는 돈이라도 사회의 최소수혜자들에게는 삶에 큰 도움이 된다. 윤리 차원에서 부유층이 세금을 더 내는 것은 타당하다.

A : 최소수혜자나 서민을 돕는 것은 말 그대로 돕는 것으로, 내가 기부의 방법을 통해 자발적으로 충분히 할 수 있는 일이네. 나에게서 기부를 유도하는 게 아니라 강제로 어려운 사람을 돕는다면서 나의 재산을 강탈하는 것은, 그 목적이 아무리 윤리적이라 하더라도 절차가 윤리적이지 않으므로, 결론적으로 윤리적 행위라 할 수 없다네.

B : 당신이 부를 축적한 것은 노력이나 공정한 경쟁에서가 아니었다. 당신은 어쨌거나 생산수단을 독점함으로써 노동자를 착취하고 그들의 시간과 노력으로 부를 축적한 것이 아닌가? 생산수단을 독점한 당신은 이미 경쟁의 우위에 서 있었던 것이다. 당신의 노력으로 부를 축적한 것이 아니니 그건 불로소득이고, 따라서 사회 환원의 의무가 있다.

A : 다시 말하지만 나는 노동자를 착취한 적이 없다네. 나는 그들을 고용하기 전에 임금과 계약 조건을 모두 밝혔네. 노동을 원하고

선택한 건 그들 자신이고 내가 강요한 적은 없는 것이지. 그리고 당신은 육체노동만을 노동으로 생각하는 모양인데, 현대 사회에서 노동의 방식은 다양하다네. 나도 내 기업의 현재와 미래를 위해 모든 열정을 다해 당신들보다 더 열심히 일해왔으며, 당신들은 지지 않는 기업의 미래에 대한 선택의 책임과 리스크를 나 혼자 모두 지고 있다네.

우리는 A씨의 주장에 대한 비판과 재반박을 보았다. 부유층의 누진 과세가 다수의 가난한 자들에 의한 전체주의적 제도라는 A씨의 주장에 대해 당신은 어떻게 생각하는가? 나머지 대화는 당신에게 맡긴다.

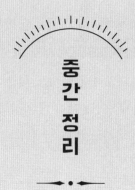

중간 정리

이번 장에서 가장 먼저 알아본 것은 개인과 집단의 갈등 상황에서 어떤 가치가 우선되어야 하는가였다. 이때 개인의 권리를 우선하는 입장을 개인주의, 집단의 이익을 우선하는 입장을 집단주의라 했다. 이 두 가치는 극단화되어 부정적인 면모를 드러내기도 하는데, 이것이 이기주의와 전체주의였다. 이 중 근현대 역사에서 문제가 되었던 관점은 전체주의였다. 지식인들은 전체주의의 폭력에 맞서 개인의 권리를 보호하고자 했고, 그 결과 절대적 권리로서의 자연권을 찾아내었다. 자연권은 구체적으로 생명, 재산, 자유에 대한 보장을 의미했다.

문제는 자연권의 개념이 현대 사회의 가장 일반적인 정치 결정 방식으로서의 민주주의와 결합될 때 발생했다. 민주주의는 기본 원리에서 다수의 이익을 항상 우선하게 되므로, 개인의 권리를 침해할 가능성이 항상 열려 있다. 특히 여기에 경제적 측면에서의 계급갈등 문제가 더해지면, 민주주의의 다수결에 의한 의사결정 방식은 다수의 가난한 사람의 이익을 대변해서 소수의 자본가의 권리를 침해할 소지를 발생시켰다. 결론적으로 사회는 부유층의 권리를 희생해 다수 대중의 이익을 추구하는 방향으로 귀결되는 것이다.

민주주의는 필연적으로 사회를 공산화하거나 사회주의 체제로 만들 것만 같다. 실제로 우리는 주변에서 이를 과민하게 우려하는 사람들을 심심치 않게 보게 된다. 하지만 현실은 그렇지 않다. 반대로 실제의 한국 사회는 점차 보수화되어가고, 낮은 세율과 낮은 복지 수준을 유지하고 있다. 왜 이런 일이 발생하는 것일까? 그에 대한 대답은 앞서 [정치] 파트에서 확인했다. 개인의 역사적 체험, 사회에 의한 교육 그리고 이 두 원인이 만들어내는 비합리성이 그것이다. 우리는 이 중에서 사회가 개인을 어떻게 교육하는지를 알아보려 한다.

미디어의
말

미디어는 어떻게 거짓을 말하는가

개인은 언제나 거대한 세계와 만난다. 사실 더 근본적으로는 세계가 존재하는지를 인식하기 훨씬 전부터 이미 세계에 놓여 있다. 그래서 인간은 너무도 압도적인 세계의 위엄에 본능적으로 세계 자체를 그저 인정하고 받아들이려는 태도를 갖게 된다. 세계가 기본적으로 타당하다는, 다시 말해 세계가 안정적이라는 세계관을 갖게 되는 것이다. 앞서 우리는 이러한 세계관이 보수적 견해의 전제임을 보았다.

기본적으로 세계를 긍정하는 태도를 갖춘 개인에게 세계는 말을 걸어온다. 세계가 말을 걸어오는 방식은 매우 다양하다. 집에서는 어머니의 모습으로 말을 걸고, 학교에서는 친구들과 선생님의 모습으로 말을 걸고, 회사에서는 부장님의 모습으로, 군대에서는 사수, 병원에서는 의사의 모습으로 말을 걸어온다. 이렇게 세계가 걸어오는 말 중에서 유독 내가 신뢰하는 말이 있으니, 그것이 신문과 뉴스다. 두 사람이 논쟁하고 있을 때, 나의 주장을 승리로 맺을 수 있도록 도와주는 마법의 주문은 "야. 이거 어제 뉴스에 나왔어!"다. 미디어는 진리를 판별하는 기준으로 작동한다. 우리는 암묵적으로 미디어가 객관적인 진실을 말해준다고 의심 없이 신뢰한다.

미디어에 높은 지위를 부여하는 것은 어쩌면 타당할 수 있다. 무수히 많은 사람에게 노출되는 미디어라면 다수의 감시와 비판 속에서 그나마 가장 진실되고 객관적인 내용을 전달할 것이기 때문이다. 이런 믿음은 한편으로 불확실한 사회에서 그나마 믿을 만한 판단 기준을 제시해준다는 면에서 긍정적일 수 있다. 다만 객관적일 것이라 믿었던 미디어가 객관적이지 않을 수 있다면 그때부터 문제가 발생한다. 어떤 사람은 이렇게 물을 수도 있다. "그럼 뉴스나 신문이 거짓된 보도를 한다고? 그런 일은 있을 수 없다!"라고 말이다.

사실 이건 맞는 말이기도 하고 틀린 말이기도 하다. 만약 미디어에서 잘못된 사실을 보도한다면 대중의 비난을 피하지 못할 것이고, 미디어는 이를 정정해서 다시 보도할 것이다. 이렇게 정직한 미디어가 어떻게 거짓을 보도할 수 있겠는가? 이를 이해하기 위해서는 화용론에 대해 알아야 한다. 현대 사회를 살아가는 학생과 직장인이라면 경쟁에서 승리하고 살아남기 위해서 반드시 갖춰야 할 능력인 화용론에 대해 잠시 알아보고, 미디어에 대한 내용으로 다시 돌아오자.

화용론은 말의 내용이 아니라 그 말의 주변 상황을 생각해보는 방법을 말한다. 단순화해보면 언어나 말에 대한 탐구는 크게 두 가지로 나눌 수 있다. 하나는 의미론이고, 다른 하나가 화용론이다. 의미론은 내가 내뱉은 말 자체의 내용과 의미를 탐구한다. 반면 화용론은 내가 내뱉은 말이 왜 하필 그 시간, 그 공간, 그 주체와 대상 가운데서 말해졌는가를 파악하려 한다.

예를 들어보자. '물'이라는 단어의 의미는 무엇인가? 의미론적으로 물은 '자연계에 강, 호수, 바다 따위의 형태로 널리 분포한 액체, 산소와 수소의 화학적 결합물' 정도로 파악할 수 있다. 그런데 실제 상황에서는 다른 방식으로 사용된다.

C와 D는 공사장에서 미장일을 한다. C는 전문가이고 D는 견습생이다. D는 C가 하는 일을 옆에서 보고 배우는 중이다. 땀을 뻘뻘 흘리던 C가 미장을 계속하면서 갑자기 "물!"이라고 외친다. 이때 당신이 D라면 어떻게 할 것인가? "물은 산소와 수소의 화학적 결합물입니다"라고 대답할 것인가? 만약 정말로 그렇게 말한다면 C는 하던 일을 멈추고 뭐 이런 미친놈이 있나 하는 얼굴로 당신을 돌아볼 것이다. 틀린 말을 한 것도

아닌데 뭐가 문제인가? 실제 의미보다 일상생활에서 더 중요하게 사용되는 것은 화용론이다. 더운 날씨에 지금 미장을 하고 있다는 시간과 공간, 그리고 C가 사수이고 자신이 부사수여서 지시에 따라야 한다는 권력 관계를 고려해서 "물"이라는 말의 의미를 파악해야 하는 것이다. 내가 처신을 잘하는 사람이라면, 당장 뛰어나가서 시원한 물을 구해 와야 한다. 이처럼 화용론은 말의 내적인 의미가 아니라 그 말이 사용되는 외적인 시간, 공간, 주체, 대상의 상황을 파악하는 것이다.

실용적인 화용론의 예를 하나 더 들어보자. D사원이 휴가 기안을 올리기로 한 날, 때마침 C부장의 보고가 잡혔다. 임원급 보고여서 일을 잘 못하는 C부장의 스트레스가 이만저만이 아니다. D사원이 생각하기에 자신이 꼭 필요한 보고 준비도 아니고, 아내와 오래전부터 약속한 일정이어서 C부장에게 휴가 이야기를 하기로 결심했다.

D : 부장님. 말씀드릴 게 있습니다.

C : 왜? 무슨 일로?

D : 지난번에 말씀드렸던 휴가…

C : D씨 오늘도 지각했지요?

D : 네?

C : 사회생활 하는 사람이 자기 관리 하나 제대로 못 하고, 지난번에
도 지각하는 것 같던데, 정말 그딴 식으로 일할 겁니까?

D : 그때는 전날에 부장님께서…

C : 나가보세요.

화용론적 관점에서 C부장의 "D씨 오늘도 지각했지요?"라는 질문에
집중해보자. 이 질문에 대한 답은 "네, 오늘도 지각했습니다" 혹은 "아니
요, 오늘은 지각하지 않았습니다"인가? 그렇지 않다. 정상적인 인간이라
면 이렇게 대답해서는 안 되고, 지금 C부장이 한 말의 주변 상황을 고려
해야 한다. 회사라는 공간, 보고가 임박했다는 시간, 부장과 사원 간의 권
력 관계를 고려해서 이에 대해 답해야 한다. C부장의 "D씨 오늘도 지각했
지요?"의 실제 의미는 "휴가 가지 말고 내가 보고를 준비할 수 있게 도울
생각을 해야지, 왜 그렇게 하지 않아서 나를 불편하게 하느냐?"가 된다.

화용론을 잘 활용하면 사회생활을 잘하는 정치적인 사람이 될 수 있
다. 정치적 인간이라고 해서 꼭 나쁜 것은 아니다. 다른 사람보다 적은
노력으로 큰 효과를 만들어내고, 내가 주도해서 사람들과의 관계를 조

율할 수 있는 것을 의미하니까 말이다. 그래서 어느 정도 사회생활을 했고 경쟁에서 살아남은 사람들은 자신이 인지하거나 그렇지 않거나 화용론을 잘 사용한다.

문제는 상대적으로 힘이 약한 개인인 부장님이 화용론을 구사할 때가 아니라, 미디어나 정부나 국가처럼 막강한 영향력을 가진 주체가 대중을 대상으로 세련되게 화용론을 구사할 때 발생한다.

미디어는 객관적 사실을 전달하지 않을 수 있다. 그렇다고 미디어가 틀린 정보를 보도한다고 말하려는 것이 아니다. 미디어의 보도도 의미론과 화용론의 측면에서 평가할 필요가 있음을 말하려는 것이다. 언론과 방송이 의미론의 측면에서 거짓을 말하는 경우는 없다. 물론 가끔 잘못된 정보를 보도해서 정정 기사를 낼 때도 있지만, 그건 일회성으로 그치므로 큰 문제가 되지 않는다. 정말 문제가 되는 것은 미디어가 화용론의 관점에서 객관적으로 보도하지 않는다는 점이다. 미디어는 미세한 편집과 보도 순서의 배열을 고려하는 등 전문적이고 기술적인 방법을 활용해서, 직접 말하지는 않아도 맥락을 통해 주관적 사고와 이념을 전달한다.

그렇다면 미디어는 어떤 사고와 이념을 전달하는가? 그것은 언제나 권력자의 사고와 이념이다. 정치체제의 형태에 따라서 그 권력자가 누구인지만 바뀔 뿐이다. 우선 독재 체제에서 권력자는 엘리트 정부다. 그에 따라 미디어는 정부의 사고와 이념을 포장해서 대중에게 전달한다. 이때 미디어는 정부의 대변인 역할을 수행하여 정보의 왜곡과 통제를 빈번하게 일으키고, 언어의 측면에서 화용론을 넘어 의미론의 측면까지 이르는 다양한 방식의 주관적 보도를 수행한다.

다음으로 민주주의 체제에서는 어떤가? 특히 시장경제의 민주주의 체제에서의 권력자는 누구인가? 선거 때마다 바뀌는 보수 정권과 진보 정권이 권력자인가? 그렇지 않다. 진짜 권력은 기업에 있다. 그리고 미디어는 기업의 입장을 충실하게 대변한다. 물론 이것은 앞서 이야기했듯이 미디어의 생존 방식과 직결되어 있는 문제다. 미디어가 대규모 자본이 필요한 프로그램을 제작해 대중에게 무료로 송출할 수 있는 것은 오직 광고 때문이다. 방송광고진흥공사의 자료에 따르면 2019년 기준 국내 광고시장의 규모는 14조 원을 넘어섰다. 이처럼 기업으로부터 나온 광고비는 수많은 미디어가 생존할 수 있는 유일한 토대가 된다. 결국 미디어는 광고비를 대는 기업의 눈치를 보고, 특히 대규모 재벌 기업과 관련된 내용은 자체적으로 검열한다.

20세기의 가장 중요한 언어철학자인 동시에 사회정치적 실천가인 노암 촘스키는 "신문과 방송이 광고주인 사기업의 이익을 대변해주고, 사기업들은 광고로 언론의 이익을 보장함으로써, 잘못된 이익의 먹이사슬이 형성됐다"라고 말함으로써, 자유민주주의 사회에서의 미디어의 한계를 직접적으로 지적했다.

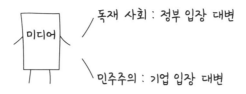

독재 사회 : 정부 입장 대변

미디어

민주주의 : 기업 입장 대변

그렇다면 미디어가 기업의 이익을 대변한다는 것은 무엇을 의미하는 가? 이제 우리는 그것을 선명히 안다. 그것은 시장의 자유, 세금 인하, 규제 철폐, 구체적으로는 경제체제로서의 신자유주의, 정치이념으로서의 보수주의다. 우리의 처음 질문은 이것이었다. 다수의 노동자가 한 표씩 행사하는 민주주의 체제에서 왜 사회는 보수화되는가? 미디어가 생존하기 위한 구조적 한계. 이것이 주요 원인이다.

언어학적 관점에서 보면, 오늘날의 미디어가 의미론 측면에서 문제를 일으키는 것은 쉽지 않은 일이다. 미디어는 사실에 기반한 보도를 하며, 대중의 감시 속에 객관적 정보를 전달한다. 다만 화용론 측면에서는 편집과 배치를 통해 주관적 메시지를 암묵적으로 전달한다. 재벌 기업의 불법과 탈세는 1면에서 사라지고, 그 자리는 연예인에 대한 말초적인 가십거리와 스포츠의 열기로 채워진다. 보수 정권에 의한 부유층의 세금 축소 정책은 중요하지 않은 문제라는 듯 아나운서의 짧은 멘트와 함께 사실로서 규정되고, 그 자리는 북한의 도발과 사건 사고의 충격적 이미지가 대신한다.

사회생활에서 화용론을 사용하지 못하는 사람은 항상 억울한 상황에 놓이고 주변 사람들에게 자신의 이익과 권리를 침해받는 것처럼, 미디어의 화용론을 이해하지 못하는 대중은 항상 억울한 상황에 놓이고 자본가와 기업에 자신의 이익과 권리를 빼앗긴다.

문제는 대중에게 있다. 대중은 정직하고 순박해서, 미디어와 사회가 우리에게 보여주는 사실만이 진짜 사실이라 믿고, 그들이 자신을 속일 것이라는 생각을 하지 않는다. 그들은 미디어가 보여주는 세계 이면에 대해 의심하는 행위를 무가치하고 반사회적인 행위인 양 거부한다. 의심 없는 대중은 사회와 미디어의 말을 앵무새처럼 따라 하고, 그들이 욕하는 대상을 같이 욕하고, 그들이 칭찬하는 대상을 같이 칭찬하며, 웃기면 웃고, 울리면 운다. 하지만 단적으로 말해서 당신의 삶이 현재 비참한 상태에 놓여 있다면, 재벌 기업의 특정 제품이 세계 점유율 1위가 되고 스포츠 스타가 세계선수권대회에서 금메달을 따는 것은 당신에게 절대 중요한 일이 아니다. 미디어가 재벌 기업과 스포츠 스타를 칭찬하고 열광하는 모습을 반영한다고 해서, 그 열광을 맹목적으로 따라 할 필요는 없다. 그것은 내 고등학생 자녀가 자기 반에 전교 1등이 있다고 나에게 자랑하는 것과 다를 바 없다.

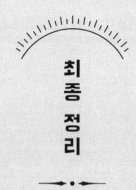

최종 정리

방금 네 번째 여행지인 사회 파트를 마쳤다. 우리 사회에는 두 주체로서 개인과 집단이 있고, 이들은 다양한 측면에서 갈등의 상황에 놓인다. 개인의 이익을 우선하는 개인주의, 집단의 이익을 추구하는 집단주의는 각각 이기주의와 전체주의로 극단화될 수 있다. 근현대의 전체주의 폭력을 경험한 현대인은 개인을 구하기 위한 방편으로 자연권을 찾았다. 자연권은 생명, 재산, 자유의 절대적 보호를 근간으로 한다.

그런데 자연권은 이론적 측면에서 볼 때 민주주의와 충돌할 가능성을 갖는다. 왜냐하면 민주제의 다수결 방식을 통해 다수의 노동자가 소수의 자본가에게 막대한 세금을 부과해 자본가의 재산권을 침해할 수 있기 때문이다. 이론적으로 보면 민주주의 사회는 전체주의나 진보적인 방향으로 흐를 가능성이 크다.

하지만 현실적 측면에서는 반대의 상황이 발생한다. 노동자가 절대

다수를 점유하고, 빈부격차의 문제가 실질적이고 가시적인 상황에 이르러서도, 기업과 자본가의 이익을 대변하는 보수의 집권이 지속되고 있는 것이다. 다양한 이유가 있겠지만, 그중에서 우리는 미디어에 대해서 살펴봤다. 미디어가 기업의 광고로 유지된다는 태생적인 특성 때문에 미디어는 필연적으로 기업과 자본가의 이익을 대변하는 한계를 가진다. 그리고 강력한 영향력과 편집의 기교를 통해 미디어는 사회를 점차 보수화한다. 정치적 집권에 대한 이론적 측면과 현실적 측면 간의 괴리를 설명해주는 주요 연결고리가 미디어의 특성에 있는 것이다.

대중은 정교하고 매끄러운 미디어의 영향 아래 놓이며, 자신의 신념과 사고의 번거로움을 포기하고, 모든 평가와 판단을 미디어에 양도한다. 바쁜 일상을 살아가는 현대인에게 자신의 생계에 도움이 되지 않는 사회 문제들에 대한 평가와 판단을 미디어가 대신해주는 것은 어쩌면 다행인지도 모른다. 다만 이렇게 미디어에 자신의 판단을 양도하는 사람은 경제적으로 조금 여유로워지고 다른 사람보다 조금 더 성공할 수 있을지는 모르겠지만, 세계 밖의 진실을 볼 수 있는 기회를 갖지 못할 것이고, 인생의 깊이를 얻지 못할 것이며, 타인들과의 지적 대화 속에서 빛날 수는 없을 것이다.

스스로 판단하고 결정하는 삶만큼 주체적인 삶은 없다. 우리는 이제 스스로 판단하고 결정하기 위한 기준을 탐험하러 떠날 것이다. 윤리는 앞서 함께 논의한 역사, 경제, 정치, 사회에 대한 내용들을 평가하고 판

단하는 방식에 대한 탐구다. 우리는 이러한 평가와 판단의 기준을 알아
보기 위해, 이 책의 마지막 여행지로 윤리를 방문할 것이다.

윤리

우리를 시험에 빠트리는 윤리적 상황

윤리적 판단은 상황에 따라 달라진다

대서양을 지나던 거대한 배가 침몰했다. 대피하는 승객들 중 십여 명이 구명보트에 올랐다. 보트는 곧 대서양을 표류했다. 그래도 어쨌거나 살았으니 다행이다. 밤은 깊었고, 달무리는 으슥한데, 바다는 얼음장같이 차고, 때 아니게 상어도 있다고 해보자. 하지만 상관없다. 우리는 살았으니 말이다. 그런데 문제가 발생했다. 시간이 가면서 점차 배가 가라앉는 것이다. 다들 우왕좌왕하는 가운데 원인을 살펴보니, 아무래도 정원이 초과되어서 그런 것 같다. 구명보트 정원은 10명인데 탑승객은 11명인 상황. 당신은 이 배에 타고 있다.

우리는 뭘 어떻게 해야 할까? 매우 다양한 방법이 머리를 스쳐간다. 우선 가지고 있는 짐들을 모두 내다 버리는 방법이 있겠다. 좋은 생각이다. 그래서 실제로 무게 나가는 것들을 최대한 모두 배 밖으로 버렸다. 그럼에도 불구하고 배가 조금씩 가라앉고 있다.

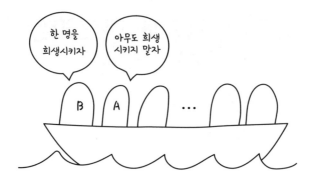

그럼 이제 어떻게 해야 하는가? 우리가 선택할 수 있는 답안은 논리적으로 두 가지다. 한 명을 희생시키거나, 혹은 희생시키지 않거나.

사람들이 토론하기 시작했다. 우선 B가 말문을 열었다.

B : 더 늦기 전에 희생시킬 한 명을 선택합시다. 이렇게 있다가는 다 같이 죽는 건데, 한 명의 목숨보다는 전체의 목숨을 살리는 것이 아무래도 더 윤리적이겠지요.

A : 아니, 한 사람을 희생시키는 게 도대체 어떻게 윤리적이라는 거요? 무고한 사람을 희생시키는 건 명백히 살인 행위이고, 결코 용서받을 수 없는 행위요. 절대로 있어서는 안 될 일입니다.

B : 누구는 좋아서 이러는 줄 알아요? 그럼 무슨 대안을 내놓든지. 당신처럼 그냥 절대로 안 된다고만 하면 마음은 편할지 모르지만, 이 상황을 해결할 수는 없잖아요. 지금은 특수한 상황이니까, 현실적인 대안을 생각해야 해요.

A : 그럼 당신은 특수한 상황이면 모든 게 허용된다는 거요? 그렇게 따지면, 히틀러가 지금은 독일 민족의 위기라는 특수한 상황이니 유대인을 학살하겠다, 혹은 나는 지금 가난이라는 매우 위급한 상황에 놓여 있으니 도둑질을 하겠다, 우리 회사가 어려운 상황에 처했으니 세금을 안 내겠다, 이 모든 게 허용된다는 거요? 윤리라는 건 아무리 어렵고 힘든 특수한 상황에서도 지켜질 때에야 비로소 그 가치를 갖는 거요. 내가 조금 어렵고 위급하다고 아무 행동이나 다 한다면, 그게 짐승하고 다를 게 뭐가 있소?

B : 뭐야? 어디서 혼자 고결한 척이야! 나는 내가 지켜야 할 처자식이 있다고! 당신처럼 꽉 막힌 사람이랑 같이 죽을 만큼 한가하지 않아! 여러분, 이러고 있을 때가 아닙니다. 다 같이 공평하게 제비뽑기를 합시다.

사람들은 동의했고, 제비뽑기가 준비됐다. 가장 긴 끈을 뽑는 사람이 희생양이 되기로 했다. 제비뽑기에 참여하지 않으면 그 사람을 희생시키자는 사람들의 합의에 A도 어쩔 수 없이 제비뽑기에 참여했다. A는 무사히 짧은 끈을 뽑았다. B가 뽑을 차례가 되어 끈의 한쪽 끝을 잡아당겼는데, 끈이 계속해서 나왔다. 끈은 말도 안 되게 길었다. B의 표정이 어두워졌다. 사람들이 빨리 투신하라고 재촉했다. B가 손을 뻗어 바닷물을 만져보았다. 뼛속까지 한기가 느껴졌다. 배 주위를 돌고 있는 상어의 지느러미들이 보였다. B가 기어 들어가는 목소리로 말했다.

B : 나… 나는… 못 죽겠소… 지켜야 할 가족이 있어요.

(이 광경을 지켜보던 C가 나섰다.)

C : 이봐! 당신이 제비를 뽑자고 했잖아! 분명 다른 사람이 뽑혔으면 당신이 주도해서 그 사람을 배 밖으로 내던졌을 거면서! 자기가 뽑히니 안 들어가겠다는 게 말이 돼? 여러분, 저놈을 바다로 던져 버립시다!

(사람들이 B에게 다가가려 하자 A가 사람들을 막아섰다.)

A : 여러분, 이러시면 안 됩니다. 저 사람을 배 밖으로 던져버린다면 그건 우리가 저 무고한 사람을 집단으로 살해한 것이 됩니다.

C : 저 사람은 무고하지 않소. 자신이 약속을 했다가 어긴 것이니 이미 약속을 위반한 잘못을 했소. 그리고 저 사람은 자발적으로 제비를 뽑아 한 명을 희생시키겠다는 계약을 한 거 아니오? 계약을 어겼다는 잘못도 있는 것이오! 잘못이 있으니 우리가 사형을 집행하는 것이오!

(사람들이 맞는 말이라고 맞장구를 쳤다.)

A : 저 사람이 한 잘못은 약속을 어긴 것과 계약을 어긴 것, 둘뿐이지요. 약속과 계약을 어겼다고 사형을 집행하는 법은 세상 어디에도 없습니다. 자기가 죽기 싫다고 하고, 저 사람이 누군가를 죽일 정도의 잘못을 한 것도 아닌데, 살려는 자를 죽인다는 것은 명백히 잘못된 행동이에요. 우리가 그를 억지로 죽인다면 우리는 평생을 죄책감에 시달리며 살게 될 겁니다.

C : 여러분, 차라리 말 많은 A를 죽입시다!!

(사람들이 그러자고 맞장구쳤다.)

당신이 이 배에 타고 있다면, 당신은 어떤 선택을 했을 것인가? 혹은 당신이 A를 물에 빠뜨리고 구조된 열 명을 재판하게 된 재판관이라면, 당신은 자신들의 생존을 위해 한 사람을 죽게 한 열 명을 어떻게 처리할 것인가?

윤리 판단의 시점

모든 윤리적 판단에 앞서 고려해야 하는 것은 자신이 어느 위치에 있는지에 대한 시점이다. 왜냐하면 사람들은 일반적으로 자신이 문제의 당사자일 때와 제3자의 입장일 때, 종종 다른 판단을 하기 때문이다. 인간은 본능적으로 자신의 이익을 최우선으로 고려하며, 동시에 자기 자신에게 가장 관대하다. 그러므로 보편적인 윤리 담론에 대해 논하기 위해서는 자신의 위치를 사건과 분리해야 한다. 즉, 우리는 [윤리] 파트의 모든 논의에서 해당 사건에 포함되지 않는 제3자의 시점을 전제로 한다. 이제 "네가 그 입장에 있어봐!" 혹은 "네 자식이어도 그렇게 할래?" 같은 논변은 유효하지 않다.

침몰하는 배 사례에서도 우리는 사건 밖의 재판관의 입장을 견지하자. 이러한 관점에서 우리는 A, B, C의 견해를 비슷한 입장끼리 묶을 수 있다. 누구와 누구의 입장이 그나마 유사한가? 아무래도 B와 C의 입장이 유사하고 A는 차이를 보인다. 단적으로 말해서 A의 견해는 절대로 무고한 사람을 죽여서는 안 된다는 것이다. 반면 B와 C의 견해는 소수를 희생시키더라도 모두의 목숨을 살릴 수 있다면 그것이 더 좋은 선택이라는 것이다. 두 입장을 조금 더 추상화하면, A의 입장은 절대적인 도덕 법칙을 준수하려는 것이고, B와 C의 입장은 상황에 따라 전체의 이익에 부합하는 선택을 하려는 것이다. 지금 논의한 이 두 입장은 윤리 분야에서의 가장 기본적인 사고방식이다. 결론부터 말하면 A의 입장을 의무론, B와 C의 입장을 목적론이라고 부른다.

이제부터 윤리의 기초로서 의무론과 목적론에 대해 알아보려고 한다. 그 전에 윤리가 도대체 무엇인지부터 규정하고 가자.

윤리의
정의

윤리적 판단은 실제 세계와 무관하게 존재한다

윤리가 무엇인지부터 알아보자. 윤리의 사전적 정의는 '사람이 지켜야 할 도리'를 말한다. 비슷한 말로는 '도덕'이 있는데, 일상생활에서는 이 둘을 구분하지 않고 같은 말처럼 쓴다. 다만 어감에서 오는 차이가 있다. 도덕은 실천적인 느낌이 강하고 윤리는 이론적인 느낌이 강하다는 것이다. 말하자면, 사람들이 일반적으로 합의하고 암묵적으로 준수하는 규범이나 규칙을 도덕이라고 하고, 그런 규범과 규칙이 정당한지를 의심하고 검토하는 것을 윤리라고 할 수 있겠다. 그래서 우리가 둘러보고 있는 여행지의 이름이 도덕이 아닌 '윤리'인 것이다. 우리는 착한 사람이 되려는 것이 아니라, 도대체 무엇이 착한 것인지를 검토하고자 한다.

윤리가 무엇인지 조금 더 체계적으로 설명하면, 그것은 '당위적 명제를 대상으로 하는 학문' 정도가 된다. 쉽게 말해서, 우리는 말을 할 때 언제나 문장으로 표현하는데, 문장으로 말을 한다는 것은 주어를 말하고 이어서 술어를 말하는 것을 의미한다. 영어가 됐든, 프랑스어가 됐든, 아프리카어가 됐든 모든 언어는 표현 방식은 달라도 이상하게 그 구조는 동일하다. 모든 문장은 '주어+술어'로 되어 있는 것이다. 주어는 일반적으로 존재하는 것들을 말한다. 사과, 의자, 자동차, 사람 등 세계에 존재하는 모든 것은 주어의 자리에 들어올 수 있다. 그리고 술어는 그 주어가 어떤 상태에 있는지를 말해준다. 맛있다, 편하다, 빠르다, 멋지다 등 술어의 자리에는 상태를 표현하는 말이 온다. "사과는 맛있다"라는 문장은 사과라는 존재자가 있는데, 그 존재자의 상태가 맛있는 상태에 있음을 의미한다. 생각해보면 세계의 모든 언어가 주어와 술어의 형태를 띠고 있는 것은 이 우주 자체가 존재자와 그 상태로 되어 있기 때문일 수 있겠다. 어쨌거나 이 주어와 술어의 합, 다시 말해 존재자와 그 존재자의 상태를 언어로 묘사한 것을 '명제'라고 부른다. 문장과 비슷한 말이다. 문장은 영어, 불어, 한국어 등으로 실제로 표현된 것이고, 명제는 그 표현이 의미하는 것을 말한다.

그런데 무한하게 많은 명제는 두 종류로 구분된다. 어떤 명제들은 술어가 "~이다"라고 끝난다. 반면 다른 명제들은 술어가 "~이어야 한다"라고 끝난다. 술어의 상태에 따라 명제가 둘로 나뉘는 것이다. 앞의 문장을 '사실명제'라고 하고 뒤의 문장을 '당위명제'라고 한다. 예를 들어 "사과는 맛있다"라는 문장은 사실명제다. 다음으로 "사과는 맛있어야 한다"라는 문장은 당위명제다.

학문마다 탐구하는 명제가 다르다. 사실명제를 탐구하는 학문은 과학이고, 당위명제를 탐구하는 학문은 윤리학이다. 사실명제는 항상 참과 거짓을 구분할 수 있는 반면, 당위명제는 그렇지 않다. 예를 들면 "사과는 맛있다"라는 명제는 직접 먹어보면 참인지 거짓인지를 판단할 수 있다. 하지만 "사과는 맛있어야 한다"라는 명제는 도대체 참인지 거짓인지를 말할 수가 없다. 즉, 당위명제는 참과 거짓의 판단을 넘어서 있고, 이에 따라 윤리적 명제 역시 참과 거짓을 말할 수 없다. 단적으로 사실명제와 당위명제는 성격이 너무나 달라서 이 둘은 각각의 세계에 독립적으로 존재하는 것처럼 보인다. 사실명제에서 당위명제가 도출되거나, 반대로 당위명제에서 사실명제가 도출되는 일은 없다.

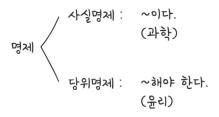

그런데 가끔 사실명제와 당위명제를 섞어서 생각하는 사람들이 있다. 그럴 경우 쉽게 오류에 빠진다. 예를 들어, 누군가 이렇게 말했다고 하자. "자유주의가 세계적 대세이므로 우리도 자유주의를 추구해야 한다." 이 문장은 두 가지 명제로 구성되어 있다. ①자유주의가 세계적으로 대세다. ②자유주의를 추구해야 한다. ②는 주장이고, ①은 근거다. 타당한 형식을 갖추고 있는 것처럼 보이지만, 실제로 ②는 ①로부터 도출되지 않는다. 모든 국가가 자유주의를 '선택했다'고 해서 우리도 자유주의를 '선택해야 하는' 것은 아니다. 이 문장에 문제가 있다는 것은 다음 사례를 보면 확연히 알 수 있다.

"모든 사람이 거짓말을 하므로 나도 거짓말을 해야 한다."

이 문장은 사실명제에서 당위명제를 도출했다는 점에서 앞의 문장과 형식이 동일하다. 그런데 우리는 이 문장에 문제가 있음을 쉽게 알 수 있다. 모든 사람이 거짓말을 하는 것이 사실일지라도 내가 거짓말을 해야 하는 것은 아니다. 당위명제는 사실명제를 통해 증명될 수 없다. 당위명제는 사실명제와 무관하게 그 문장 자체의 내용만을 토대로 판단하고 평가해야 한다. 즉, 윤리적 판단은 실제 세계가 어떠한지와는 무관하게 독립적으로 존재하는 것이다.

앞서 침몰하는 배 사례에서 A씨의 주장의 근거는 여기에 있다. 그는 현재의 특수한 상황을 고려해야 한다는 B에게 이렇게 말한다. "윤리라는 건 아무리 어렵고 힘든 특수한 상황에서도 지켜질 때에야 비로소 그 가치를 갖는 거요." A의 말이 고지식해 보이고 답답하게 들릴지도 모르지만, 윤리의 대상이 당위명제에 국한되고, 또 이 당위명제가 현실을 기술하는 사실명제와 무관하다고 할 때, 그의 말은 윤리의 속성을 정확히 반영하고 있다.

하지만 이러한 견해에 불편함을 느끼는 B와 같은 사람도 있다. 만약 윤리가 현실과는 무관한 당위명제들의 집합이라면 도대체 그런 윤리가 필요한 이유는 무엇인가? 그렇게 비현실적 판단은 구체적인 현실을 살아가는 우리에게 어떤 쓸모도 없다.

이제 우리의 이야기는 윤리의 양대 산맥인 의무론과 목적론으로 이어진다. 지금까지 윤리의 속성이 무엇인지 알아보았으니 이를 기반으로 A와 B의 두 입장을 이론적으로 구분하고 비교해볼 차례다.

의무론과
목적론

주어진 의무를 고려할 것인가, 미래의 결과를 고려할 것인가

윤리라는 전체 분야를 딱 반으로 나눈다면 반은 의무론, 나머지 반은 목적론이라고 해도 크게 틀린 말이 아니다. 의무론과 목적론은 "윤리란 무엇인가?"라는 질문에 대한 두 가지 답변이다.

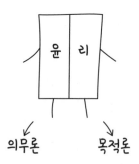

기자가 찾아와 A씨에게 윤리가 무엇인지를 물었다. A씨가 답했다.
"윤리라는 것은 말이죠, 우리한테는 이미 주어져 있는 도덕 법칙, 의무

들이 있어요. 이런 도덕 법칙과 의무를 준수하는 것, 그것이 윤리지요." 여기서의 도덕 법칙, 의무란 누구나 이미 너무도 잘 알고 있는 최소한의 보편적 규범을 말한다. 예를 들어 '사람을 죽이면 안 된다' '거짓말을 하면 안 된다' '착하게 살아야 한다' '효도를 해야 한다' '주어진 일에 최선을 다해야 한다' 등을 말한다.

이번에는 B씨에게 윤리가 무엇인지 물었다. B씨는 우선 A씨의 답변에 코웃음을 쳤다. "세상에 보편적인 도덕 법칙 같은 게 어디에 있나요? 그런 건 없어요. 상황에 따라서 모든 것은 바뀌기 마련이죠. 예를 들면 국가는 극악한 범죄자에게 사형을 선고하기도 하고, 우리는 선의의 거짓말을 하기도 하죠. 착하게 산다거나 효도를 한다고 할 때, 그건 사람마다 생각하는 범위와 정도가 달라요. 또 자본가에게 착취당하는 노동자에게 '최선을 다한다는 것'은 우스운 일이죠." B의 대답에 기자가 물었다. "그럼 윤리는 무엇입니까?" B가 대답했다. "윤리라는 건 내가 지금 하는 행동의 결과가 많은 이에게 이익을 창출하는 것을 말해요. 다수에게 좋은 결과를 만들어내는 행위는 그 행위가 어떤 것이건 상관없이 윤리적으로 좋은 행위가 되는 거지요."

정리하면, 의무론은 도덕 법칙이나 의무를 준수하는 행위가 윤리라고 보고, 목적론은 다수의 이익을 창출하는 행위가 윤리라고 본다. 쉬운 예를 들어보자. 의무론적으로 세상을 살아가는 대표적인 사람들은 종교인이다. 그들은 이미 주어진 도덕적 명령으로서 신의 말씀을 규범으로 생각하고 평생 이를 준수하며 살아간다. 종교인들에게 옳은 일이란 신의 말씀대로 사는 것이고, 잘못된 일이란 신의 말씀에 거역하며 사는 것이다.

반면 목적론적 윤리관의 모습은 안중근 의사에게서 찾아볼 수 있다. 안중근 의사가 이토 히로부미를 저격할 때 "사람을 죽이는 일은 절대로 일어나서는 안 되는 일이야" 같은 생각은 하지 않았을 것이다. 민족의 해방과 독립이라는 좋은 결과를 위해서 총을 쏜 것이다. 이는 좋은 결과를 고려한 것이므로 목적론적 윤리관에 따른 행위라고 할 수 있다.

의무론자　　　목적론자

의무론과 목적론을 더 깊게 이해하기 위해서는 시간성을 고려해볼 필요가 있다. 과거, 현재, 미래로 흐르는 시간의 선을 생각해보자. 당신은 지금 현재에 서 있다. 특정 행위를 하려 할 때, 당신은 과거와 미래를 고려하게 된다. 우선 과거에서부터 주어져 있는 의무를 고려해서 행동할 수 있다. 이것은 의무론적 태도가 된다. 다음으로 미래에 발생할 결과를 고려해서 행동할 수도 있다. 이것은 목적론적 태도가 된다. 결과를 고려한다는 점에서 목적론을 '결과주의'라고도 부르고, 결과를 고려하지 않는다는 점에서 의무론을 '비결과주의'라고 부르기도 한다.

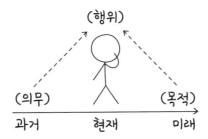

다시 침몰하는 배 사례를 보자. 열 명의 목숨을 위해 한 명을 희생시키는 방안에 대해 A는 강력히 반대한다. 그는 무고한 사람을 죽이는 건 어떤 상황에서도 허용될 수 없다고 주장한다. 이러한 주장의 토대는 의무론적 윤리관이다. 우리는 이미 살인을 하면 안 된다는 도덕 법칙과 의무를 알고 있고, 이를 어기는 행위는 부도덕한 일이 되는 것이다. 반면에 B는 한 명을 희생시켜 모두를 살리는 것이 더 좋다고 주장한다. 이러한 주장의 토대는 목적론적 윤리관이다. 한 명이 희생함으로써 얻는 결과가 모두가 죽는 결과보다 더 큰 이익을 창출한다고 할 때, 한 명을 희생시키는 것이 더 윤리적이라는 것이다.

세상에는 두 종류의 사람이 있다. 자신이 그렇게 살아가는지를 스스로 인지하는가의 여부와 무관하게 평생을 의무론적 윤리관으로 살아가는 사람이 있다. 반면 평생을 목적론적 윤리관으로 살아가는 사람도 있다. 당신은 지금까지 어떤 인생을 살아왔는가? 그런 윤리관을 갖고 살아온 삶은 괜찮은 삶이었는가?

현대의 개인주의적이고 경쟁적인 신자유주의를 살아가는 사람들은 대부분 목적론자들이다. 우리는 어떤 행위를 할 때, 그것이 나와 집단의 미래에 이익이 될 것인가를 고려해서 행동한다. 어떤 삶이 더 좋은 삶이라고 말하기는 어렵다. 판단의 몫은 당신에게 있다. 지금부터는 의무론과 목적론의 이론적 배경을 알아봄으로써 한발 더 들어가 보려 한다.

의무론과
정언명법

절대적인 도덕 법칙을 찾아라

의무론을 대표하는 철학자는 그 이름도 유명한 칸트다. 칸트를 모르는 사람은 없지만 그가 뭘 했는지 아는 사람은 많지 않은데, 칸트는 학문에서 중간보스 정도 되는 사람이다. 문학, 철학, 예술 등 인문학의 어떤 분과든 깊이 있게 파고 들어가면 결국 그를 만나게 된다. 그리고 어렵게 중간보스를 물리치고 올라가다 보면 마지막에 끝판왕 삼 형제가 기다리고 있다. 소크라테스, 플라톤, 아리스토텔레스가 그들이다. 이들에 대해서는 《지적 대화를 위한 넓고 얕은 지식》 0권과 2권의 [철학] 파트에서 자세히 논하고 있으니 참고하면 되겠다. 여기서는 칸트의 윤리관에 대해서만 간략히 알아보고자 한다.

칸트는 18세기 사람으로, 지금으로부터 대략 250년 전에 독일에서 활동했다. 세 편의 책으로 유명해졌는데, 《순수이성비판》, 《실천이성비판》,《판단력비판》이 그것이다. 이 비판 시리즈에서의 '비판'은 무엇인가를 비난한다는 뜻이 아니라, 한계를 밝힌다는 뜻이다. 다시 말해 어디까지를 할 수 있는지 그 범위를 제시한다는 것이다. 잠시 비판의 의미를 이해하고 넘어가자. 이를 이해하기 위해서는 비판과 비난을 비교해볼 필요가 있다.

예를 들어 오랜만에 만난 친구가 살이 매우 많이 쪘다. 우선 비난은 다음과 같이 진행된다. "뭐야, 이 돼지는. 살찐 게 정말 뒤룩뒤룩 돼지 같구나." 이와는 달리 비판은 한계를 제시하는 것이다. "너는 살이 쪄서 앞으로 스키니진은 입을 수 없을 것이며, 그로 인해서 여자 친구를 만나 결혼에 성공할 확률이 매우 낮아질 가능성이 크다." 즉, 비판은 할 수 있는 것과 없는 것의 한계를 규정해주는 것이다.

실제로 칸트의《순수이성비판》은 순수이성의 한계를 밝힌다는 것이고,《실천이성비판》은 실천이성의 한계를 밝힌다는 것이다.《판단력비판》도 마찬가지다. 여기서의 순수이성은 인간의 감각, 지각, 지성 능력인 인식 능력을 말하므로, 이를 비판한다는 것은 인간의 인식 능력이 할 수 있는 것과 할 수 없는 것을 보여주는 것이다. 실천이성은 인간 행위에 대한 도덕적 판단 능력을 말하는데,《실천이성비판》은 윤리가 무엇이고 어떻게 가능한지를 보여준다.《판단력비판》은 아름다움에 대한 것으로, 미학을 제시한다. 우리가 지금 다루려고 하는 의무론적 윤리설은 칸트의《실천이성비판》의 핵심적 논지가 된다.

칸트는 도덕 법칙들이 무너져가는 시대상을 마주하며, 상대주의적이고 허무주의적인 철학 담론 속에서 절대적 도덕 법칙을 찾아 세우려 노력했다. 생각해보면 절대적인 도덕 법칙을 찾는 건 너무도 어려운 일이다. 앞서 기자와 인터뷰하는 B씨가 지적하듯, 절대적이고 누구나 따라야 하는 완벽한 도덕 법칙을 찾는 것은 거의 불가능에 가까워 보인다. 상황에 따라 모든 일에는 항상 예외가 있고, 사람마다 생각하는 도덕 판단의 기준이 다를 수밖에 없기 때문이다.

이렇게 절대적 도덕 법칙의 존재가 의심받는 상황 속에서 칸트가 제시한 것은 '정언명법'이었다. 이것은 누구나 반드시 따라야 하는 도덕 법칙이 무엇인지를 이성적으로 알려주는 방법으로서, 칸트가 제안했다. 실제 내용을 그대로 옮기면 다음과 같다. "네 의지의 준칙이 언제나 동시에 보편적 입법의 원리로 타당할 수 있도록 행위하라." 도대체 무슨 말인지 모를 이 말을 쉽게 바꿔보면 "네가 개인적으로 하려는 일이 동시에 모든 사람이 해도 괜찮은 일인지 생각하고 행동하라" 정도가 되겠다.

단순화하면, 정언명법이란 절대적이고 보편적이어서 누구나 따라야만 하는 도덕 법칙을 찾아내는 계산 기계 정도로 생각해볼 수 있다. 이 정언명법 기계에 내가 하려는 행위X를 넣어본다. 그러면 계산을 거쳐서 이 행위X가 보편적 도덕 법칙에 부합하는지 아닌지를 구별해준다. 이 계산 기계가 작동하는 방식은 단순하다. 내가 하려는 특정 행위X를 사회 구성원 모두가 동시에 한다고 가정해보는 것이다. 만약 그래도 사회가 붕괴하지 않는다면, 그 행위X는 보편적 도덕성을 띤다고 할 수 있다. 예를 들어 행위X를 거짓말하는 행위라고 해보자. 그리고 정언명법대로 생각해보자. 만약 모든 사회 구성원이 거짓말을 하는 사회는 어떻게 될 것인가? 그래도 괜찮은가? 그 사회는 서로의 신뢰와 연대가 무너져 유지될 수 없을 것이다. 그렇다면 거짓말하는 행위는 도덕적인 행위가 아니다. 따라서 나는 그 행위를 하면 안 된다.

다른 것도 넣어보자. 행위X에 쓰레기를 줍는 행위를 넣어보자. 만약 모든 사회 구성원이 쓰레기를 줍는다면 그 사회는 어떻게 되겠는가? 특별한 문제 없이 청결한 사회가 될 것이다. 그렇다면 쓰레기를 줍는 행위는 모두가 따라야 할 도덕 법칙이 될 수 있다.

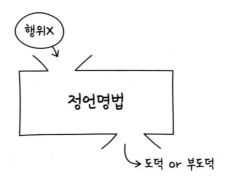

매우 괜찮은 방법이다. 정언명법을 토대로 칸트는 절대적으로 지켜야 할 도덕 법칙과 의무를 찾아내는 방법을 제시했다. 이로써 우리는 모두가 따라야 할 보편적인 윤리적 의무가 실재함을 알게 되었다. 이제 주어진 의무를 준수하기만 하면 된다. 칸트는 보편적 도덕 법칙 대해 이렇게 말했다.

"생각하면 할수록 나의 마음을 경외심으로 채우는 두 가지가 있다. 내 머리 위에서 반짝이는 밤하늘의 별과 내 안의 도덕률이 그것이다."

의무론적 윤리설은 칸트를 통해 단단한 토대 위에 서게 되었다.

목적론과
공리주의

최대 다수의 최대 행복을 구하라

목적론적 윤리설을 대표하는 입장은 공리주의다. 공리주의는 19세기 무렵에 영국을 중심으로 전개된 윤리적 견해로, 벤담과 밀이 대표적이다. 공리주의는 단적으로 말해, 윤리의 궁극적인 목표로 개인과 사회의 이익에 초점을 맞춘 사상이다. 여기서의 이익은 쾌락이나 행복으로 바꿔 말할 수 있다.

공리주의의 모토는 너무도 유명한 '최대 다수의 최대 행복'으로, 이 말은 공리주의의 핵심 논점을 명쾌하게 보여준다. 한마디로 윤리적인 것이란 가장 많은 사람에게 가장 행복한 결과를 가져오는 것이다. 공리주의의 장점은 단순하고 명쾌하다는 데 있다. 아무리 복잡한 현실의 문제라도 공리주의는 쉽게 해결한다. 단적으로, 결과가 최대의 이익을 산출하면 끝인 것이다.

단순하고 명쾌한 공리주의의 정신을 가장 정확하게 반영하고 있는 인물은 벤담이다. 그는 1789년에 출간한《도덕과 입법의 원리 서설》에서 도덕과 법이 따라야 하는 원리로 공리의 원칙을 제시했다. 여기서 벤담은 "모든 행위의 시비는 그것이 사람의 행복을 증진하는지의 여부에 의해서 평가되어야 한다"라고 주장했다.

이러한 벤담의 공리주의를 양적 공리주의라고 해서, 밀의 질적 공리주의와 구분하기도 한다. 벤담과 밀은 최대 다수의 최대 행복을 추구한다는 점에서는 동일하지만, 궁극적인 목표로서의 행복에 대한 관점에서 차이를 갖는다. 벤담은 행복을 양적으로 측정할 수 있다고 생각했고, 밀은 행복의 질적인 측면도 고려해야 한다고 생각했다.

다시 침몰하는 배 사례로 돌아가 보자. 열 명의 승객은 지금 말 많은 A씨를 바다에 던지려 하고 있다. 이때 함께 배에 타고 있던 벤담이 주장했다. 일단 A씨를 던지는 행위가 윤리적인지 판단해보자는 것이었다. 그래서 11명이 차례로 A씨를 던지는 행위에 대한 자신의 행복 정도를 측정했다. 첫 번째 승객은 +1만큼 행복이 증진됐다. 두 번째도 +1, 세 번째 승객은 양심의 가책이 조금 있어서 0, 네 번째, 다섯 번째… 이렇게 모두에게 물어보고, 마지막으로 바다에 던져질 운명 앞에 놓인 A씨에게도 견해를 물었다. 당연히 자기가 던져지는 행위로 인해 A씨의 행복은 -1이었다. 이제 합해볼 차례다. 이 11명의 행복을 모두 합하면 결과적으로 0보다 크다. 따라서 A씨를 배 밖으로 던지는 행위는 전체의 행복을 높여주는 윤리적인 행위가 되는 것이다.

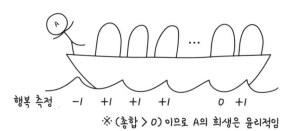

벤담

행복 측정 -1 +1 +1 +1 0 +1

※ (총합 > 0) 이므로 A의 희생은 윤리적임

그런데 이건 뭔가 이상하다. A를 배 밖으로 던지는 것을 윤리적이라 말하기는 사실 꺼림칙하다. 만약 이렇게 단순하게 쾌락의 합산만으로 윤리를 평가할 수 있는 것이라면, 우리는 [사회] 파트에서 다루었던 전체주의도 윤리적이라고 말해야 한다. 왜냐하면 전체주의야말로 소수의 권리와 무관하게 다수의 이익만을 강력하게 추구하는 체제이기 때문이다. 덧붙여 이런 논리라면, 사회의 생산성을 극대화할 수만 있다면 노예제도나 여성 차별 역시 윤리적이라고 말해야 한다. 이처럼 벤담 식의 공리주의는 단순하고 명쾌하다는 큰 이점을 갖는 반면, 윤리에 대한 설명이라기보다는 경제적 이익에 대한 설명인 듯해서 윤리라고 하기에 민망할 정도다.

이렇게 단순 무식한 공리주의를 세련되게 만들어준 인물이 19세기 영국의 경제학자이자 철학자였던 존 스튜어트 밀이다. 밀은 질적 공리주의를 통해 쾌락과 행복에도 질적인 차이가 있음을 밝혔다. 인간은 감각에 의한 말초적 쾌락뿐만 아니라 고결하고 고상한 쾌락도 추구한다. 따라서 쾌락과 행복은 단순 합산으로 측정할 것이 아니라 질적인 측면에 대해서도 고려해야 한다. 밀은 자신의 저서 《공리주의》에서 다음과 같이 말한다. "배부른 돼지보다 배고픈 인간이 되는 것이 더 낫다. 만족한 바보보다 불만족한 소크라테스가 되는 것이 더 낫다. 만약 바보나 돼지가 다른 견해를 가진다면, 그것은 오직 자기 입장에서만 문제를 이해했기 때문이다. 반면 다른 상대들은 문제의 양쪽 입장을 모두 이해하고 있다."

다시 예로 돌아가자. 벤담의 주장에 따라 A씨를 배 밖으로 던지려는 찰나, 같은 배에 타고 있던 밀이 사람들을 막아섰다. 그러고는 A씨를 던지는 행위에 대한 행복지수를 재측정해보자고 제안했다. 밀이 제시한 디테일한 측정 장비에 따라 다시 한 명씩 행복을 평가받았다. 첫 번째 승객은 +9만큼 행복한 것으로 파악되었다. 두 번째 승객은 +7만큼, 양심의 가책이 있었던 세 번째 승객은 +2만큼, 네 번째, 다섯 번째… 모두 평가한 후, 마지막으로 바다에 던져질 운명인 A씨의 행복지수를 측정했다. A씨는 자신의 희생에 대해 -20,000만큼의 행복을 느끼는 것으로 밝혀졌다. 이 모두를 합산하면, 아무리 다수가 만족한다고 해도 소수의 희생자가 느끼는 고통이 질적으로 매우 크기 때문에 결과는 0을 넘지 못한다. 다시 말해서, A씨를 배 밖으로 던지는 행위는 A씨의 질적 고통을 넘어서지 못하기에, 결과적으로 윤리적이지 못한 행위가 되는 것이다.

밀은 쾌락과 행복의 질적인 차이를 인정함으로써 개인의 자유, 평등 등 인간의 최소한의 권리와 가치들을 지켜낼 수 있었다.

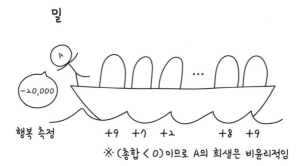

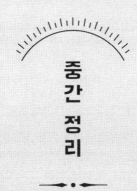

중간 정리

지적 대화를 위한 교양 여행은 마지막 여행지, 윤리를 지나고 있다. 지금까지의 내용을 정리해보자. 윤리란 사람이라면 누구나 따라야 할 도리를 말하는 것으로, 당위명제에 대한 탐구를 그 범위로 한다. 의무론과 목적론은 윤리에 대한 두 가지 주요 견해인데, 의무론은 도덕 법칙과 의무를 준수하는 것이 윤리라는 입장이고, 목적론은 행위의 결과가 이익과 행복을 창출하면 그것이 윤리라는 입장이다. 의무론적 윤리설을 대표하는 칸트는 정언명법을 통해 보편적인 도덕 법칙을 발견했고, 이를 준수해야 함을 강조했다. 반면 목적론적 윤리설을 대표하는 공리주의는 최대 다수의 최대 행복을 도덕의 원리로 규정하여, 결과적으로 행복을 창출하는 행위를 윤리적 행위로 보았다. 이러한 공리주의는 벤담의 양적 공리주의와, 행복의 질적 차이를 인정하는 밀의 질적 공리주의로 구분되었다.

윤리는 의무론과 목적론으로 구분된다. 이들은 절대적인 도덕 법칙에 대한 견해 차이를 기준으로 각각 윤리 절대주의, 윤리 상대주의라고도 불린다. 윤리 절대주의란 절대적인 진리로서의 도덕 법칙이 존재한다는 관점이다. 반면 윤리 상대주의란 절대적인 진리로서의 도덕 법칙은 존재하지 않고, 상대적인 측면에서의 가변적인 도덕 규칙만이 존재한다는 관점이다. 범주로 따지면 윤리 절대주의와 윤리 상대주의가 가장 넓은 개념이고, 각각의 개념 안에 의무론과 목적론이 포함된다.

　이제 윤리에 대한 이론적 측면을 이해했으니, 이를 바탕으로 현실적 문제에 적용해볼 차례다. 앞서 다루었던 역사, 경제, 정치, 사회의 담론들을 윤리의 측면에서 판단해보자.

하이에크와
롤스

어떤 사회가 윤리적인가

윤리적이고 정의로운 사회는 어떤 사회일까? 만약 당신이 매우 윤리적인 사람이고, 사회를 획기적으로 변화시킬 충분한 역량을 갖춘 존경받는 최고 권력자라면, 당신은 사회를 어떻게 바꿔가겠는가? 특히 그 사회가 현재의 한국 사회라면, 당신은 무엇부터 바꿔나갈 것인가?

우리의 논의를 잘 따라온 사람이라면, 궁극적으로 사회를 변모시킬 열쇠가 세금임을 잘 알고 있을 것이다. 세금을 올리거나 낮추는 일은 사회 전체의 방향성을 결정하는 가장 근본적인 방법이다. 그렇다면 당신이 윤리적인 절대 권력자라고 할 때, 당신은 현재를 기준으로 세금을 높일 것인가, 낮출 것인가? 지금부터는 각각의 선택이 갖는 의미를 의무론, 목적론과 연결해 생각해보려 한다.

한국 사회의 방향성을 선택하기 위해서는 우선 우리가 어떤 상태에 있는지 그 현실을 알 필요가 있겠다. 참고할 만한 여러 지표가 있겠지만,

무엇보다도 현실을 가장 정확히 보여주는 지표는 빈부격차다. 그런데 우리는 사회의 빈부격차가 심하다는 말은 종종 들으면서도, 구체적으로 어느 정도의 격차가 있는지에 대해서는 제대로 파악하기 어렵다. 일반적으로는 소득분배의 불평등 정도를 보여주는 지표로서 지니계수가 활용된다. 그런데 이것은 완전평등 상태인 '0'과 완전불평등 상태인 '1' 사이의 값으로 표현되므로, 국가별로 비교하기에는 용이하나 구체적인 개인이 체감하는 격차를 보여주지는 못한다. 참고로 2017년 기준 통계청이 발표한 한국의 지니계수는 시장소득이 0.406, 처분가능소득이 0.355였다. 이걸로는 알 수 없다. 그래서 주택 소유와 임금에 대한 자료를 참고하려고 한다.

질문으로 시작하자. 한국에서 집을 가장 많이 소유하고 있는 사람, 즉 주택 소유 1위는 몇 채의 집을 가지고 있을까? 2017년 국토교통부의 자료에 따르면 전국에서 집을 가장 많이 소유한 사람 1위가 1,695채, 2위가 700채, 3위가 605채 소유했다. 다주택자 중에는 11세임에도 16채를 보유하고 있는 이도 있었다. 1위 소유자의 경우 자기 집에서 딱 하루씩 생활한다 해도 4년 6개월 가까이 돌아다니며 살아야 할 정도다. 한국인의 절반은 자기 집이 없어 전세나 월세로 사는 것에 비해, 소수의 사람들은 불필요하게 너무 많은 집을 소유하고 있는 것이다. 물론 불법을 저지른 것도 아니고 자신이 정당하게 번 돈으로 구매한 것인데 뭐가 문제냐고 할 수도 있겠지만, 주택은 생존을 위한 필수 조건인 동시에 공급이 한

정되어 있는 까닭에 소수의 과도한 독점이 다수의 권리를 침해하는 것이라고 볼 수도 있다. 하지만 이렇게 소수에 의한 주택 점유가 개인의 일탈이나 부도덕성에서 기인하는 문제라고 단정할 수는 없다. 제도적으로 과도한 소유를 제한하지 않는 시스템상의 문제일 수도 있다. 어쨌거나 우리는 빈부격차의 정도만을 확인해보려는 것이니, 주택 소유에서의 빈부격차가 심하다는 정도만 기억하면 되겠다.

다음으로 임금소득에 대한 자료를 참고해보자. 기존에 등기임원의 보수만 공시 대상이었던 것에서 미등기임원의 보수까지 공시하도록 개정된 2018년 금융감독원 자료에 따르면, 가장 많은 보수를 받은 1위는 230억, 2위는 103억, 3위는 98억 정도다. 이 외에 주식 소유에 따른 배당금 수령액을 기준으로 하면 1위는 4,700억, 2위는 1,400억, 3위는 930억 정도다. 임금과 배당금은 1년간의 소득이니, 소득이 아닌 재산까지 고려한다면 그 규모는 일반인의 상상을 초월할 것이다.

반면 개별 임원의 보수가 처음 공시되었던 해에 발생한 송파구 세 모녀의 자살 사건은 한국 사회의 빈부격차가 어느 정도인지를 명확히 보여주는 사례가 되었다. 이 사건은 생활고를 겪던 세 모녀가 지하 셋방에 번개탄을 피운 채 마지막 월세와 공과금 70만 원을 남기고 자살한 사건이었다. 두 딸의 건강 상태가 좋지 않았던 까닭에 그동안 나이 든 어머니 혼자 식당 일을 했는데, 그마저도 사고로 계속하지 못하게 되면서 가족이 생활고에 시달려왔던 것으로 알려져 있다.

현실의 빈부격차는 극단적인 까닭에 차라리 비현실적이다. 같은 한국 안에서 어떤 사람은 1,000여 채의 집을 소유하고 일 년에 1,000억 원이 넘는 소득을 얻는 반면, 멀지 않은 곳에서는 생활고로 죽어가는 사람들이 있는 것이다.

빈부격차의 문제는 선인과 악인에 의한 문제가 아니다. 빈부격차는 자본주의 사회에서 발생하는 자연스러운 현상이다. 다만 우리에게 주어진 것은, 이러한 빈부격차를 해결해야 할 문제로 볼 것인지, 아니면 해결할 필요가 없는 문제로 볼 것인지를 선택하는 일뿐이다. 그리고 만약 문제 해결을 원한다면, 우리는 복지를 확대할 방향을 선택해야 할 것이다. 그리고 복지를 확대하기 위해서는 증세를 피할 수 없다. 이제 처음의 질문으로 돌아가 보자. 당신이 매우 윤리적이며 이 사회를 변화시킬 역량을 충분히 갖춘 권력자라면, 당신은 우리 사회의 빈부격차 문제를 어떻게 다루겠는가?

어떤 이들은 지금과 같은 빈부격차는 부당하므로 세금을 적극적으로 징수해서 가난한 사람을 돕는 것이 윤리적이라고 주장할 것이다. 반면 다른 이들은 자유 시장에서 자신의 노력과 능력 그리고 자유로운 선택으로 부를 얻었다면 그러한 부는 부당하지 않으며 사회가 인정해줘야 한다고 주장할 것이다. 차라리 정부에 의한 강제적인 세금 징수가 더 비윤리적이라고 말이다.

지금부터는 이런 상반되는 주장을 했던 두 인물인 하이에크와 롤스에 대해 알아보고, 이들을 의무론과 목적론의 입장에서 평가해보자.

우선 하이에크는 20세기 영국에서 활동한 경제학자로, 신자유주의의 사상적 아버지로 평가되는 인물이다. 당시 미국과 영국에서 채택되었던 케인스 이론에 맞서 그는 정부 주도의 계획경제를 강력히 비판하고 자유시장을 옹호했다. 하이에크는 시장에서의 경쟁을 하나의 게임으로 생각했다. 지식이나 기술이 각기 다른 게임의 참가자들이 정당한 규칙 아래서 경쟁하고 그럼으로써 승자와 패자가 생겼다면, 그 결과는 정당하다는 것이 그의 기본 전제였다. 그렇기에 우리는 그 게임이 공정했는지, 혹시나 게임 참가자 중 누군가를 속인 사람은 없었는지를 감시하는 것만으로 충분하다. 게임의 결과가 평등해야 한다며 정부가 나서서 게임의 판 자체를 망치는 것은 어리석은 일이 될 것이다. 예를 들어보자. 우리 학급에는 A, B, C, D의 네 학생이 있는데 나는 A다. 수학 시험을 앞두고 B, C, D는 놀기에 바쁘다. 반면 나는 정말 코피 나게 밤새 공부를 해서 수학 성적 100점을 맞았다. 놀기만 했던 B, C, D는 각각 20점, 30점, 40점을 받았다. 그런데 담임선생님이 들어와서는 나에게 말했다.

"A야. 네가 1등을 했구나. 잘했다. 그런데 네 점수가 너무 높구나. 네 점수에서 30점을 떼서 B, C, D에게 각각 10점씩 나눠주도록 하자. 그럼 B, C, D는 각각 30점, 40점, 50점이 되는데, 그래도 70점인 네가 어차피 우리 반에서 1등이니 걱정할 것 없다."

담임선생님의 이러한 행동은 정의로운가? A의 입장에서 이 행동은 불합리하고 부도덕하다. 공정한 기회와 절차가 보장되어 있다면 결과가 아무리 큰 격차를 발생시켰다 해도 그 성과를 보장해주는 사회가 윤리적이고 정의로운 사회인 것이다.

이러한 견해는 결과를 고려하는 것이 아니라 절차나 과정을 중시한다는 점에서 의무론적 윤리설에 가깝다. 이에 따르면 사회에서 발생한 빈부격차는 문제가 되지 않는다. 그것은 게임에 대한 정당한 대가다. 그렇기에 윤리적인 사회를 만들겠다며 세금을 늘리는 행위는 어불성설이 된다. 진정으로 윤리적이고 정의로운 사회를 만들기를 희망한다면, 사회에서 공정한 경쟁이 이뤄지고 있는지, 절차가 준수되고 있는지, 위법행위는 없는지를 국가가 감시하는 것만으로 충분하다.

당신은 어떻게 생각하는가? 판단에 앞서 이와 대비되는 롤스의 생각을 들어보자. 롤스는 하이에크와 비슷한 시기에 미국에서 활동한 철학자로, 대표 저서로 《정의론》이 있다. 롤스는 세금을 높일 것인지 낮출 것인지, 재분배를 할 것인지 말 것인지에 대한 합리적 판단을 위해 하나의 사유 실험을 제안했다. 그리고 이를 '원초적 입장'이라고 이름 붙였다. 원초적 입장에 대한 가정은 단순하다.

X, Y, Z씨는 지금 단기 기억상실증에 걸렸다. 말도 할 수 있고 합리적으로 판단도 할 수 있는 상태지만, 다만 자기가 누구이고 어떤 삶을 살았는지 등 과거에 대한 기억을 잃었다. 다행인 것은, 이 기억은 정확히 1시간 후 완벽하게 돌아온다는 것이다. 그런데 이 세 명 중에 한 명은 빌 게이츠이고, 다른 한 명은 평범한 중산층이며, 마지막 한 명은 노숙자다. X, Y, Z는 지금 자기가 누구인지는 모르지만 자신이 셋 중에 한 명일 것임을 알고 있다. 기억이 돌아오기 전에 롤스가 이들에게 묻는다.

"이제 두 가지 중에 하나의 분배 방식을 선택하려고 합니다. 첫 번째는 세금을 낮추고 복지도 낮춰 개인의 자유를 보장하는 것입니다. 두 번째는 세금을 높이고 복지도 높여 빈부격차를 해소하고 최소수혜자에게 혜택을 주는 것입니다. 어떤 쪽을 선택하시겠습니까?"

당신이 X라면 어떤 선택을 할 것인가? 롤스에 따르면 세 명 모두 두 번째 분배 방식인 세금 인상과 복지 확대에 동의할 것이다. 왜냐하면 자신이 노숙자일 것이 걱정되기 때문이다. 자신이 빌 게이츠여서 얻는 이익보다 자신이 노숙자일 때 처할 어려움에 더 마음이 쓰이는 것이다. 롤스의 원초적 입장에 대한 사유 실험은 우리가 개인의 특수한 상황을 벗어났을 때, 사회 전체가 합리적으로 합의할 수 있는 분배 방식이 무엇인지를 생각할 수 있게 해준다. 최소수혜자에게 더 많은 혜택을 주는 사회가 사실은 구성원 전체가 동의할 수 있는 사회인 것이다.

롤스의 생각은 개인의 절대적 권리에 대한 고려보다는 결과적으로 다수가 합의할 수 있는 상황을 기준으로 한다는 점에서 목적론적 윤리설의 입장과 맞닿아 있다고 할 수 있다. 정의롭고 윤리적인 사회를 만들고자 한다면 개개인이 납득하고 합의할 수 있는 결과를 고려해서, 국가가 적극적으로 시장에 개입해 재분배를 추진해야 한다.

우리는 윤리적인 사회에 대해서 이야기했다. 이야기는 질문에서 시작했다. 당신이 윤리적이고 정의로우며 사회를 변화시킬 수 있는 충분한 역량을 가진 권력자라면 사회를 어떻게 변화시키겠는가? 우리는 특히 과도한 빈부격차에 따른 사회적 불평등의 문제를 기준으로 두 가지 입장을 알아보았다. 의무론자는 결과에 인위적으로 개입해서 문제를 해결하려는 강제보다는 과정과 절차에 대한 감시를 통해 공정한 게임이 가능하게 해야 한다고 주장했다. 반면 목적론자는 절차나 과정뿐만 아니라 궁극적으로 모두가 합의할 수 있는 결과를 도출해서 문제를 해결해야 한다고 주장했다. 당신은 어떤가? 당신이 판단하기에 무엇이 우리 사회의 문제를 해결하는 정의롭고 윤리적인 방향이라고 생각하는가? 여기에 옳고 그름은 없다. 당신의 윤리관이 당신의 선택과 행동을 결정할 것이다.

최종 정리

윤리 파트가 끝났다. 여기서 우리는 윤리의 이론적 측면을 알아보았고, 이를 현실에 직접 적용해보았다. 우선 이론적 측면에서의 윤리는 두 관점으로 나누어진다. 윤리 절대주의로서의 의무론은 칸트에 의해 주장되었으며, 절대적인 도덕 법칙을 찾아 이를 준수할 것을 요구했다. 반면 윤리 상대주의로서의 목적론은 공리주의자들이 제시했는데, 절대적인 도덕 법칙의 허구성을 밝히고 행위의 결과가 행복과 쾌감이라는 이익을 창출할 때 윤리가 발생한다고 주장했다.

다음으로 현실적 측면에서의 윤리는 사회 정의에 대해 묻는다. 이는 단적으로 빈부격차의 문제, 즉 복지와 세금의 문제와 연결되어 있었다. 두 가지 견해가 있다. 개인의 절대적 권리로서의 재산권을 보호해야 한다는 의무론적 견해와, 반대로 복지를 통해 증진될 사회의 행복을 고려해서 부유층에게 높은 세금을 부과하는 것이 옳다는 목적론적 견해가 그것이다. 이 논의가 중요한 것은 이것이 우리가 앞서 여행했던 경제, 정치, 사회의 쟁점들을 종합하고 있기 때문이다. 경제에서의 세금과 복지 문제, 정치에서의 누구의 이익을 대변할 것인가의 문제, 사회에서의 개인주의와 전체주의의 쟁점이 현실에서의 윤리적 판단 문제와 결부되어 있다.

이제 1권을 마무리하는 시점에서 전체 내용을 정리해볼 차례다.

에필로그

여행은 종착지에 이르렀다. 우리는 역사, 경제, 정치, 사회, 윤리의 다섯 영역을 탐험했다. 이 다섯 영역은 각각 현실의 모습을 보여주는 안경으로, 우리에게 세계를 이해하는 틀을 제시해주었다. 중요한 것은 이 영역들이 독립되어 있지 않다는 데 있다. 이들은 연결되어 있으며, 핵심 논지에서 공통의 구조를 공유하고 있다. 그 구조란 구체적으로 '이분화된 세계'다.

세계를 매우 극단적으로 추상화하면 궁극에 가서 세계는 둘로 나누어진다. 그것은 마치 시간을 고도로 추상화해서 네 개의 계절로 구분하고, 공간을 고도로 추상화해서 다섯 개의 대륙으로 나누는 것과 같다. 극단적인 추상화의 결과물은 장점과 단점을 모두 갖는다. 복잡한 현상을 일목요연하게 파악할 수 있게 한다는 장점이 있는 반면, 무수히 많은 예외와 다양성을 폭력적으로 소거함으로써 실제를 정확히 반영하지 못할 수 있다는 단점이 있다. 장점과 단점을 고려해서 우리가 이 책에서 선택한 방법은 세계의 단순화였다. 세계의 복잡성과 다양성에 우리는 이미 충분히 노출되어 있으며, 때로는 그러한 디테일에 함몰되어 거시적 측면에서의 세계를 이해하지 못하고, 미시적이고 지엽적인 측면에 집착하기도 한다. 이 책은 현실 세계를 단순화함으로써 우리가 일상 속에서 잃어버리기 쉬운 세계에 대한 거시적 전망을 돌려주고자 한다.

현실 세계를 극단적으로 추상화하고 단순화하면 세계는 둘로 나뉜다. 단순하게 이 세계를 A세계와 B세계라 부르기로 하자.

우선 A세계의 주인공은 소수의 지배자다.

역사에서 그들은 왕, 영주, 부르주아의 모습으로 등장했다. 이들은 생산수단을 소유함으로써 노예, 농노, 프롤레타리아를 지배하고 권력을 유지해왔다. 특히 근대의 부르주아는 공장과 자본을 소유함으로써 공급과잉 문제를 일으켰으며, 이는 두 번의 세계대전으로 귀결되었다. 제2차 세계대전 이후 현대에 들어서며 냉전과 신자유주의가 도래했다.

경제에서 초기 자본주의와 신자유주의는 부르주아의 세계다. 그들은 시장의 자유를 추구하고 정부의 개입을 반대한다. 이에 따라 세금 인하와 복지 축소가 진행된다. 세금 인하와 규제 완화는 부르주아에게 직접적인 이익이 된다. 자본가의 투자 확대와 사회의 경쟁적 분위기는 경제를 성장시키는 원동력이 된다.

정치에서 보수는 자본가와 기업의 이익을 대변하는 정치적 입장을 말한다. 생산수단의 민영화, 정부 개입 축소, 세금 인하 및 규제 완화, 경제 성장이 이들의 지향점이다. 정치적 의사결정에서 자본가는 소수이기 때문에 민주주의 체제보다는 독재나 엘리트주의 체제가 이들의 이익을 보장하는 데 더 효과적이다.

사회에서 자본가가 소수라는 특징은 이들의 권리가 노동자 다수에 의해 침해받을 가능성을 발생시킨다. 전체주의로부터 개인을 보호하는 근본 이념으로서의 자연권, 특히 재산권의 절대적 보장은 자본가의 권리와 재산을 보호해줄 근거를 마련한다. 또한 현실적인 측면에서 미디어는 기업의 광고비를 통해 유지된다는 특징 때문에 기업과 자본가의 이익을 지속적으로 반영할 수밖에 없으며, 이로 인해 보수적 견해를 반영하기 쉬운 조건에 놓였다.

윤리에서 의무론은 결과보다는 이미 주어진 의무와 도덕 법칙을 준수할 것을 요구하는 윤리관으로, 개인의 권리와 인권을 강조한다. 현실적인 측면에서 신자유주의는 공정한 경쟁이라는 절차가 보장된다면 그 결과로 빈부격차가 발생하는 것은 문제시하지 않는다. 결과가 아닌 절차나 과정의 공정성을 강조한다는 점에서, 의무론적 윤리설이 신자유주의의 정당성에 대한 윤리적 근거를 제시하기에 적합하다.

다음으로 절반의 세계인 B세계의 주인공은 다수의 피지배자다.

역사에서 그들은 노예, 농노, 프롤레타리아의 모습으로 등장했다. 이들은 생산수단을 소유하지 못했기 때문에 생존을 위해 자신의 노동력을 팔아야만 했다. 특히 근현대 역사에서 이들은 자신이 착취당하는 상황을 직시하기 시작했고, 공산주의 혁명을 통해 역사의 주인공으로 서려 했다. 그러나 냉전 이후 공산주의 붕괴와 함께 오늘날 신자유주의 체제에서 노동자의 계급을 유지하게 되었다.

경제에서 후기 자본주의, 사회민주주의, 공산주의는 이들의 이익을 대변하는 체제다. 이 체제들은 공통적으로 시장의 자유를 축소하고 정부의 개입을 강화하려 한다. 이에 따라 세금이 인상되고 복지가 확대된다. 정부에 의한 적극적인 복지정책 추진은 노동자와 서민에게 직접적 이익이 되고, 동시에 빈부격차를 완화한다. 다만 노동 의욕 감소와 자본가의 투자 의욕 감소가 장기적인 경기침체를 발생시킨다는 비판을 받아왔다.

정치에서 진보는 이러한 노동자, 저소득자, 서민, 최소수혜자의 이익을 대변하는 정치적 입장을 말한다. 생산수단 국유화, 정부 개입 확대, 세금 인상 및 규제 강화, 사회적 재분배가 이들이 지향하는 방향이다. 정치적 의사결정에서는 노동자가 사회의 다수를 차지하기 때문에 다수의 견해가 반영되는 민주주의가 이들의 이익을 직접적으로 대변할 수 있는 정치체제가 된다. 하지만 현실에서는 역사적 경험, 미디어에 의한 교육, 대중의 비합리성으로 노동자가 스스로의 이익과 어긋나는 정치정당을 선택하는 상황이 빈번하게 발생한다.

사회에서 노동자가 다수라는 특징은 다수의 이익을 위해 소수의 권리를 침해할 가능성을 발생시킨다. 이렇게 다수에 의해 소수를 희생시키는 부정적 상황을 전체주의라 한다. 근현대의 시기 동안 전체주의가 얼마나 폭력적으로 개인의 가치를 희생시킬 수 있는지를 경험한 인류는 전체주의를 부정적 개념으로 명확하게 규정했다. 이론적으로는 절대다수를 차지하는 노동자가 전체주의화함으로써 자본가의 권리를 침해할 가능성이 있으나, 현실적으로는 자본가의 이익이 정치적으로 강력하게 지지되고 있다.

윤리에서 목적론은 행위의 결과가 행복과 쾌락이라는 이익을 발생시킨다면 이 행위를 윤리적으로 평가하는 관점으로 전체의 이익을 강조한다. 현실적인 측면에서 후기 자본주의와 사회민주주의의 재분배 중심 제도는 다수의 노동자와 서민의 만족을 높인다는 점에서 목적론적 윤리설에 의해 정당화된다.

	역사	경제	정치	사회	윤리
[세계A]	왕·영주·부르주아	자본주의 (신자유주의)	보수·엘리트주의	개인주의 (자연권)	의무론
	↳ 소수 지배자의 세계				
[세계B]	노예·농노·프롤레타리아	사회주의	진보·민주주의	집단주의	목적론
	↳ 다수 피지배자의 세계				

1권에서는 세계를 양분함으로써 복잡한 현실 세계를 단순화했다. 극단적으로 단순화되고 추상화된 세계는 대축척지도와 같다. 지구 전체의 구조가 세계지도 한 장에 담기듯 이분화된 세계는 세계를 조망하는 도

구가 될 것이다. 미세한 구체성을 소거한 비현실적인 지도가 우리가 가야 할 곳을 안내하듯, 현실의 복잡성을 단순화한 이 책이 지적 대화를 위한 교양 여행의 안내서가 되기를 기대한다. 세부적인 그림을 그려 넣는 것은 여행을 시작한 당신의 몫이다. 당신이 이 지도를 배낭에 넣고 인생의 여행길을 따라 여행하는 동안, 동행하는 사람들과 즐겁게 대화하면서 그림을 완성해나가기를 바란다.

2권에서는 이제 '현실 너머'의 세계를 단순화해보려 한다. 철학, 과학, 예술, 종교 그리고 신비에 대한 영역을 탐험하게 될 것이다.

그리고 이것마저 마쳤을 때는 0권 '초월'의 세계가 기다리고 있다. 드넓고 광활한 지혜의 바다를 향해 지적 대화를 위한 교양 여행을 계속해보자.

〈지대넓얕〉 시리즈

- 0권 : 초월 (우주, 인류, 베다, 도가, 불교, 철학, 기독교)
- 1권 : 현실 세계 (역사, 경제, 정치, 사회, 윤리)
- 2권 : 현실 너머 세계 (철학, 과학, 예술, 종교, 신비)

— MEMO —

— MEMO —

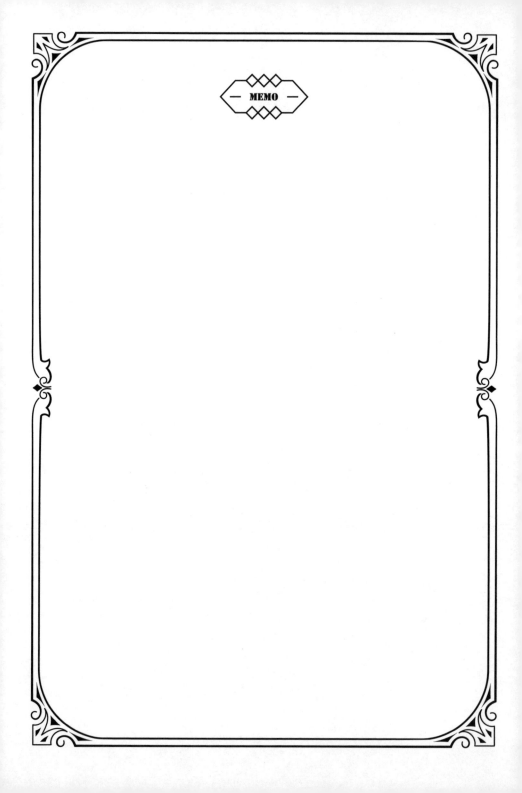

MEMO